現代ポートフォリオ理論講義

MODERN PORTFOLIO THEORY

根岸康夫 [著]

一般社団法人 金融財政事情研究会

はじめに

　私は、1994年から証券アナリストの育成・教育に携わり始め、その後、ファイナンシャルプランナーの育成・教育にもかかわるようになった。対象機関は、生命保険会社・証券会社・都市銀行・地方銀行・信用金庫・公的機関と多分野にわたり、対象者のレベルも最前線の実務者から新入社員までと幅広く、多様な受講者層に対して研修講師を務めてきた。その間、受講者からの素朴な疑問・陥りがちな誤解の解消に懸命に応えようとしているうちに、自らの誤解や理論の正体に気づかされることが多々あった。教える側である私のほうが学ぶことが多く、その経験から得られた収穫は非常に多い。まさに「知恵」と呼ぶにふさわしいものを手に入れることができた。

　もちろん、私はその経験・知恵の蓄積を活かして研修をしているつもりである。しかし多くの研修は1回限り、しかも広範な分野をカバーしなければならないのが通常である。そのため受講者の素朴な疑問に時間をかけて答えることができないジレンマにさらされてきた。特に、私のクセのある講義を気に入ってくださった方々からいただく「ポートフォリオ理論分野で自習に使える参考書はないか」という問合せには苦慮してきた。世の中には良書があふれている。しかし、その多くは「専門家を志す一部の人」を対象にしたもので、当然ながら数式による表現が多く、数学に親しみを感じられない人には敷居が高い。

　ポートフォリオ理論は機関投資家の限られた専門家にだけ有用・有益なものではない。個人向けサービスを提供している営業現場にいる人にこそ活用していただきたいものだ。そこで、「もし私に、時間の制約なく営業現場の方向けにポートフォリオ理論を講義させていただく機会があれば」とイメージしながら本書を執筆した。知識の正確な理解もさることながら「営業現場で直感が働く」ような解説を志したつもりだ。

　たとえばマーコウィッツ（Harry M. Markowitz）の提唱した現代ポートフォリオ理論に次のような命題がある。

　「最適ポートフォリオとは、投資家の効用を最大にする投資機会集合であ

る」

　言葉遣いは非常に堅苦しいが、私は初めてこの文章を読んだときに「なんだ、学者のくせに商売の鉄則をわかっているじゃないか」と妙に感心した。私も自営業者である。宣伝に始まり受注・納品・回収に至るまでの一連の営業活動には腐心しているつもりだ。私ならば上記の命題は次のように書き換える。

　「最もよい商品とは、お客さまの満足度を最大にする商品である」

　当り前のことである。当り前すぎてなんの役にも立たない命題のように思われるかもしれないが、金融分野を学習する際、この「商売の鉄則」を忘れてはいないだろうか。金融商品を安全性・収益性・流動性の三つの特性から分類・比較する。それ自体は間違っていないのであるが、学習者は「万人にとって最もよい金融商品が存在するのではないか」という誤った期待をもっていないだろうか。よい金融商品か否かは商品特性ではなく顧客満足度が決めるのだ。専門用語・業界用語を中心にした学習では商品知識が過度に重視され、顧客満足度が軽視されがちである。特に資格試験の場合、「だれに聞いても同じ答えになる、正解が一つしかない問題」しか出題できないという制約があるため、千差万別の顧客を前提にした問題は出題できないのだ。

　本書も「どんなお客さまの満足度でも向上できる」魔法の杖のような知識は提供できない。しかし、きっかけは試験対策であったとしても有用な知識を学習したのである。それを試験が終わった次の日には忘れ去ってしまう「呪文」で終わらせるべきではない。この知識は日常の営業場面で使える道具のはずだ。「呪文のような専門用語・業界用語」を「顧客満足度を向上させるための道具」にまで引き上げるためには、自分の直感の働くイメージ、顧客に伝わるイメージにまで昇華させる必要がある。本書は新しい知識・考え方はいっさい提供していない。金融業界で使い古された専門用語・業界用語を、営業に使えるレベルまで「引き上げる」ことを目的としている。決して「引き下げる」のではない。自営業者のはしくれである筆者のささやかな自負心である。

　2005年春に本書の企画を思い立ち、社団法人金融財政事情研究会の平野正

樹氏の尽力により刊行に向けてスタートを切ることができた。ところが、いざ執筆となると、日常業務に追われ遅々としてはかどらず、あっという間に1年以上が経過してしまった。ようやく上梓の運びとなった本書は編集者の忍耐の賜である。怠慢な著者に辛抱強くお付き合いくださった平野氏に厚く御礼を申し上げる。

2006年　夏

根岸　康夫

本書の構成

　本書はすべての読者が始めから終わりまで読む必要はない。興味や必要に応じて途中から読み出してもかまわないように心がけた。

　第 1 部「現代ポートフォリオ理論（MPT）の基礎概念」は、株式を投資対象としたポートフォリオ理論である。ポートフォリオにできることとできないこと、その理由を直感的に理解できるよう解説した。
　また、現代ポートフォリオ理論の最終的結論である分離定理が「最良の株式ポートフォリオは現預金とインデックス・ファンドの組合せである」という地味な主張に至る筋道を紹介している。

　第 2 部「CAPM による資本コスト」は、資産運用担当者ではなく上場企業の経理・財務に携わる方に読んでいただきたい。企業再編や会計処理に登場する資本コスト概念の正体について解説した。
　CAPM の β（ベータ）概念は、登場当初は運用成績向上に資するものとして期待されたが徐々にその意義は失われていった。現在、β 概念は資産・負債の現在価値を算出する割引率の算定根拠として用いられており、会計処理・投資の意思決定・企業再編において重要な役割を果たしている。

　第 3 部「回帰モデル」は、CAPM の欠点・限界を補足するマルチファクター・モデルを解説する。その基礎にあるのは回帰分析と呼ばれる統計的手法であり、ファンド・マネジャーやストラテジストには必須の道具である。初学者や興味のない方は読み飛ばしていただいて結構だ。
　実務ではデータをパソコンに入力すると自動的に解析結果が出力される。何も電卓を使って計算できるようになる必要はないが、回帰分析とて万能の道具ではない。その原理と限界、およびマルチファクター・モデルならではの運用手法について解説する。

第 4 部「債券ポートフォリオ」は、第 1 〜 3 部とは別世界の論点である。株式ポートフォリオは異なる会社の株式を組み合わせることで分散投資するが、債券ポートフォリオは国債だけでさまざまなパターンの分散投資を実現する。キーワードは「デュレーション」である。デュレーションはいかめしい数式によって定義されるがイメージできないような代物ではない。正体は割引債の残存期間にすぎないからだ。

　債券による資産運用を経験された方は個人・法人を問わず少ないので、デュレーションという言葉は縁遠いかもしれない。しかし異常な金利政策が終焉を迎えようとしており、再び公社債投信が注目を集めるだろう。その時、販売する側も購入する側もデュレーションを避けて通ることはできない。

　第 5 部「パフォーマンス評価」は、資産運用を自分で行うのではなく、専門家に委託する場合に重要になる。専門家に任せた結果がどうであったかを評価し、よりよい専門家に委託することで運用成績の向上を実現しようとするのがパフォーマンス評価である。

　個人投資家は縁遠い気がするかもしれないが、投資信託を選ぶというのはまさにパフォーマンス評価そのものなのだ。

　第 6 部「結論」は、すべての運用専門家が抗おうとしている宿命、効率的市場仮説にまつわる話である。これは決して専門家側から説明されることのない、タブーに近い仮説である。資産運用を委託する側にとってアクティブ運用の限界と現実的な意義を知っておくことは重要である。

目　次

第 1 部
現代ポートフォリオ理論（MPT）の基礎概念

第 1 章　リスクとリターン〜チャートの読み取りと統計学的意味

1. 二つの収益率と現在の株価との関係 …………………………………… 2
2. リスクとリターンの定義 ………………………………………………… 5
3. グラフでみるリスクとリターン ………………………………………… 10
4. なぜ「ローリスクでハイリターン」は存在しないか ………………… 12
5. 平均値と標準偏差を使う際の前提条件 ………………………………… 15
6. 補足：標準正規分布表の使い方 ………………………………………… 19

第 2 章　ポートフォリオ効果〜分散投資にできることとできないこと

1. ポートフォリオとは ……………………………………………………… 29
2. グラフでみる相関係数 ρ とポートフォリオ効果 …………………… 30
3. 投資機会集合のグラフの見方 …………………………………………… 36

第 3 章　効用無差別曲線〜分散投資すると投資家は喜ぶか

1. 最適ポートフォリオの定義 ……………………………………………… 43
2. 投資家は何が好きか、何が嫌いか ……………………………………… 44
3. 効用無差別曲線 …………………………………………………………… 46
4. 最適ポートフォリオの決定ロジック …………………………………… 52

第 4 章　分離定理〜現代ポートフォリオ理論の主張する最善の投資手法

1. 投資機会集合の拡大 ……………………………………………………… 54

2 接点ポートフォリオの正体 …………………………………70
3 国債とインデックス・ファンドの組合せがベスト ……………70

第 2 部

CAPM による資本コスト

第1章 CAPM に登場する β

1 CAPM の登場 ……………………………………………76
2 リターンを生む（リターンに貢献する）リスク ……………79
3 相関係数 ρ（ロー）と β（ベータ）の相違点 ……………81
4 β（市場リスク）だけがリターンを決定する ……………82
5 超過リターンとは何か ……………………………………83
6 β の利用法：理論株価の算定 ……………………………86
7 β 戦 略 ……………………………………………………89
8 ポートフォリオは β にどう影響するか ……………………90
9 補足：無限等比級数から説明する配当割引モデルの公式 ……93

第2章 β の実際

1 事後的（historical）β の計算 ………………………101
2 β の意味の再確認 ………………………………………107
3 β 戦略（ジェンセンの α による割安銘柄の発見）………110
4 β の問題点：安定性の欠如 ……………………………113

第3章 資本コストとは

1 無借金経営は「楽」か ……………………………………115
2 増資するくらいだったら借金したほうがマシ ……………118
3 株主資本コスト ……………………………………………122
4 資本コストの使い方―新事業の可否の基準 ………………128

第4章　フリー・キャッシュフローに基づく企業評価

1　キャッシュフロー ……………………………………………………… 134
2　CF計算書に基づく企業評価 ………………………………………… 138
3　配当割引モデルとの相違点 …………………………………………… 142
4　資本構成は平均資本コストに影響する ……………………………… 147
5　資本構成は株主資本コストにも影響する …………………………… 149
6　最適資本構成の存在 …………………………………………………… 151

第3部

回帰モデル

第1章　単回帰モデル（市場モデル）

1　単回帰モデルとは ……………………………………………………… 154
2　回帰分析の手順 ………………………………………………………… 155
3　CAPMと回帰分析（市場モデル）の違い …………………………… 162
4　回帰式の使い方 ………………………………………………………… 163
5　回帰式の予測精度 ……………………………………………………… 164

第2章　重回帰モデル

1　重回帰モデル（マルチファクター・モデル）とは ………………… 171
2　ポートフォリオの性格を調整する …………………………………… 172
3　裁定利益を獲得する …………………………………………………… 175

第3章　回帰モデルの限界

1　過去の趨勢が将来まで持続するか …………………………………… 179
2　誤差の大きさ …………………………………………………………… 181
3　株式市場はサイコロかジャンケンか ………………………………… 181

第 4 部
債券ポートフォリオ

第1章 債券の利回り計算の基礎
1 債券とは「債権の有価証券化」である ……………………………………186
2 発行利回り（単利）………………………………………………………187
3 オーバー・パー、アンダー・パー ………………………………………193
4 最終利回り（流通利回り）と所有期間利回り …………………………194
5 複利概念 …………………………………………………………………198

第2章 デュレーション
1 金利変動リスクの意味 …………………………………………………200
2 利付債のデュレーション ………………………………………………202
3 株式と債券の価格変動の違い …………………………………………207

第3章 イールド・カーブ
1 イールド・カーブの意味 ………………………………………………209
2 ローリング・イールド …………………………………………………212
3 なぜイールド・カーブは右上がりか …………………………………219
4 利付債最終利回りとイールド・カーブ（スポット・レート）の関係 …226

第4章 コンベクシティ概念の導入
1 デュレーションの限界 …………………………………………………234
2 コンベクシティの導入 …………………………………………………239

第5章 債券ポートフォリオ
1 ブレット型、ダンベル（バーベル）型、ラダー型 ……………………246

2 ダンベル＝ブレット戦略 ………………………………………………250

第 5 部
パフォーマンス評価

第1章 なぜパフォーマンス評価をするのか

1 運用を他人に任せる ………………………………………………258
2 パフォーマンス評価におけるリターン ………………………………259

第2章 リターンの計測

1 ２種類の収益率とその使い分け ……………………………………262
2 時間加重収益率 ……………………………………………………263
3 金額加重収益率 ……………………………………………………264

第3章 リスクとリターンからの評価

1 低リスクが求められる理由 …………………………………………266
2 リスク調整後測度の発想 ……………………………………………266
3 シャープの測度 ……………………………………………………269
4 トレーナーの測度 …………………………………………………271
5 ジェンセンの α ……………………………………………………273

第4章 リスク調整後測度への批判と改良

1 CAPMへの批判 ……………………………………………………277
2 ユニバース比較 ……………………………………………………277
3 ベンチマーク比較 …………………………………………………278
4 IR（Information Ratio、情報比）…………………………………284

目 次 xi

第 6 部 結　論

1　効率的市場仮説 ……………………………………………………290
2　アクティブ運用―投資理論との戦い ……………………………295
3　結　び ………………………………………………………………297

索　引 …………………………………………………………………298

第1部

現代ポートフォリオ理論（MPT）の基礎概念

第1章 リスクとリターン
チャートの読み取りと統計学的意味

本章のテーマ

「リスクとリターン」はよく耳にする言葉である。しかし読者はリスクとリターンを正しく理解しているだろうか。「正しい理解」というのは数式で示せることではない。実務的には「ローリスクならば必ずローリターン」であり、「ローリスクでハイリターンはありえない」ことを説明できるかどうかである。本章ではまずこれを解説する。

次に資格試験等で読者を悩ませたであろう標準偏差や期待収益率の「使い方」について説明する。多くの試験では標準偏差や期待収益率を計算するところ止まりで、どう使うかについてまでは解説が少ない。本章では初歩的な統計学の利用方法を解説する。

---

1 二つの収益率と現在の株価との関係

収益率には二つの概念が存在する。事後収益率と予想収益率[※1]である。この両者の区別をしっかりできないと、あらゆる投資理論の前提と限界を見落とすことになる。

(※1) 期待収益率ではない。期待収益率とは「予想収益率の平均値」のことである。詳細は後述する。

以下は2004年1年間のTOPIXの実際の値動き（月次終値）である。2003年12月末で1,044、2004年12月末で1,150だった。ここでは2004年12月末時点を現在として考える。1年後の2005年12月末にはTOPIXが1,250になると予想されているとする。これを例にTOPIXの事後収益率と予想収益率について考えよう。

2 第1部 現代ポートフォリオ理論（MPT）の基礎概念

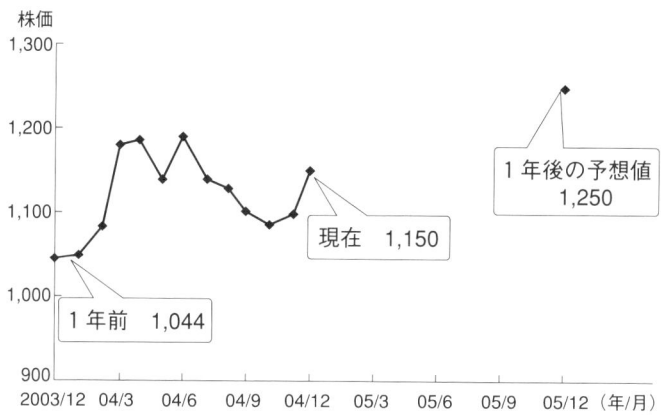

　1年前1,044だったTOPIXが現時点で1,150に上昇している。これにより$\frac{1,150-1,044}{1,044} \fallingdotseq 10.2\%$と計算できる。これを事後収益率という。次に1年後には1,250になるという予想に基づいて$\frac{1,250-1,150}{1,150} \fallingdotseq 8.7\%$と計算できる。これを予想収益率という。

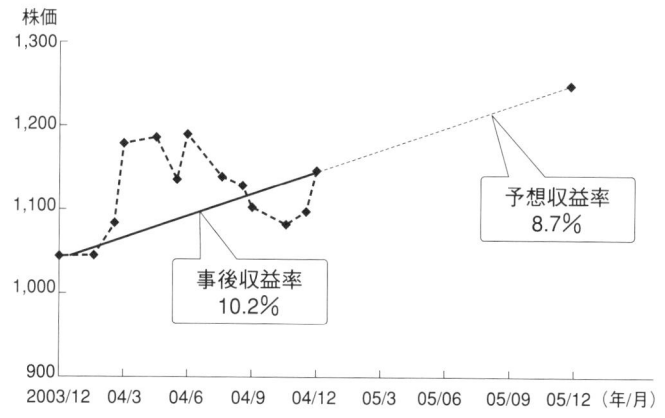

事後収益率も予想収益率も大差ないように思えるかもしれないが、現在のTOPIXの価格変動に対する反応が重要である。現在のTOPIXがその日のうちに1,150から1,200に上昇したとする。事後収益率および予想収益率はどうなるだろうか。

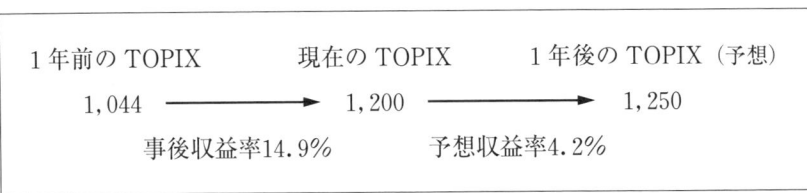

　事後収益率は10.2%から14.9%に上昇するが、予想収益率は8.7%から4.2%にまで低下する。

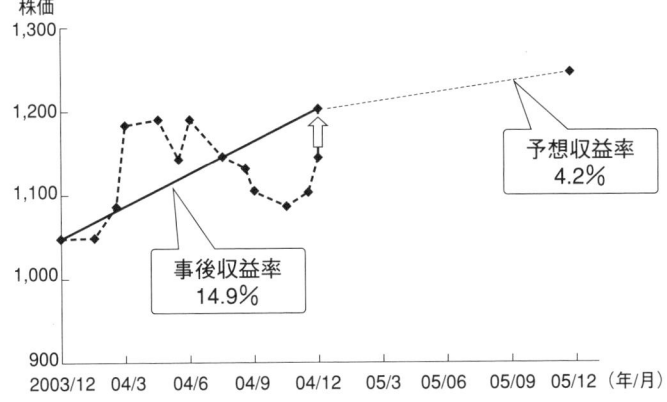

現在の株価が上昇すると事後収益率は上昇し、予想収益率は低下する。

　学習を始めて間もない人はこう疑問に思うはずだ。「株価が上昇しているのにどうして収益率が低下するのか。株価が下がれば収益率が上昇するとでもいうのか」初学者に多い疑問・誤解の一つだが、疑問の後半部分は正しい。

現在の株価が下落すると、予想収益率は上昇する。

4　第1部　現代ポートフォリオ理論（MPT）の基礎概念

この不可解な株価と二つの収益率の関係について、どのように解釈すれば納得がいくだろうか。これは投資家の株価への思惑を反映したものにほかならない。

　事後収益率とは投資家が過去に購入し現在保有している株式の収益率である。すでに購入しているのだから、株価が上昇するほど投資家の利益が大きくなる。これが「株価が上昇すれば収益率は高まる」という意味だ。

　一方、予想収益率とは投資家が現在保有しておらずこれから購入しようと考えている株式の収益率である。これから購入するのだから、なるべく安く購入できたほうが儲けは多くなる。もちろん、購入した後の将来の株価は上昇したほうがよいのだが、いま議論しているのは現在の株価である。これから購入を考えている投資家にとって現在の株価は取得コストを意味する。

現在の株価が下落すると、予想収益率は上昇する。
⇩
購入時の株価（現在の株価）が低いほど、
将来の株価上昇による儲け（予想収益率）は大きい。

　今後の収益率の解説では予想収益率が中心になる。事後収益率はパフォーマンス評価の局面以外で登場することはない。

2　リスクとリターンの定義

　これまでの解説で「1年後のTOPIXは1,250である」としてきたが、もちろんこれは予想でしかなく、予想は投資家により異なるし、1人の投資家であっても何通りかのシナリオ（ケース）を想定しているはずだ。TOPIXは株式市場全体を表す指数だから、値下がりという局面も現実に起こるだろう。そこであるアナリストは1年後のTOPIXに関して以下のように予想した。

現在の TOPIX	1年後の景気 （シナリオ）	シナリオの 生ずる確率	1年後の 予想値	今後1年間の 予想収益率
1,150	回復する	30%	1,265.0	10%
	現状維持	50%	1,207.5	5%
	悪化する	20%	1,035.0	▲10%

　このアナリストは1年後の景気について「回復する」「現状維持」「悪化する」の3通りのシナリオを想定している。ただし、三つのシナリオが等しい確率で発生するとは考えておらず、景気が回復する確率は30%程度、現状維持にとどまる確率は50%で最も起こりうる事態、景気がさらに悪化する可能性はないとはいえないので確率20%くらいと想定した。そして、景気回復時にはTOPIXは1,265、現状維持ならば1,207.5、悪化時には1,035になると予想を立てた。これをグラフにあてはめよう。

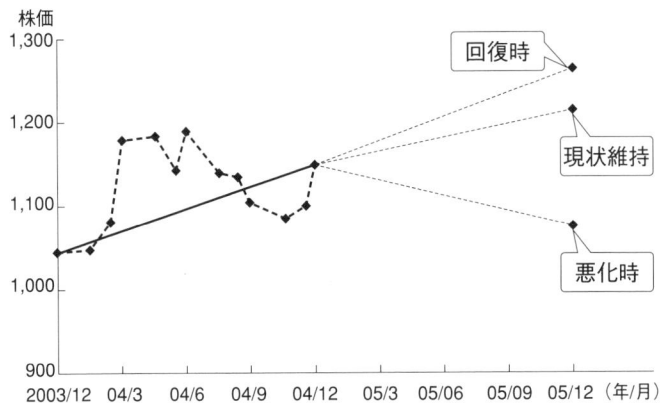

　しかし、この予想のままでは使い勝手がよくない。1年後のTOPIXのとりうる値は1,265、1,207.5、1,035の3通りしかないことはありえず、現実にはこれらの予想値の範囲の値になるだろうし、さらには1,265以上になる可能性や1,035以下になる可能性も否定できない。
　そこで上記の予想に基づいて、後述する統計学を利用するために予想収益率の平均値と標準偏差を計算しよう。

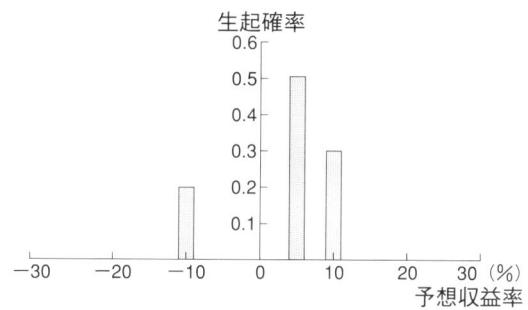

この予想収益の平均値と標準偏差を求めよう。平均値と標準偏差は以下の公式により計算できる。

平均値 = Σ（生起確率 × 予想収益率）
　　　 = 30% × 10% + 50% × 5% + 20% × ▲10% = 3.5%

分散 = Σ {生起確率 ×（予想収益率 − 平均）^{2}}
　　 = 30% ×（10% − 3.5%）^{2} + 50% ×（5% − 3.5%）^{2} + 20% ×（▲10% − 3.5%）^{2}
　　 = 50.250%^{2}

標準偏差 = $\sqrt{分散}$ = $\sqrt{50.250\%^2}$ ≒ 7.1%

参考 予想収益の平均値と標準偏差の計算

資格試験等にチャレンジする人にとって上記の計算は煩雑であり、さらには計算誤りがあった場合にどこの計算を誤ったのか発見しにくい等の欠点がある。そこで下記の表を作成しながら計算することをお勧めする。

1年後の景気	生起確率 p	予想収益率 R	p × R	偏差 R − E	分散 p・(R − E)^2
回復する	30%	10%	3.0%	6.50%	12.675%^{2}
現状維持	50%	5%	2.5%	1.50%	1.125%^{2}
悪化する	20%	▲10%	▲2.0%	▲13.50%	36.450%^{2}
	合計		3.5%		50.250%^{2}

平均値（E）3.5%　　分散 50.250%^{2}

平均値と標準偏差を計算することは、上掲の棒グラフにあったような10%、

5%、▲10%といった飛び飛びの値しかとらなかった予想収益率の分布（離散分布という）を、下記のような連続した値をとりうる状況に置き換えたことを意味する。

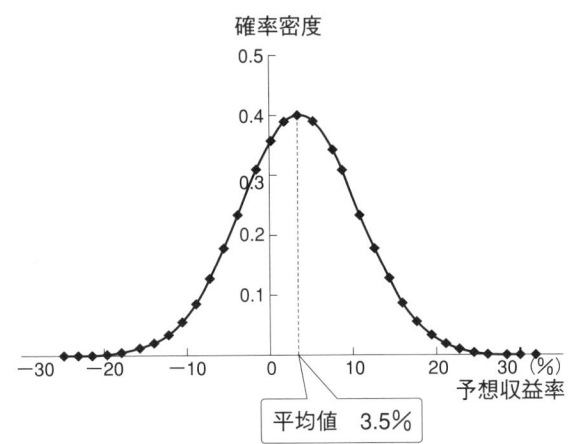

また、置き換えたグラフは予想収益率が10%以上になりうることや、▲10%以下になりうることも示している。さらに正規分布であることを利用して(※2)、確率95%の範囲で1年後にTOPIXのとりうる範囲を計算することもできる(※3)。

(※2) 厳密にはTOPIXの予想収益率が正規分布に従う確率変数であることを確かめる必要がある。収益率は単純な正規分布ではなく対数正規分布に従うといわれている。
(※3) 後述する標準正規分布表の使用方法を参照されたい。
　　　今回の例では、1年後にTOPIXのとりうる範囲は以下のようになる。
　　　平均値−標準偏差×1.96＜TOPIXの予想収益率＜平均値+標準偏差×1.96
　　　　3.5%−7.1%×1.96＜TOPIXの予想収益率＜3.5%+7.1%×1.96
　　　　∴ −10.4%＜TOPIXの予想収益率＜17.4%
　　　　∴ 1,030＜ 1年後のTOPIX ＜1,350

なお、予想収益率の平均が3.5%であることから1年後のTOPIXの予想平均値は現在の1,150から3.5%だけ増加した1,190になる。これをグラフにあてはめよう。

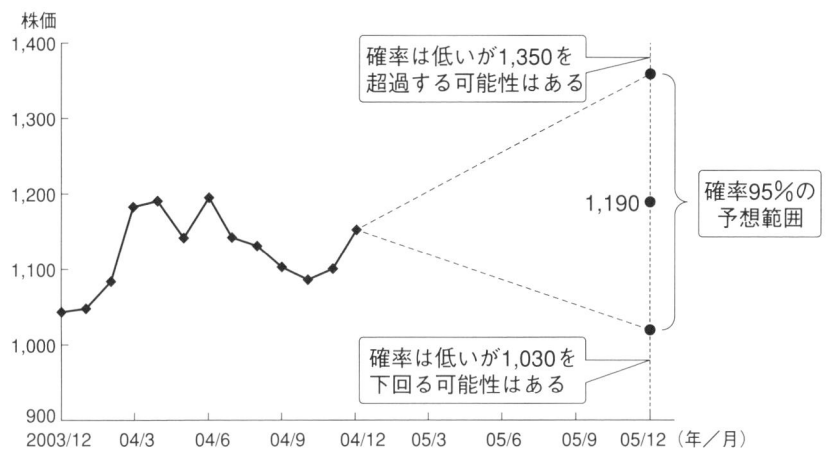

　ここまで予想収益率の平均と標準偏差の計算プロセスおよびその意味を説明してきた。なにげなくいわれる「リスクとリターン」とは、「予想収益率の標準偏差と予想収益率の平均値」にほかならないのである。そして証券業界では予想収益率の平均値に期待収益率という名称を与え、もっぱらこちらが用いられている。

リターン＝予想収益率の平均値＝期待収益率
リ　ス　ク＝予想収益率の標準偏差＝標　準　偏　差

　ところで、標準偏差をリスクと称するのはなぜだろうか。これは重要な問題で、現代ポートフォリオ理論（第1部第3章で解説する）が想定する投資家像と密接に関係している[※4]。この段階の解説ではリスクとリターンをグラフから読み取れるようにすることにとどめる。
（※4）　オプション取引では予想収益率の標準偏差をボラティリティという名称で呼ぶ。リスクという呼称とは違って否定的な意味合いはない。それは投資家がオプション取引においては予想収益率の標準偏差は大きいほうが好ましいと考えるからである。

> **参考** 事後収益率の平均値と標準偏差

　これまで予想収益率の平均値と標準偏差に関して解説してきたが、事後収益率に関しても平均値と標準偏差を計算することができる。

	2000年12月	2001年12月	2002年12月	2003年12月	2004年12月
TOPIX	1,283.67	1,032.14	843.29	1,043.69	1,149.63
年次収益率		▲19.6%	▲18.3%	23.8%	10.2%

　この4年間の事後収益率の平均と標準偏差を求めよう。予想収益率とは異なり、生起確率に相当するものが存在しない。しかし、4回の実績（サンプル）が存在する[※5]。つまり、2001年中の収益率▲19.6%は4年に1度発生している。したがって4分の1の確率で発生したのだと解釈できる。

$$\text{平均値} = \frac{1}{4} \times ▲19.6\% + \frac{1}{4} \times ▲18.3\% + \frac{1}{4} \times 23.8\% + \frac{1}{4} \times 10.2\%$$
$$\fallingdotseq ▲1.0\%$$

$$\text{分散} = \Sigma \{\text{生起確率} \times (\text{予想収益率} - \text{平均})^2\}$$
$$= \frac{1}{4} \times (▲19.6\% - ▲1.0\%)^2 + \frac{1}{4} \times (▲18.3\% - ▲1.0\%)^2$$
$$+ \frac{1}{4} \times (23.8\% - ▲1.0\%)^2 + \frac{1}{4} \times (10.2\% - ▲1.0\%)^2$$
$$\fallingdotseq 350.3\%^2$$

$$\text{標準偏差} = \sqrt{\text{分散}} = \sqrt{350.3\%^2} \fallingdotseq 18.7\%$$

（※5）　統計学においては母集団のパラメータを推定する立場から不偏分散と呼ばれる量から標準偏差を計算する。具体的にはサンプル数n（上記の場合は4）ではなく、n－1で除して求める。詳細は統計学の参考書にゆずる。

3　グラフでみるリスクとリターン

これまでの議論をまとめると、次のようにグラフに表すことができる。

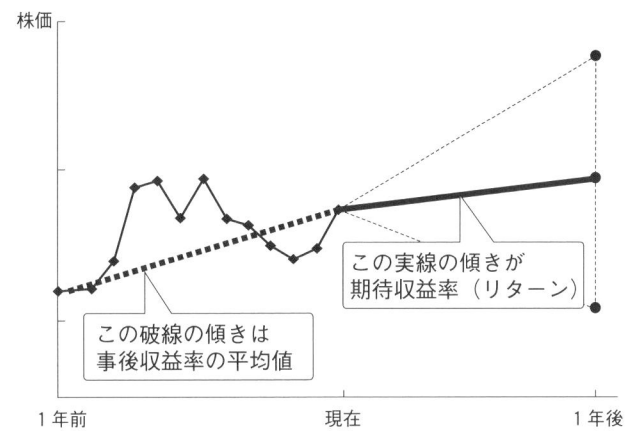

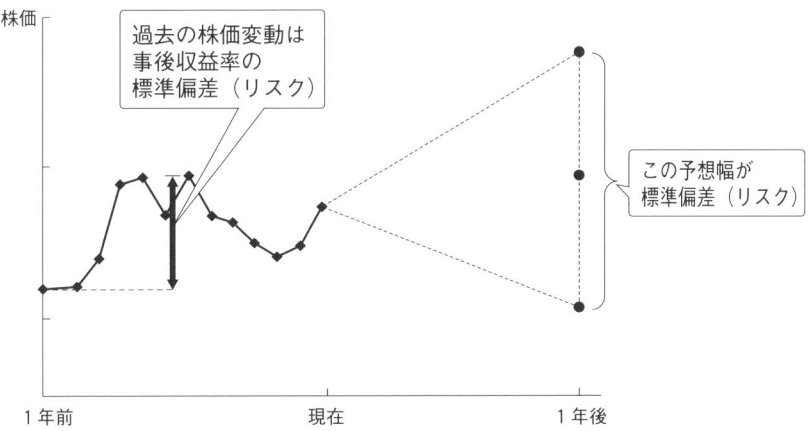

　これをもとにリスクとリターンの大小による四つの株価変動のパターンを、以下にグラフに表した。これをもとに「なぜローリスクでハイリターンな株式銘柄が存在しないのか」を次項で解説する。

第1章　リスクとリターン　11

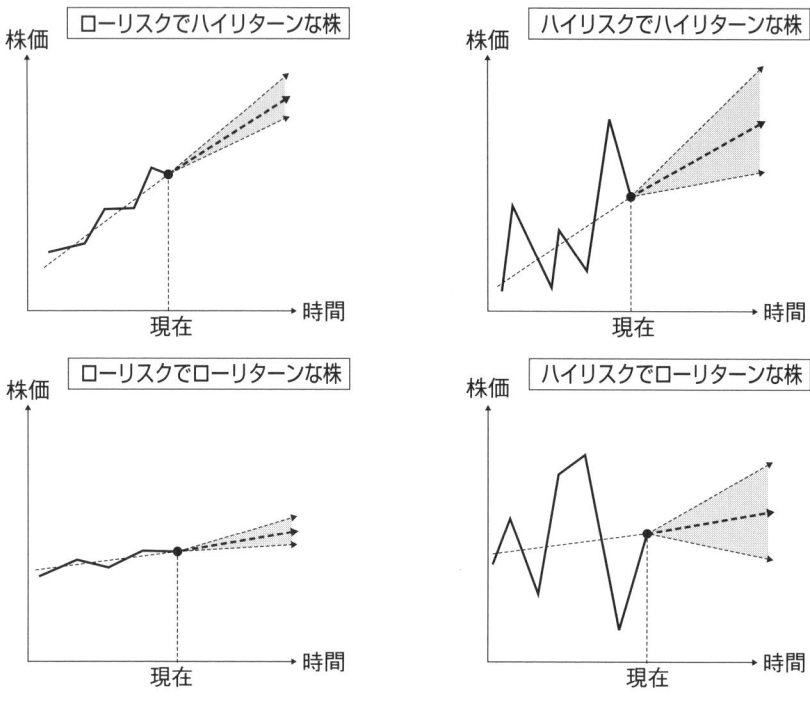

4 なぜ「ローリスクでハイリターン」は存在しないか

　仮にローリスクでハイリターンな株式が存在したとする。以下の図のように現在株価が1,000円で1年後は低くても1,400円、高ければ1,500円と予想されているような状況にあるとする。予想収益率は平均（期待収益率）が＋45％と高く、変動幅も±5％という狭い範囲にある。このような株式が存在すればローリスクでハイリターンといえるだろう。

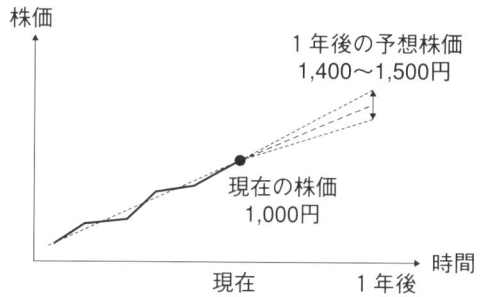

　しかし、このような株式が(一時的に)存在したとしても現在の株価が1,000円のままで取引されることはない。買う側からみれば1,000円で買えれば大儲けできるが、売る側からみれば1年後には悪くても1,400円になる株を現在1,000円で売ることはないだろう。買う側も1,200円で買ってもよい、あるいは1,300円でもかまわないと買いたがる投資家が現れるはずである。このような買い圧力によって現在の株価は上昇していく。

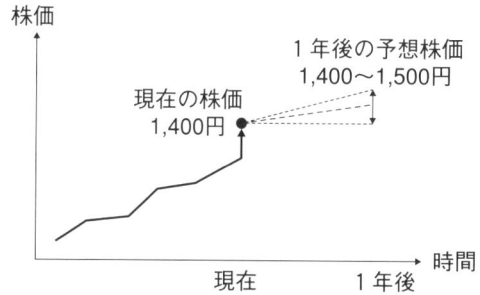

　その結果、現在の株価が1,400円まで上昇したとする。予想収益率の平均値(期待収益率)は約4％まで低下、ローリターン化することになる。
　つまり、一時的に「ローリスクでハイリターン」な株式が存在しても、買いを呼び、あっという間に株価が上昇する。その結果「ローリスクでローリターン」な普通の株式に戻ってしまう。
　ハイリスクでローリターンな株式が存在しない理由も説明できる。以下の図のように現在株価が1,000円で1年後は低ければ600円、高ければ1,400円と予想されているような状況にあるとする。予想収益率は平均(期待収益

率)が+2.5%と低く、変動幅は約±40%と広い範囲にある。このような株式はハイリスクでローリターンといえるだろう。

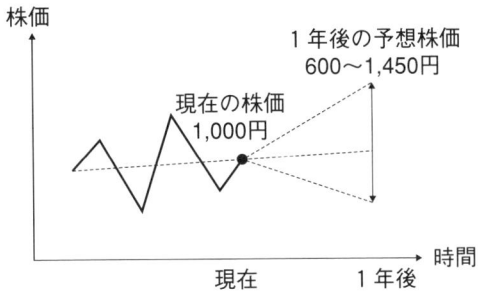

ところがこのような株式が存在したとしても現在の株価が1,000円のままで取引されることはない。保有者はリスクの割には儲からないので売りたがるだろうし、買い手も1,000円では購入しないはずだからだ。このようにして株価は低下していく(※6)。

(※6) この考え方は投資家がリスク回避型であることを前提にしている。第1部第3章を参照されたい。

しかし、株価低下もさすがに800円あたりまで下がればリスクに見合ったリターンが生ずるはずである。現在株価が800円まで低下した場合、期待収益率は約+28%にまで上昇するからである。かくして、「ハイリスクでローリターン」であった株式も、リスクに嫌気が差し、あっという間に株価が下落し、その結果「ハイリスクでハイリターン」という当り前な状況に戻ってしまう。

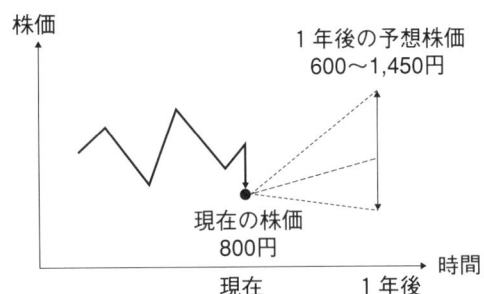

5 平均値と標準偏差を使う際の前提条件

これ以後、収益率の平均値(リターン)と標準偏差(リスク)を駆使して現代ポートフォリオ理論を解説するのだが、平均値と標準偏差を使うためには満たさねばならない前提条件があるので説明しておこう。

サイコロを50回振ったら各目の出た回数(頻度)が以下のようになった。

サイコロの目	1	2	3	4	5	6
頻度(出た回数)	11回	5回	10回	9回	7回	8回

このデータから平均値と標準偏差を計算することもできる。サイコロの目の平均値は3.40、標準偏差は1.75である。これからサイコロの目が6より大きい目が出る確率を標準正規分布表に基づいて計算してよいだろうか。

平均値3.40、標準偏差1.75として標準正規分布表を使うということは、サイコロの目の出方が下図のようであると考えることにほかならない。

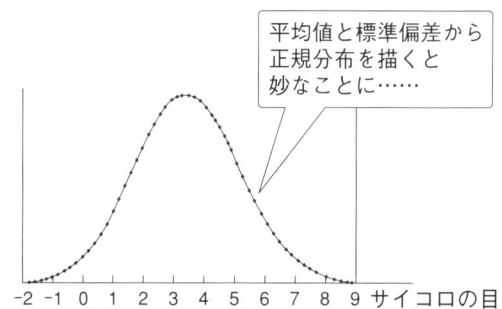

このグラフは奇妙だ。「サイコロの目は1から6までしかとりえない」のに0以下の目や7以上の目が出ることになっているし、また整数以外の値(たとえば3.14など)をとりうるようにみえるからだ。さらに3と4の目が出る確率が高くそれから離れるに従って小さくなっている。

われわれはサイコロの目の出現確率は下図のように「1から6までの目が出る確率は各々6分の1」であることを知っている。そのように設計された道具だからである。

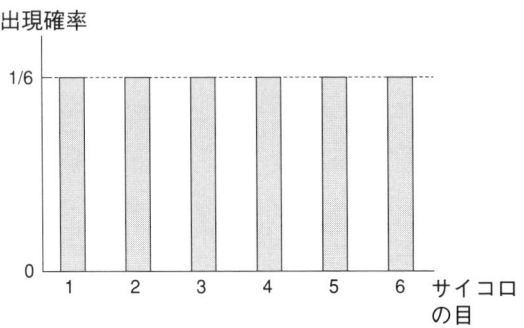

　だからサイコロの目に関して平均値と標準偏差を計算して（正規分布であることを仮定して）標準正規分布表を使おうとは思わないのだ。
　しかし、もしサイコロの目の確率分布を知らなければどうすればよいだろうか。
　その場合にはサンプルデータから下図のような度数分布表を作成し、どのような確率分布をするか検証しなければならない。

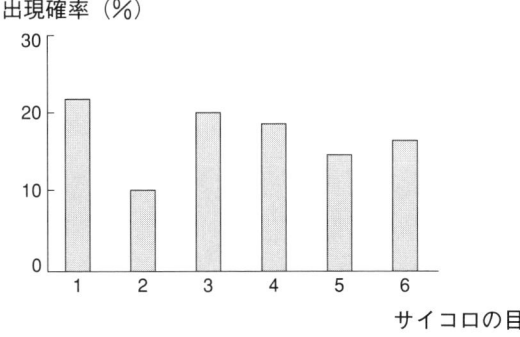

　その分布が正規分布であれば標準正規分布表は使えるし、正規分布でなければ使えないことになる。
　投資収益率に関しても同じ検証が必要である。新日鐵の1991年1月から2005年12月までの月次終値をもとに、月次収益率を「当月値÷前月値－100%」で計算した。月次収益率の平均は0.29%、標準偏差は8.14%であった。正規分布表にすると下図のようになる。

前述したように、この平均値と標準偏差を利用するためには、たとえば新日本製鐵（以下、新日鐵）の月次収益率が正規分布するかという検証が必要である。

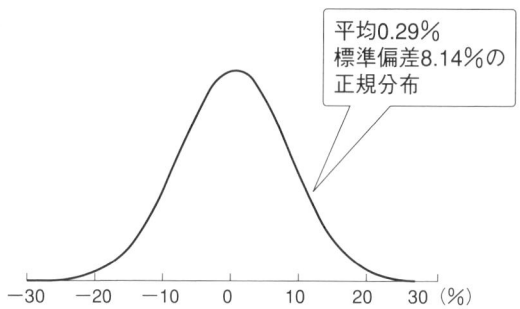

　そこで1991年1月から2005年12月までの月次終値から計算した月次収益率の度数分布表（ヒストグラム）を作成した。

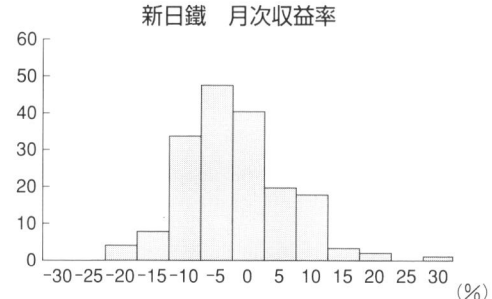

　全体としては正規分布に近いともいえるが、左右対称ではなく左にすそ野が広くなっている。最頻値（モード）は平均値よりも左にある。
　正規分布ではない可能性もあるので改良を要する。
　先ほどは月次収益率を「当月÷前月−100％」で計算した（単利法という）。今度は連続複利で収益率を測定しよう。

$$連続複利法による月次収益率 = \log_e \left(\frac{当月株価}{前月株価} \right) \cdots\cdots (※7)$$

（※7）　連続複利とは年次収益率と月次収益率との関係を以下のように表す。
　　　　　$1 + R_{1年} = (1 + r_{1月}) \cdot (1 + r_{2月}) \cdots\cdots (1 + r_{12月})$
　　　　ちなみに収益率 r が低いとき次式が成立する。

$$e^{r \cdot t} \fallingdotseq (1+r)^t$$

両辺の自然対数をとると

左辺＝log（$e^{r \cdot t}$）＝r・t
右辺＝log（1＋r)^t＝t・log（1＋r）
∴　r・t＝t・log（1＋r）
　　r＝log（1＋r）

（1＋r）は「当月株価÷前月株価」で近似できるので上式が得られる。この計算式による新日鐵の月次収益率の一部を以下に示す。

年月	株価	連続複利による収益率	（参考）単利収益率
2005年8月	322		
9月	426	27.99%	32.30%
10月	413	▲3.10%	▲3.05%
11月	408	▲1.22%	▲1.21%
12月	420	2.90%	2.94%

連続複利に基づく月次収益率の平均値は－0.03%、標準偏差は8.00%であった。下図は連続複利による収益率で度数分布表を作成したものである。

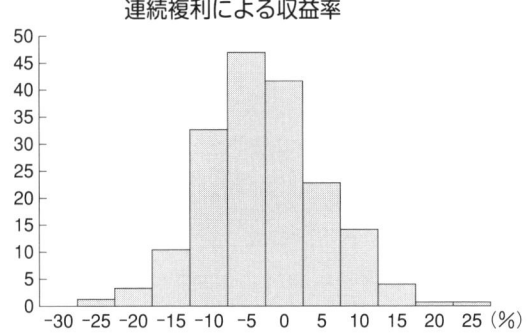

前述の単利の度数分表よりも左右対称に近づいている。つまり正規分布に近づいているといえる。

株式投資収益率の場合、▲100%が下限である。投資対象の時価が0より低くなることがないからである。一方、理論上は上限はない。いくらでも株価が高くなる可能性があるからだ。

このような分布をする確率変数の場合、対数正規分布である可能性がある。確率変数の自然対数が正規分布に従うとき、元の確率変数の分布を対数正規分布という。連続複利の式は株式の投資収益率が対数正規分布することも示している。

新日鐵の連続複利で計測した月次収益率に関しては、正規分布しているものとみなしてもよい、すなわち平均値と標準偏差を代表値として議論できることになる。

6　補足：標準正規分布表の使い方

同じ正規分布でも平均値と標準偏差によって形状は異なる。このような一つひとつの分布に対して、いくらからいくらまでの範囲になる確率はいくらと計算しておくことは無理・無駄である。

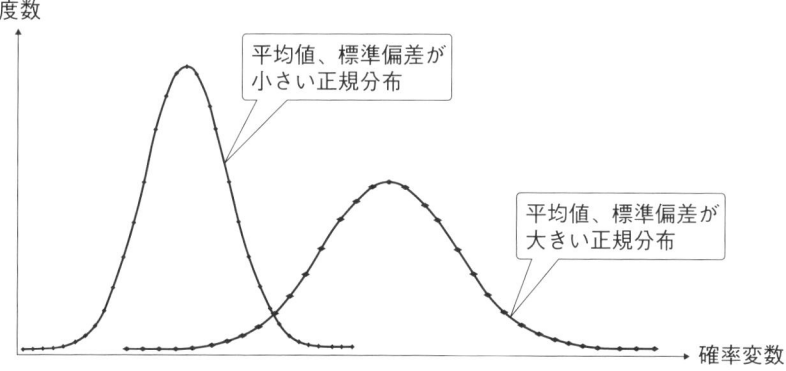

そこで、平均値が0で標準偏差が1になる正規分布（標準正規分布という）に関して確率を計算しておいて、これをもとに確率を計算できるようにしたのが統計表である。

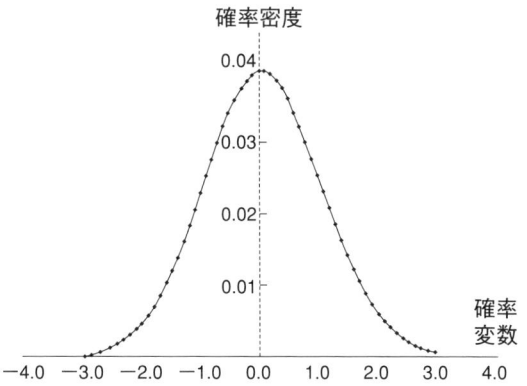

　グラフの縦軸に注目してほしい。縦軸は度数でもなければ確率でもない。確率密度である。サイコロの目のような離散分布であれば「1の目が出る確率は6分の1」といえるが、身長のような連続分布の場合「厳密に170cmの人がいる確率はゼロ」である。「厳密に」とは誤差をいっさい許さず170.000000000000…cmである人が存在する確率である。「私の身長は170cm」というのは「169.5cm 以上170.5cm 未満」の範囲に属していることを意味する。

　縦軸に確率密度をとったグラフの場合、該当する面積が確率を意味する。たとえば標準正規分布に従う確率変数 X が 0 〜 1 の範囲になる確率は下記グラフの内側の面積のうち塗りつぶされた面積の割合を表す。

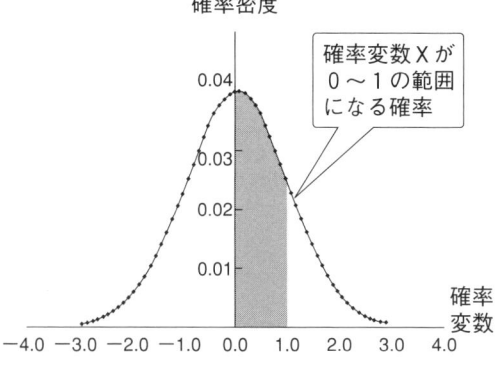

　このグラフで重要な特徴は以下の2点である。

20　第1部　現代ポートフォリオ理論（MPT）の基礎概念

① 曲線下の面積全体は1（100％）である。
② 左右対称である。

この二つの特徴からグラフの右半分に相当する「Xが正である（0以上になる）確率」は50％（0.5）であることが導かれる。もちろん、左半分に相当する「Xが負である（0以下になる）確率」も50％（0.5）である。

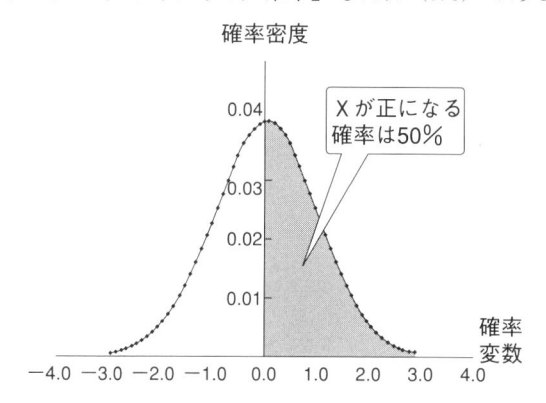

それでは統計表の読み方に進もう。統計表はXに応じた面積（確率）を表している。

標準正規分布表

X	0.00	0.01	0.02	0.03	0.04	0.05	0.06	0.07	0.08	0.09
0.0	0.0000	0.0040	0.0080	0.0120	0.0160	0.0199	0.0239	0.0279	0.0319	0.0359
0.1	0.0398	0.0438	0.0478	0.0517	0.0557	0.0596	0.0636	0.0675	0.0714	0.0753
0.2	0.0793	0.0832	0.0871	0.0910	0.0948	0.0987	0.1026	0.1064	0.1103	0.1141
0.3	0.1179	0.1217	0.1255	0.1293	0.1331	0.1368	0.1406	0.1443	0.1480	0.1517
0.4	0.1554	0.1591	0.1628	0.1664	0.1700	0.1736	0.1772	0.1808	0.1844	0.1879
0.5	0.1915	0.1950	0.1985	0.2019	0.2054	0.2088	0.2123	0.2157	0.2190	0.2224
0.6	0.2257	0.2291	0.2324	0.2357	0.2389	0.2422	0.2454	0.2486	0.2517	0.2549
0.7	0.2580	0.2611	0.2642	0.2673	0.2704	0.2734	0.2764	0.2794	0.2823	0.2852
0.8	0.2881	0.2910	0.2939	0.2967	0.2995	0.3023	0.3051	0.3078	0.3106	0.3133
0.9	0.3159	0.3186	0.3212	0.3238	0.3264	0.3289	0.3315	0.3340	0.3365	0.3389
1.0	0.3413	0.3438	0.3461	0.3485	0.3508	0.3531	0.3554	0.3577	0.3599	0.3621
1.1	0.3643	0.3665	0.3686	0.3708	0.3729	0.3749	0.3770	0.3790	0.3810	0.3830
1.2	0.3849	0.3869	0.3888	0.3907	0.3925	0.3944	0.3962	0.3980	0.3997	0.4015
1.3	0.4032	0.4049	0.4066	0.4082	0.4099	0.4115	0.4131	0.4147	0.4162	0.4177
1.4	0.4192	0.4207	0.4222	0.4236	0.4251	0.4265	0.4279	0.4292	0.4306	0.4319
1.5	0.4332	0.4345	0.4357	0.4370	0.4382	0.4394	0.4406	0.4418	0.4429	0.4441
1.6	0.4452	0.4463	0.4474	0.4484	0.4495	0.4505	0.4515	0.4525	0.4535	0.4545
1.7	0.4554	0.4564	0.4573	0.4582	0.4591	0.4599	0.4608	0.4616	0.4625	0.4633
1.8	0.4641	0.4649	0.4656	0.4664	0.4671	0.4678	0.4686	0.4693	0.4699	0.4706
1.9	0.4713	0.4719	0.4726	0.4732	0.4738	0.4744	0.4750	0.4756	0.4761	0.4767
2.0	0.4772	0.4778	0.4783	0.4788	0.4793	0.4798	0.4803	0.4808	0.4812	0.4817
...	...	...	...	...	...	...	...	...	...	...

0.3944 → Xが0〜1.25になる確率は39.44%

表の列はXの小数点以下第1位まで、行は小数点以下第2位を表している。たとえば上記の0.3944は、Xが行の1.2と列の0.05を加えた1.25に対応している。つまり、Xが0超1.25未満になる確率が39.44%であることを意味している。

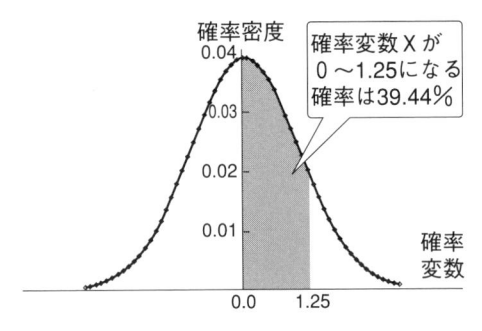

確率変数Xが0〜1.25になる確率は39.44%

参考 統計表のその他の表記

上記のほかにあと2通りの表記の仕方がある。

別表1

X	0.00	0.01	0.02	0.03	0.04	0.05	0.06	0.07	0.08	0.09
0.0	0.5000	0.5040	0.5080	0.5120	0.5160	0.5199	0.5239	0.5279	0.5319	0.5359
0.1	0.5398	0.5438	0.5478	0.5517	0.5557	0.5596	0.5636	0.5675	0.5714	0.5753
0.2	0.5793	0.5832	0.5871	0.5910	0.5948	0.5987	0.6026	0.6064	0.6103	0.6141
0.3	0.6179	0.6217	0.6255	0.6293	0.6331	0.6368	0.6406	0.6443	0.6480	0.6517
0.4	0.6554	0.6591	0.6628	0.6664	0.6700	0.6736	0.6772	0.6808	0.6844	0.6879
…	…	…	…	…	…	…	…	…	…	…

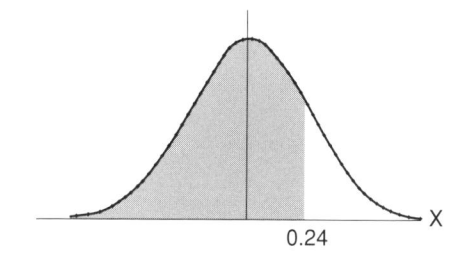

Xが0.24未満になる確率は59.48%

0.24

この表は前掲の表に0.5を加えて求められる。

別表2

X	0.00	0.01	0.02	0.03	0.04	0.05	0.06	0.07	0.08	0.09
0.0	0.5000	0.4960	0.4920	0.4880	0.4840	0.4801	0.4761	0.4721	0.4681	0.4641
0.1	0.4602	0.4562	0.4522	0.4483	0.4443	0.4404	0.4364	0.4325	0.4286	0.4247
0.2	0.4207	0.4168	0.4129	0.4090	0.4052	0.4013	0.3974	0.3936	0.3897	0.3859
0.3	0.3821	0.3783	0.3745	0.3707	0.3669	0.3632	0.3594	0.3557	0.3520	0.3483
0.4	0.3446	0.3409	0.3372	0.3336	0.3300	0.3264	0.3228	0.3192	0.3156	0.3121
0.5	0.3085	0.3050	0.3015	0.2981	0.2946	0.2912	0.2877	0.2843	0.2810	0.2776

Xが0.47超になる確率は31.92%

0.47

この表は1から別表示1の値を差し引いて求められる。

よく使われるのはXが1.96に対応する0.4750である。

標準正規分布表

X	0.00	0.01	0.02	0.03	0.04	0.05	0.06	0.07	0.08	0.09
...	...	...	...	...	...	...	...	...	...	...
1.8	0.4641	0.4649	0.4656	0.4664	0.4671	0.4678	0.4686	0.4693	0.4699	0.4706
1.9	0.4713	0.4719	0.4726	0.4732	0.4738	0.4744	0.4750	0.4756	0.4761	0.4767
2.0	0.4772	0.4778	0.4783	0.4788	0.4793	0.4798	0.4803	0.4808	0.4812	0.4817
...	...	...	...	...	...	...	...	...	...	...

Xが0〜1.96になる確率は47.50%

確率変数が0〜1.96になる確率が47.50%ということは、グラフは左右対称であるから▲1.96〜0になる確率も47.50%である。つまり、Xが▲1.96〜1.96になる確率が47.50%＋47.50%＝95%ということになる。

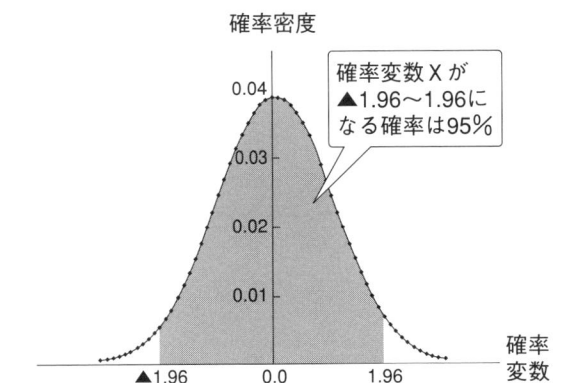

確率変数Xが▲1.96〜1.96になる確率は95%

◆◆ 数 値 例

2006年6月5日の東京証券取引所のデータをもとに1年後（2007年6月4日）の日経平均が確率95%でどの範囲に収まるか計算しよう。

そのために必要なのは日経平均の予想収益率の平均値と標準偏差である。ここでは予想収益率の平均値として予想PERの逆数を採用し、標準偏差として日経平均オプションの下欄に表示されている日経平均IV（Implied Volatility）を採用する。

> 【2006年6月5日現在】
> 日経平均　　　　　　1万5,668円
> 予想収益率の平均値　　5.2％
> 予想収益率の標準偏差　29.2％

〈設例１〉

1年後（2007年6月4日）の日経平均が確率95％でどの範囲になるか。このとき以下のように考える。

統計表（標準正規分布）の場合	日経平均の予想収益率の場合
平　　均：0 標準偏差：1 　確率95％でとりうる範囲は 　　▲1.96＜X＜1.96	平　　均：5.2％ 標準偏差：29.2％ 　確率95％でとりうる範囲は 　　①＜日経平均の予想収益率＜②

①・②の数値を求めるには統計表（標準正規分布）の確率変数 X を日経平均に一致させればよい。まず標準偏差を 1 から29.2％にしよう。そのためには確率変数 X を29.2％倍すればよい。次にすべての確率変数 X に5.2％を加えれば平均値は5.2％になる[※8]。

(※8)　平均 μ、分散 σ^2 の正規分布を $N(\mu, \sigma^2)$ と表記する。X が $N(\mu, \sigma^2)$ に従う場合、$Y=aX+b$ は $N(a\mu+b, (a\sigma)^2)$ に従う。よって X が $N(0,1)$ に従う場合、$Y=aX+b$ は $N(b, a^2)$ になる。

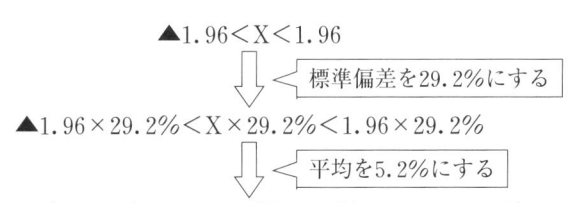

▲1.96＜X＜1.96
⇩ ＜標準偏差を29.2％にする
▲1.96×29.2％＜X×29.2％＜1.96×29.2％
⇩ ＜平均を5.2％にする
▲1.96×29.2％＋5.2％＜X×29.2％＋5.2％＜1.96×29.2％＋5.2％

「X×29.2％＋5.2％」は平均が5.2％、標準偏差が29.2％の確率変数であるから、日経平均の予想収益率と一致する。

▲1.96×29.2％＋5.2％＜日経平均の予想収益率＜1.96×29.2％＋5.2％

▲52.03％＜日経平均の予想収益率＜62.43％

> **参考** 標準偏差の2倍に収まる確率
>
> 1.96を大雑把に2とすると以下のように表記される。
> ▲2×29.2％＋5.2％＜日経平均の予想収益率＜2×29.2％＋5.2％
> 確率は正確には95％ではなくなるが、こちらのほうが覚えやすいので「平均値を中心に標準偏差の2倍に収まる確率が約95％」と表現されることが多い。

2006年6月5日現在の日経平均が1万5,668円だから1年後（2007年6月4日）の日経平均が確率95％で以下の範囲になる。

15,668円×（100％＋▲52.03％）＜1年後の日経平均

＜15,668円×（100％＋62.43％）

∴ 7,516円＜1年後の日経平均＜25,450円

もちろん、7,516円未満か2万5,450円超になる確率もゼロではないことに注意してほしい。ただ、その確率は5％未満と統計学は考えるのである。

次に変数の範囲に対応する確率を計算してみよう。

〈設例2〉

1年後（2007年6月4日）の日経平均が1万8,000円を超える確率はいくらか。

「日経平均が1万8,000円を超える確率」とは「予想収益率が14.9％を超える確率」である。したがって次のように考える。

日経平均の予想収益率の場合	統計表（標準正規分布）の場合
平　　均：5.2％ 標準偏差：29.2％ 14.9％＜日経平均の予想収益率となる確率	平　　均：0 標準偏差：1 ③＜Xとなる確率

14.9％に対応する③を求めれば統計表（標準正規分布）を用いて確率を計算できる。そのためには日経平均の予想収益率を確率変数Xに一致させればよい。先ほどのプロセスの逆になるので「平均値を5.2％から0にする」ことから始める。その後、「標準偏差を29.2％から1」にしよう。

$$14.9\% < 日経平均の予想収益率$$

⇩ ＜ 平均を0にする

$$14.9\% - 5.2\% < 日経平均の予想収益率 - 5.2\%$$

⇩ ＜ 標準偏差を1にする

$$\frac{14.9\% - 5.2\%}{29.2\%} < \frac{日経平均の予想収益率 - 5.2\%}{29.2\%}$$

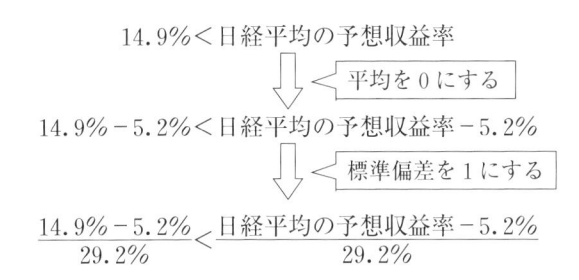

 上式の右辺は平均0、標準偏差1だから統計表の確率変数Xと同じである。つまり、「予想収益率が14.9%を超える確率」は「Xが(14.9% − 5.2%)÷29.2%≒0.33を上回る確率」と同じである。

 それでは「Xが0.33を上回る確率」を統計表から求めよう。

標準正規分布表

X	0.00	0.01	0.02	0.03	0.04	0.05	0.06	0.07	0.08	0.09
0.0	0.0000	0.0040	0.0080	0.0120	0.0160	0.0199	0.0239	0.0279	0.0319	0.0359
0.1	0.0398	0.0438	0.0478	0.0517	0.0557	0.0596	0.0636	0.0675	0.0714	0.0753
0.2	0.0793	0.0832	0.0871	0.0910	0.0948	0.0987	0.1026	0.1064	0.1103	0.1141
0.3	0.1179	0.1217	0.1255	0.1293	0.1331	0.1368	0.1406	0.1443	0.1480	0.1517
...	...	...	...	...	...	...	...	...	...	...

 ここで注意が必要なのは統計表の数値0.1293は「Xが0〜0.33になる確率」であって「Xが0.33を超える確率」ではない。

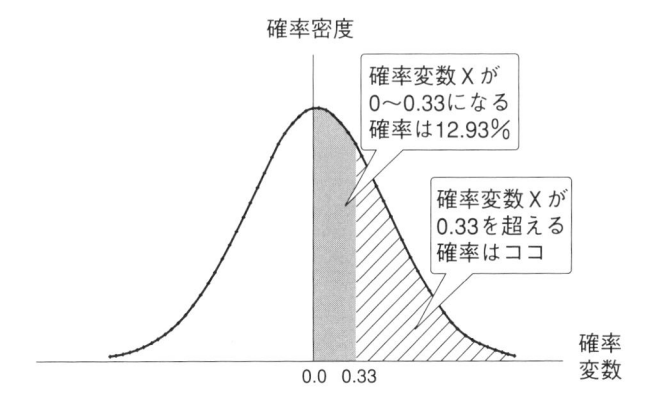

 ここでこのグラフで重要な特徴を思い出そう。
　① 曲線下の面積全体は1（100%）である。

② 左右対称である。

　この二つの特徴からグラフの右半分に相当する「Xが正である（0以上になる）確率」は50%（0.5）である。よって「確率変数Xが0.33を超える確率」は50%から12.93%を差し引いた37.07%と求めることができる。

第2章 ポートフォリオ効果
分散投資にできることとできないこと

本章のテーマ

ポートフォリオとは複数銘柄の株式で資産運用するだけのことである。銘柄を組み合わせることで化学変化を起こして別のものになるわけではなく、個々の銘柄はそのまま性質を変えることはない。だからポートフォリオは、構成する個々の銘柄の足し算にすぎない。

ただ、その結果を「リターンは加重平均のままだが、リスクは（相関係数次第で）加重平均より小さくなる」と表現されると魔法のように聞こえる。本章ではポートフォリオ効果の正体を足し算から説明する。

1　ポートフォリオとは

ポートフォリオとは、運用に際し資金を単一資産（銘柄）に集中投資するのではなく、複数の資産（銘柄）に分散投資することである(※1)。

(※1)　分散投資には、日本株式市場とアメリカ株式市場の両方に投資するといった市場自体を分散させる手法と、同一市場内において銘柄を分散させる手法がある。広義では両者ともポートフォリオであるが、狭義では前者の市場分散をアセット・アロケーション、銘柄分散をポートフォリオと称して区別する。

「ある特定銘柄（資産）に集中投資するよりは分散投資するほうが望ましい」と一般的にいわれるが、その意味を前章のリスクとリターンの概念に従って検証しよう。

2　グラフでみる相関係数 ρ とポートフォリオ効果

◆◆ ケース１：２銘柄ポートフォリオ（正の相関関係の場合）

A社とB社の2銘柄の株式を投資対象としよう。各年における両銘柄の株価は以下のとおりであった。

	X0年	X1年	X2年	X3年	X4年	X5年
A社株価	400円	508円	467円	617円	537円	655円
B社株価	300円	348円	306円	367円	309円	346円

グラフにすると以下のようになる。相対的にA社はハイリスクでハイリターン、B社はローリスクでローリターンな銘柄であることがわかる。

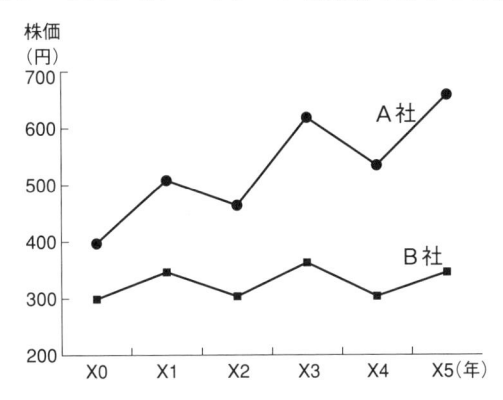

次に両銘柄のリスクとリターンを定量的に把握しよう。まず各年の事後収益率を計算し、その平均値と標準偏差を計算する。

	X0年	X1年	X2年	X3年	X4年	X5年
A社株価 収益率	400円	508円 +27.0%	467円 ▲8.0%	617円 +32.1%	537円 ▲13.0%	655円 +22.0%
B社株価 収益率	300円	348円 +16.0%	306円 ▲12.1%	367円 +20.0%	309円 ▲16.0%	346円 +12.0%

自己資金100万円をX0年時点からA社・B社株式の2銘柄で運用した場合（2銘柄ポートフォリオと称する）、どうなったかを考えよう。100万円で両

銘柄を購入するのだが、各々をいくらで購入するかが問題になる。これを組入比率という。ここでは組入比率を50%：50%、すなわちＡ社・Ｂ社を50万円ずつ購入することにする[※2]。

(※2) もちろん、組入比率は自由に設定できる。組入比率を変えるとポートフォリオのリスクとリターンはどうなるかは後章で詳述する。

その後、50万円は各々の株価上昇率に従って投資額は増減し、両者の合計がポートフォリオ全体の時価総額となる。

		Ｘ０年	Ｘ１年	Ｘ２年	Ｘ３年	Ｘ４年	Ｘ５年
Ａ社	投資額	50万円	63.5万円	58.4万円	77.1万円	67.1万円	81.9万円
	収益率		27.0%	▲8.0%	32.1%	▲13.0%	22.0%
Ｂ社	投資額	50万円	58.0万円	51.0万円	61.2万円	51.4万円	57.6万円
	収益率		16.0%	▲12.1%	20.0%	▲16.0%	12.0%
合計	投資額	100万円	121.5万円	109.4万円	138.3万円	118.5万円	139.5万円
	収益率		21.5%	▲10.0%	26.4%	▲14.3%	17.7%

以上が実際の投資行動に即した考え方であるが、ポートフォリオ時価の変動はＡ社株価とＢ社株価を組入比率に従って加重平均したものと近似する[※3]。

	Ｘ０年	Ｘ１年	Ｘ２年	Ｘ３年	Ｘ４年	Ｘ５年
Ａ社株価	400円	508円	467円	617円	537円	655円
Ｂ社株価	300円	348円	306円	367円	309円	346円
加重平均	350円	428円	387円	492円	423円	501円
収益率		22.3%	▲9.6%	27.1%	▲14.0%	18.4%

(※3) ズレが生ずる原因は、実際のポートフォリオの組入比率（Ａ社とＢ社の時価総額の比率）が途中から50%：50%ではなくなるからである。

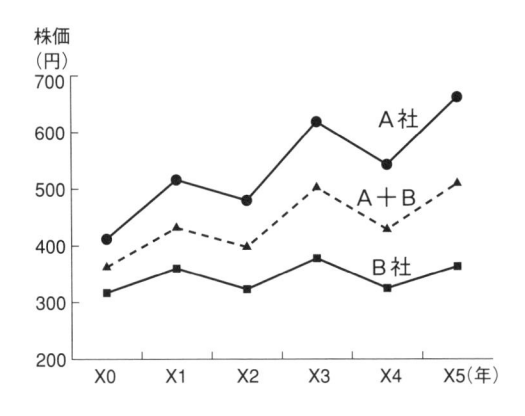

```
株価
(円)
700
600                    ● A社
500           ▲ A+B
400
300       B社
200
  X0  X1  X2  X3  X4  X5(年)
```

　当然であるが、ポートフォリオの時価総額の変動は（組入比率が50%：50%だから）A社とB社の中間で表される。その結果、リスクもリターンもA社とB社の中間であることが推測される。

　年間収益率から計算した5年間のリスクとリターンは以下のとおりである。ポートフォリオのリスク、リターンともに両銘柄の中間の値になっている。

	リターン （平均値）	リスク （標準偏差）
A　社	12.0%	20.9%
B　社	4.0%	16.7%
A社+B社	8.3%	18.9%

　ケース1のポートフォリオにおいて着目すべき現象は特にない。ハイリターンとローリターンを組み合わせるとミドルリターンに、ハイリスクとローリスクを組み合わせればミドルリスクになっただけである。ポートフォリオ効果と称されるものはこのケースでは現れていない。

　ちなみに、このケースでは注視しなかったが、「A社が上昇するときB社も上昇する」「A社が下落するときB社も下落する」という両銘柄の価格の連動性がある。これは後述するケース2との対比で重要になる。この価格連動性を「A社とB社は正の相関関係にある」と称する[※4,5]。

（※4）　この相関関係は後述する相関係数と呼ばれる統計量によって定量化される。

32　第1部　現代ポートフォリオ理論（MPT）の基礎概念

（※5） 相関関係は因果関係と意味が異なる。相関関係においてどちらが原因でどちらが結果ということは考慮されない。

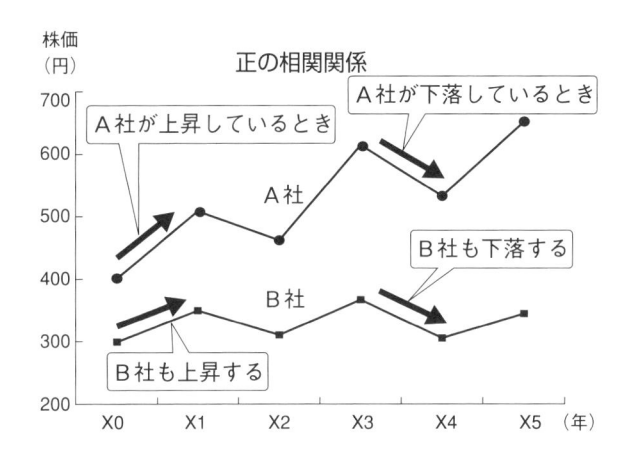

```
株価（円）
正の相関関係
A社が上昇しているとき → A社
B社も上昇する → B社
A社が下落しているとき
B社も下落する
```

◆◆ ケース2：2銘柄ポートフォリオ（負の相関関係の場合）

次にB社のかわりにC社を投資対象として取り上げよう。各年におけるC社株価は以下のとおりであった。

	X0年	X1年	X2年	X3年	X4年	X5年
A社株価	400円	508円	467円	617円	537円	655円
C社株価	300円	270円	329円	283円	353円	344円

グラフにすると以下のようになる。C社はB社と同程度にローリスクでローリターンな銘柄である。ただし、「A社が上昇するときC社は下落する」「A社が下落するときC社は上昇する」という価格の逆行性がある。この逆行性を「A社とC社は負の相関関係にある」と称する。

株価
(円)

負の相関関係

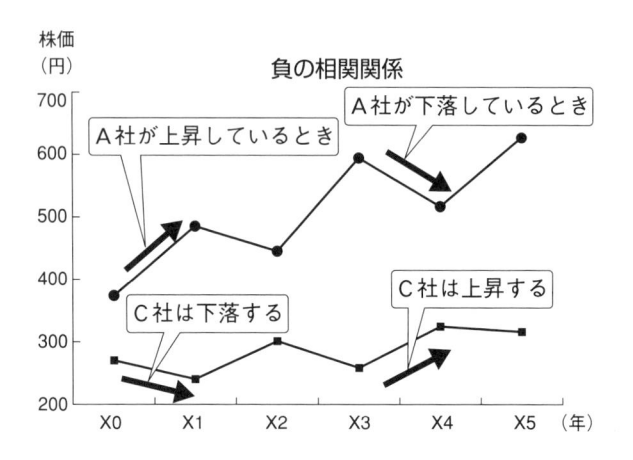

グラフ:
- A社が上昇しているとき
- A社が下落しているとき
- C社は下落する
- C社は上昇する

横軸: X0, X1, X2, X3, X4, X5 (年)
縦軸: 200～700

ケース1と同様、A社・C社株式の2銘柄で組入比率50%：50%のポートフォリオを考えよう。

		X0年	X1年	X2年	X3年	X4年	X5年
A社	投資額	50万円	63.5万円	58.4万円	77.1万円	67.1万円	81.9万円
	収益率		27.0%	▲8.0%	32.1%	▲13.0%	22.0%
C社	投資額	50万円	45.0万円	54.9万円	47.2万円	58.8万円	57.3万円
	収益率		▲10.0%	22.0%	▲14.0%	24.5%	▲2.5%
合計	投資額	100万円	108.5万円	113.3万円	124.3万円	125.9万円	139.2万円
	収益率		8.5%	4.4%	9.7%	1.3%	10.6%

以上が実際の投資行動に即した結果であるが、ケース1と同様、A社株価とC社株価を組入比率に従って加重平均したものをグラフ化してみよう。

	X0年	X1年	X2年	X3年	X4年	X5年
A社株価	400円	508円	467円	617円	537円	655円
C社株価	300円	270円	329円	283円	353円	344円
加重平均	350円	389円	398円	450円	445円	500円
収益率		11.1%	2.3%	13.1%	▲1.1%	12.4%

株価
（円）

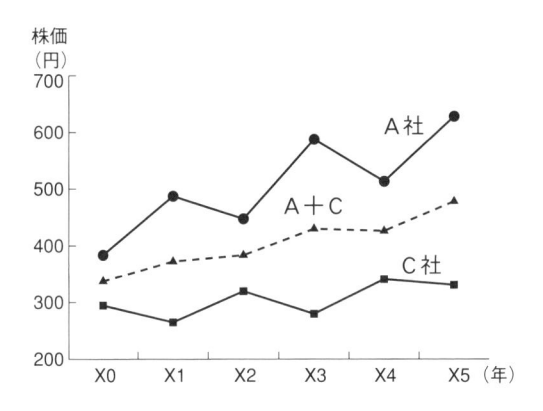

（グラフ: A社、C社、A+C の株価推移 X0〜X5年）

　グラフをみると、リターンはA社とC社の中間であるが、リスクが著しく低減していることがわかる。個別銘柄およびポートフォリオのリスクとリターンを数値化して比較するとより鮮明になる。ポートフォリオのリターンは構成する銘柄の中間の値になっているが、リスクは両者よりも著しく低減していることがわかる。

	リターン（平均値）	リスク（標準偏差）
A　社	12.0%	20.9%
C　社	4.0%	18.1%
A社＋C社	6.9%	3.9%

　数値だけみると異様な現象にみえる。「温度が20.9度の水と18.1度の水を混ぜると、両者よりも冷たい3.9度の水になった」ようなものである。このように構成する銘柄のリスク（標準偏差）の加重平均よりもリスクが小さくなることをポートフォリオ効果と呼ぶ。
　ポートフォリオ効果は数値の変化だけをみると不思議に思えるかもしれないが、チャートをみれば何も不思議なことはない。A社とC社の値動きの方向が相殺しあっているだけである。このようにポートフォリオ効果は負の相関関係にある組合せのときに大きく現れる。

第2章　ポートフォリオ効果　35

◆◆ ポートフォリオ効果の提示するもの

　ポートフォリオ効果の発見がリスク回避型の投資家[※6]へ提示するものはきわめて大きい。ポートフォリオ効果を知らない投資家がリスクだけに着目するとＣ社を選択することになり「あえてハイリスクなＡ社を購入する」ことは思い浮かばない。それどころかＡ社・Ｃ社ともにリスクが高いため株式投資をあきらめることすらあるだろう。

（※6）「なるべくリスクは低く、リターンは高く」を嗜好する投資家のこと。そのほかに、リスク愛好型、リスク中立型の投資家像の存在が想定される。詳細は後述する。

	リターン （平均値）	リスク （標準偏差）	
Ａ　社	12.0%	20.9%	ポートフォリオ効果を知らない投資家
Ｃ　社	4.0%	18.1%	
Ａ社＋Ｃ社	6.9%	3.9%	ポートフォリオ効果を知っている投資家

　ポートフォリオ効果を知っている危険回避型の投資家なら「あえてハイリスクなＡ社を購入する」ことにより資産全体のリスクを低減させることに成功する。そのうえ、Ｃ社単独購入よりもリターンが向上する。

　このように投資家（顧客）のリスク嗜好と選択すべき証券のリスクには直接関係がないことを提供（販売）側も再認識すべきであろう。「リスクが嫌いな顧客には低リスクな商品を提案する」ではポートフォリオ効果を知らない投資家と同じレベルにとどまっていることになる。

3　投資機会集合のグラフの見方

　ケース１およびケース２では組入比率を50％：50％と固定して検討したが、もちろん、組入比率はいくつであってもかまわない。ここでは株価を加重平均する方法で、組入比率によりポートフォリオのリスクとリターンがどう変化するかをみよう。

◆◆ 正の相関関係にある A 社と B 社の場合

A社100%を出発点として、25%ずつB社の組入比率を増加させて、最後B社100%になる五つのポートフォリオを考えよう。

No.	組入比率 A社：B社	X0年	X1年	X2年	X3年	X4年	X5年
1	A社100%	400円	508円	467円	617円	537円	655円
2	75%：25%	375円	468円	427円	555円	480円	578円
3	50%：50%	350円	428円	387円	492円	423円	501円
4	25%：75%	325円	388円	346円	430円	366円	423円
5	B社100%	300円	348円	306円	367円	309円	346円

これを以下にグラフで表現した。A社から出発してB社に近づいている様子がわかるだろうか。

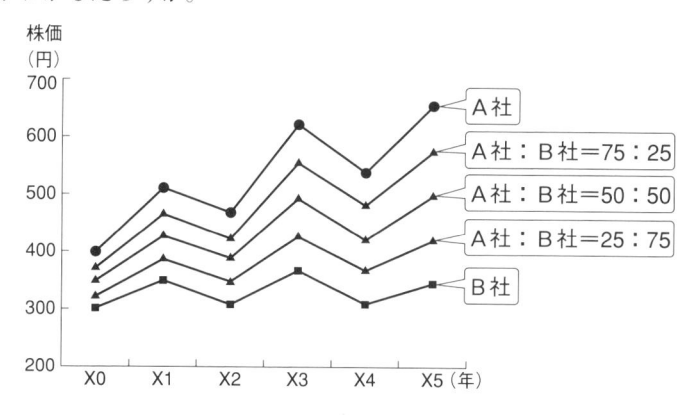

各々のリスクとリターンを計算すると、以下のような結果が得られる。

No.	組入比率 A社：B社	平均値 （リターン）	標準偏差 （リスク）
1	A社100%	12.0%	20.9%
2	75%：25%	10.6%	20.1%
3	50%：50%	8.8%	19.2%
4	25%：75%	6.7%	18.1%
5	B社100%	4.0%	16.7%

上記の結果を縦軸にリターン、横軸にリスクをとった平面にあてはめよう。

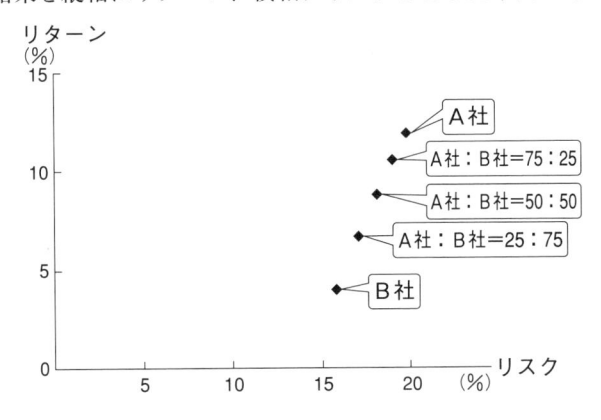

すると、A社のポイントからB社に向かって直線的に移動している様子がみられる。リスクとリターンがともに組入比率の加重平均どおりになっているからである。

さらに組入比率を25%刻みではなく、1%刻みに変化させた場合、A社からB社に伸びる直線上に並ぶ小さな点になることが想像できると思う。これを投資機会集合と呼ぶ。言葉はいかめしいが「投資家が選択しうる金融商品の品揃え」と理解しておけばよい[※7]。

（※7） 後章で投資家が投資機会集合のうちどの点（どの組入比率）を採用するかを詳細に解説する。

正相関の2銘柄ポートフォリオの投資機会集合

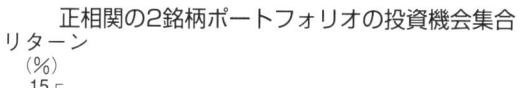

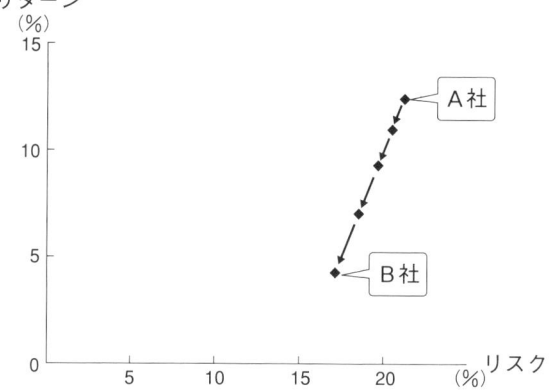

◆◆ 負の相関関係にあるA社とC社の場合

前掲と同様に、A社100%を出発点として25%ずつC社の組入比率を増加させて、最後C社100%になる五つのポートフォリオを考えよう。

No.	組入比率 A社：C社	X0年	X1年	X2年	X3年	X4年	X5年
1	A社100%	400円	508円	467円	617円	537円	655円
2	75%：25%	375円	449円	433円	534円	491円	577円
3	50%：50%	350円	389円	398円	450円	445円	500円
4	25%：75%	325円	330円	364円	367円	399円	422円
5	C社100%	300円	270円	329円	283円	353円	344円

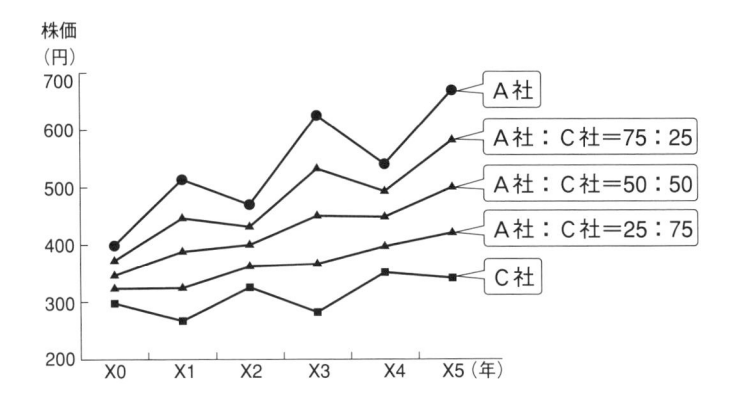

各々のリスクとリターンを計算すると以下のような結果が得られる。

No.	組入比率 A社：C社	平均値（リターン）	標準偏差（リスク）
1	A社100%	12.0%	20.9%
2	75%：25%	9.8%	14.4%
3	50%：50%	7.5%	6.5%
4	25%：75%	5.4%	4.3%
5	C社100%	4.0%	18.1%

上記の結果を縦軸にリターン、横軸にリスクをとった平面にあてはめよう。

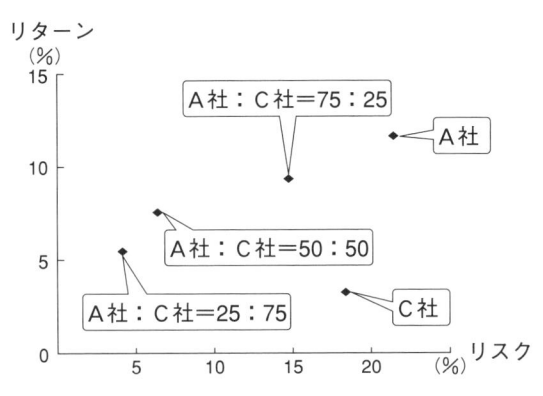

A社とB社の組合せとはずいぶん様子が異なるのがわかる。それでもA

社から出発して最終的にはC社に到達することに変わりはない。組入比率を1％刻みに変化させた場合、A社からC社に直線的に接近するのではなく、左に大きく湾曲して一度離れた後、その後C社に接近する。

負相関の2銘柄ポートフォリオの投資機会集合

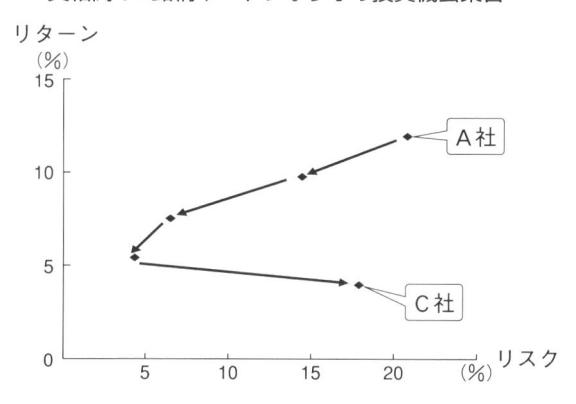

なぜこのようになるかについては、前掲の組入比率ごとに示したグラフを参照しながら考えてほしい。一見複雑そうなこの曲線の形状も、リスクとリターンに分けて考えると簡単だ。

リターンに関しては正相関と同様に、A社とC社の加重平均でしかない。したがってリターンはC社の組入比率が増加するに従って、直線的に低下していく。何の不思議もない。

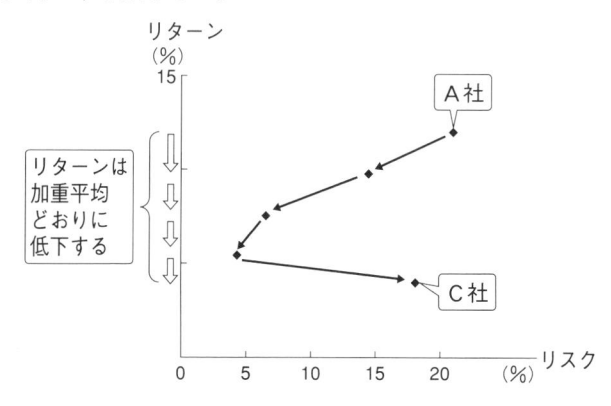

曲線となる原因は、リスクが加重平均以上に減少すること、すなわちポー

第2章 ポートフォリオ効果 41

トフォリオ効果そのものである。もしポートフォリオ効果がなければ「A社：C社＝75％：25％」は、下図中の点Pに位置するはずである。ところがポートフォリオ効果があるためリスクが加重平均よりも小さくなるので左にシフトする。よって、曲線全体はA社とC社を結んだ直線が大きく左にふくらんだ形状になるのである。

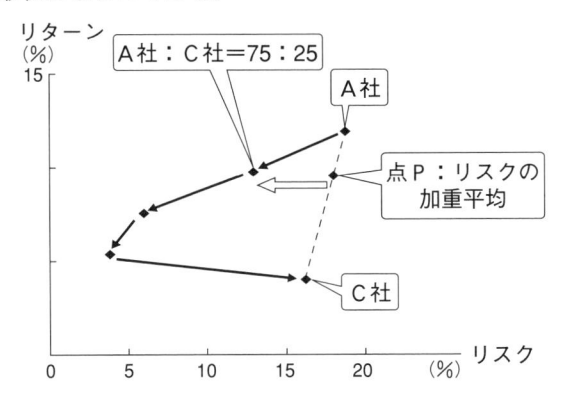

第3章　効用無差別曲線
分散投資すると投資家は喜ぶか

本章のテーマ

　前章でポートフォリオにできること、すなわちリスクを小さくできることを解説した。ところでリスクが小さくなることは「よい」ことだろうか。またそもそも「よい」「悪い」は何を基準に決めるのだろうか。

　本章ではポートフォリオのもたらすものが「効果」と呼ぶに値するものかどうか、そして現代ポートフォリオ理論が暗黙の前提としてもっているものは何かを解説する。すべての投資家がポートフォリオを組む（分散投資する）ことを喜ぶわけではないことに読者は気がついてほしい。

　前章で2銘柄ポートフォリオの投資機会集合について解説した。ところで、投資家は投資機会集合のうちどの点、すなわちどのような組入比率を選択するだろうか。そして選択の基準は何だろうか。この疑問をメインテーマとして、投資機会集合と効用無差別曲線の関連を解説する。

1　最適ポートフォリオの定義

　冒頭から結論になるが、現代ポートフォリオ理論では最適ポートフォリオを以下のように定義する。

> 最適ポートフォリオとは、投資家の効用を最大にする、投資機会集合である。

　非常に硬い言葉遣いではあるが、この定義はあらゆる商売の基本を表している。平易な表現に書き改めると以下のようになる。

> 最も優れた金融商品とは、お客さまの満足度を最大にする商品のことである。

当り前のことを述べているようなこの定義だが、筆者は世間の最適ポートフォリオに対する誤ったイメージへの批判を感じてしまう。優れた金融商品とは何かを問うと、収益性・安全性・流動性といった商品側の特性を連想してしまった読者諸氏も多いのではないか。筆者はこの定義の意義を、最適ポートフォリオを決定するのは投資機会集合（金融商品）の特性ではなく、投資家（お客さま）の満足であると主張している点に感じるのである。

2　投資家は何が好きか、何が嫌いか

最適ポートフォリオにとって投資家の嗜好こそが最終的な決定要素である。投資家の嗜好はさまざまな要因に向けられるであろう。従来産業と新産業、製造業とサービス業、企業規模の大小、経営者のタイプ等、株式の銘柄選択に関する要因は数えきれないだろう。

ここでは議論を簡略化するため、収益率の平均値（リターン）と標準偏差（リスク）に対する嗜好だけで投資家を分類することにする。リターンとリスクの各々に対して「高いほうが好き」「どちらでもよい」「低いほうが好き」という3通りの回答を想定すると、以下の①から⑨の9通りの投資家のタイプがあるはずだ。

リターン ＼ リスク	高いほうが好き	どちらでもよい	低いほうが好き
高いほうが好き	①	②	③
どちらでもよい	④	⑤	⑥
低いほうが好き	⑦	⑧	⑨

しかし、金融・経済理論においては合理的な経済人を前提とするので、リ

ターンに関しては「高いほうが好き」という投資家しかいないとする。そこで上表の④から⑨のタイプは存在しないことになる。これは現実の投資家像としても受け入れやすい前提である。

残るリスクに対する嗜好から投資家を3タイプに分類する。リスクが「高いほうが好き」な投資家をリスク愛好型、「どちらでもよい」投資家をリスク中立型、「低いほうが好き」な投資家をリスク回避型と称する。

リターン＼リスク	高いほうが好き	どちらでもよい	低いほうが好き
高いほうが好き	① リスク愛好型	② リスク中立型	③ リスク回避型

◆◆ **標準偏差をリスクと呼ぶ理由**

そもそもリスクとは収益率の標準偏差のことであった。収益率の標準偏差をリスク（危険）という否定的な名称で呼ぶのはなぜだろうか。それは「ポートフォリオにできること」と関係がある。前章で解説したように、ポートフォリオにできるのは「標準偏差を小さくすることだけ」であった。

ところで、3通り考えられる投資家のうち標準偏差を小さくして喜ぶのは、③のリスク回避型の投資家だけである。そこで現代ポートフォリオ理論では、強引に「投資家は標準偏差を嫌う」「投資家はリスク回避型である」という仮定を設定する(※1)。投資家が嫌うという理由で標準偏差を否定的な意味をもつリスクと称したのだ(※2)。いささか我田引水に過ぎる印象をぬぐえないが、これ以後登場する投資家はすべてリスク回避型という前提になる。

(※1) この仮定は「投資家はリターンに関しては高いほうが好き」という仮定とは異なり、簡単に受け入れることはできない。たしかに機関投資家はリスク回避型であるかもしれないが、個人投資家にリスク愛好型がいないとは断言できないだろう。むしろ株式投資を好む個人投資家は、値動きの少ない株式よりも値動きの激しい銘柄に可能性を見出し好むのではないだろうか。

(※2) オプション取引においては、標準偏差は大きければ大きいほどオプション投資によって得られる収益が大きくなるので「投資家は収益率の標準偏差を嫌う」という仮定は設定できない。そのため標準偏差に対し

てリスクという否定的な名称を使えないのでボラティリティと呼ぶ。リスクとボラティリティは同じものである。

3　効用無差別曲線

最適ポートフォリオを決定するためには投資家の嗜好を、前章で使用した横軸にリスク、縦軸にリターンをとった平面に表現する必要がある。

その準備として、リスク回避型の投資家が以下の図にあてはめられたA〜D社の銘柄のうちどれを好み、どれを嫌うか考えよう。

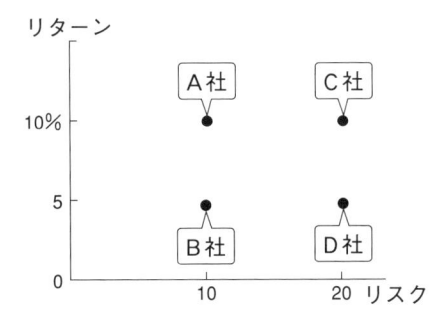

投資家はリターンに関しては高い銘柄を好むので、B社・D社よりもA社・C社を選択するはずである。次にリスクに関しては低い銘柄を好むので、C社・D社よりもA社・B社を選択するはずである。結局、A社が「リターンが高く、リスクが低い」ので一番好まれる。逆にD社は「リターンが低く、リスクが高い」ので一番嫌われる。

問題はC社とB社の順番である。C社はリターンが高いという長所があるものの、リスクも大きいという短所がある。B社はリターンが低いという短所があるものの、リスクが低いという長所がある。どちらをより好むかは一概に断定できない。同じ危険回避型であっても、リターンの高さとリスクの低さ、どちらを重視するか投資家によって異なるからだ。

そこで、ある投資家N氏に登場してもらおう。投資家N氏は悩んだあげく、B社とC社はまったく同じだと結論づけた。つまりA社、B社・C社、D社の順で好むと判断した。そしてその満足度を数値化したところ、A社

を購入した場合に得られる満足度は100、B社とC社の満足度は60、D社の満足度は20となった。

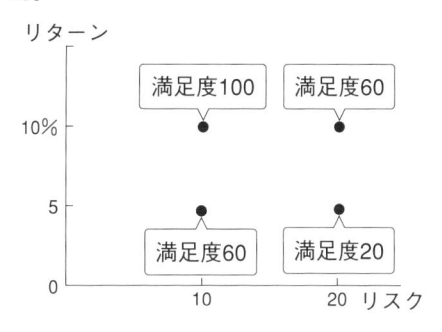

```
リターン
         満足度100    満足度60
          ●          ●
10%

 5        ●          ●
         満足度60    満足度20
 0
          10         20  リスク
```

◆◆ 効用無差別曲線の登場

効用無差別曲線とはいかにも親近感の湧かない命名である。筆者ならばさしずめ満足度等高線とでも命名する。等高線とは地図で高さが同じ地点を結んだものである。山の頂上から同心円上に拡がるあの図である。

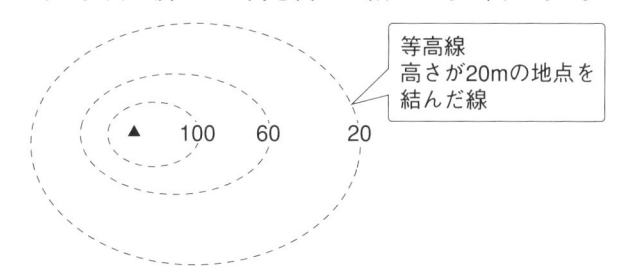

```
      ▲ 100  60  20     等高線
                        高さが20mの地点を
                        結んだ線
```

効用無差別曲線は個人の満足度を表す曲線だから、その形状は人によって異なる。ただし、ポートフォリオ理論ではリスク回避型の投資家を前提としているので共通点はある。ここでは前掲のN氏の効用無差別曲線を描こう。

```
                    満足度100の      満足度60の
                    効用無差別曲線   効用無差別曲線
              リターン
  このあたりがローリス
  ク・ハイリターンで                              満足度20の
  最も満足度が高い                                効用無差別曲線
              10%      A社    C社

              5        B社
                                    D社       このあたりがハイリス
                                              ク・ローリターンで
                                              最も満足度が低い
              0        10      20  リスク
```

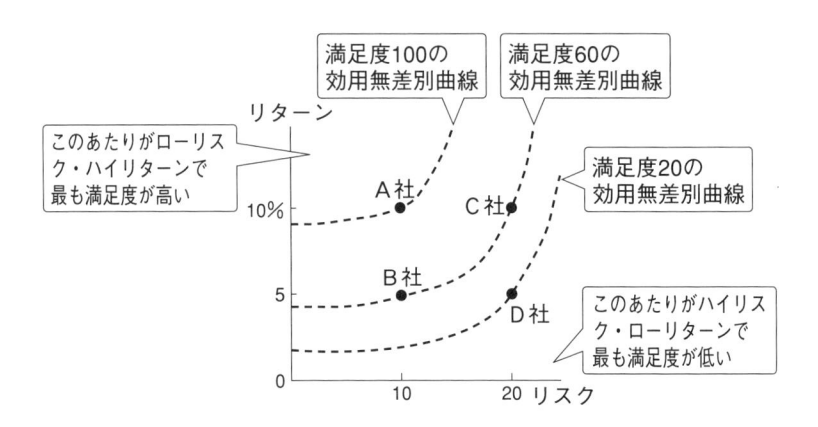

　N氏もリスク回避型の投資家なのでローリスク・ハイリターンを好み、ハイリスク・ローリターンを嫌う。したがって縦軸リターン、横軸リスクの平面において左上に行けば行くほど満足度が高くなり、右下に行けば行くほど満足度は低くなる。だからA～D社のなかでは、A社の満足度が最も高く、D社の満足度が低いのである。そしてB社とC社の満足度は同じなので同じ効用無差別曲線（満足度等高線）上に位置する。

◆◆ なぜリスク回避型投資家の効用無差別曲線は右上がりか

　N氏にとってのB社とC社の満足度から説明しよう。B社よりC社はリスクが高い。リスクが高いことは満足度を引き下げる（リスクが嫌いなのだから）。そこで満足度の低下を補う分だけリターンが高くないとB社と同じ満足度が得られない。だからC社はB社と同じ満足度が得られるのである。

　B社とC社は同じ満足度だから同じ効用無差別曲線上に位置する。言い換えれば効用無差別曲線はB社とC社を通る線になる。だから効用無差別曲線は右上がりなのだ。

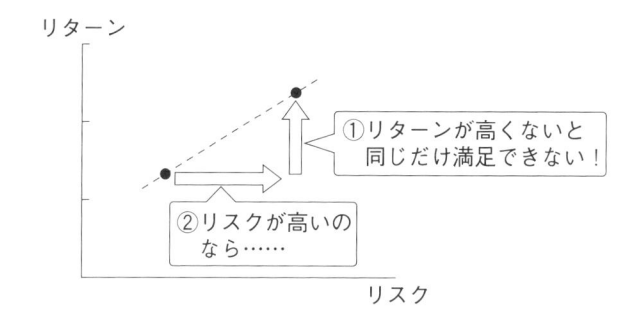

①リターンが高くないと同じだけ満足できない！

②リスクが高いのなら……

> **参考** リスク中立型・リスク愛好型の効用無差別曲線

〈リスク中立型の投資家の効用無差別曲線〉

　リスク中立型の投資家はリターンの高低だけで銘柄を選択する。リスクの高低には無関心であり無視する。したがって、A社とC社の満足は同じである。

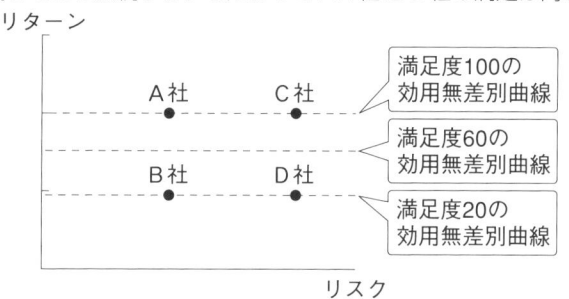

- 満足度100の効用無差別曲線（A社・C社）
- 満足度60の効用無差別曲線
- 満足度20の効用無差別曲線（B社・D社）

〈リスク愛好型の投資家の効用無差別曲線〉

　リスク愛好型の投資家はリスクも高いほうを好む。したがってリスク愛好型の投資家にとってはC社が最も満足度が高いことになる。

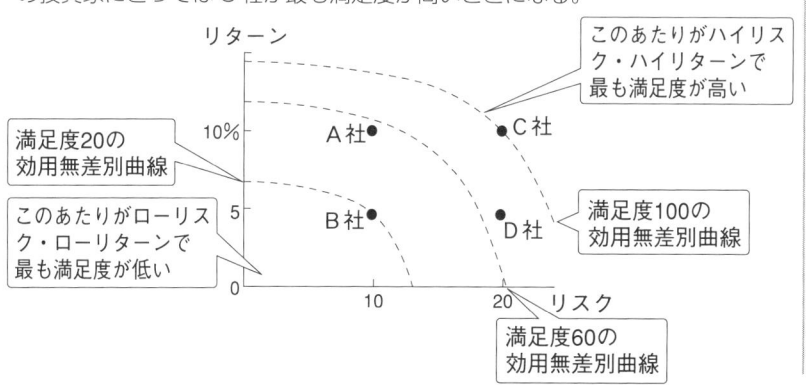

- このあたりがハイリスク・ハイリターンで最も満足度が高い
- 満足度20の効用無差別曲線
- 満足度100の効用無差別曲線
- このあたりがローリスク・ローリターンで最も満足度が低い
- 満足度60の効用無差別曲線

第3章　効用無差別曲線

〈ポートフォリオ理論では……〉
　ポートフォリオ理論上はこのような投資家は存在しないものとして議論を進める。もちろん、すべての投資家がリスク愛好型であるとは筆者も思わないが、個人投資家のなかにはリスク愛好型もいるのではないかと考える。ここであらためてB社とD社のチャートをみよう。

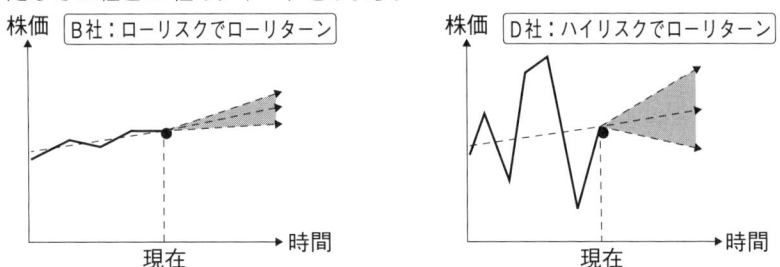

株価　B社：ローリスクでローリターン　　株価　D社：ハイリスクでローリターン

現在　　時間　　　　　　　　　　　　　　現在　　時間

　ポートフォリオ理論どおりならすべての投資家はB社を選択することになるのだが、「値動きが激しくチャンスの大きいD社のほうが好きだ」という個人投資家もいるはずだ。
　もちろん、そうした投資家が株式市場での価格形成に重大な影響を与えるほど存在するわけではないと筆者も考える。しかし、個人投資家向けに提案を行う場合、無意識のうちにリスク回避型の投資家像を前提にしたプランを提示すると、顧客の満足度を高めるどころかそっぽを向かれてしまう可能性もあるだろう。

◆◆ なぜリスク回避型投資家の効用無差別曲線は右下にふくらんでいるか

　リスク回避型投資家の効用無差別曲線が右下にふくらむ理由、それはミクロ経済学で登場する限界効用の逓減から説明される。限界効用の逓減はだれでも知っている経験則である。のどが渇いている人が飲むビール（ジュースでも水でも）は1杯目が一番おいしいだろう。2杯、3杯と飲み進むにつれ、慣れから最初の1杯ほどの満足（効用）が得られなくなる。最終的には「これ以上は飲みたくない」となるはずだ。これが限界効用の逓減である。
　いま、リスクが10%ずつ増加する状況を考えよう。リスク増加によって満足度は低下する。同じ満足度を維持しようとしたらリターンの増加が必要である。最初のリスクの10%増加をリターンの増加2%で補えば満足度を維持できたとする。

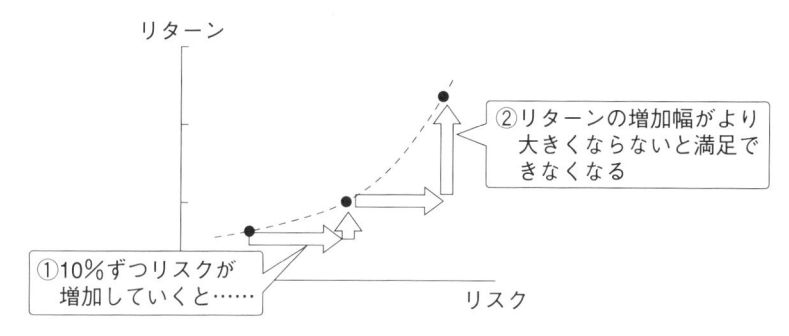

[図：リターンとリスクの関係グラフ]
①10%ずつリスクが増加していくと……
②リターンの増加幅がより大きくならないと満足できなくなる

しかし、そこからさらにリスクが10%増加してもリターンの増加が2%では同じ満足度が維持できなくなる。リターンの増加が2杯目のビールに相当するのだ。だから同じ満足度を維持しようとしたら、リターンの増加は2%より高くなる。これが効用無差別曲線が右下にふくらむ理由である。

◆◆ 効用無差別曲線は人によって異なる

人により好みは違う。同じリスク回避型の投資家であっても効用無差別曲線の形状は異なる。ただし、「右上がりである」「右下にふくらむ」という特徴が失われることはない。それでは効用無差別曲線の違いは何をもたらすのだろうか。

前掲のN氏とは別に、H氏とM氏に登場してもらおう。この2名もリスク回避型の投資家であるがN氏とは好みが違う。両者の効用無差別曲線をみよう。

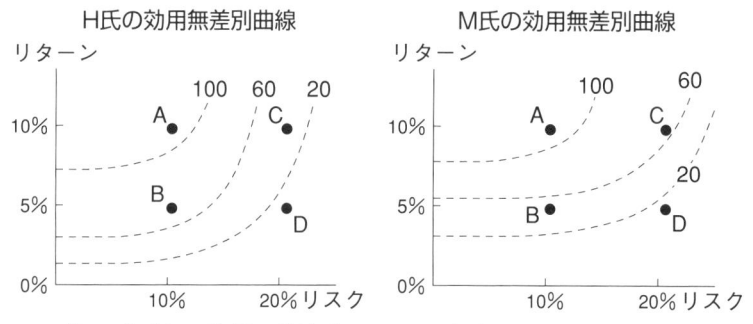

[図：H氏の効用無差別曲線／M氏の効用無差別曲線]

A～D社の平面上の位置は投資家によっても変わらないのだが、効用無差別曲線の形状によって満足度が異なる。H氏の場合、A社の満足度は100以

上で4社中最大、D社は20未満で最低である。これはN氏と変わらない。しかし、B社は100と60の効用無差別曲線の間にあるので満足度は60以上100以下であることがわかる。C社は60と20の効用無差別曲線の間にあるので満足度は20以上60以下であることがわかる。よってH氏にとって満足度の序列はA社、B社、C社、D社の順となる。

次にM氏についてみよう。A社が満足度最大、D社が満足度最低であることは他の2名と同じである。しかし、M氏にとってB社は60と20の効用無差別曲線の間にあるので満足度は20以上60以下であることがわかる。C社は100と60の効用無差別曲線の間にあるので満足度は60以上100以下であることがわかる。よってM氏にとって満足度の序列はA社、C社、B社、D社の順となる。

4　最適ポートフォリオの決定ロジック

第2章で登場した「負の相関関係にあるA社とC社」の組入比率が異なる五つのポートフォリオに再登場してもらおう。この五つの点（投資機会集合）のうち、N氏にとっての最適ポートフォリオはどれだろうか。すなわち、N氏はどれを購入すると満足度（効用）が最大になるだろうか。

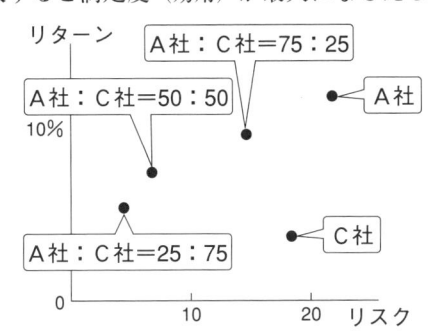

上記の平面にN氏の効用無差別曲線を書き込んでみよう。効用の最も高い点が最適ポートフォリオということになる。

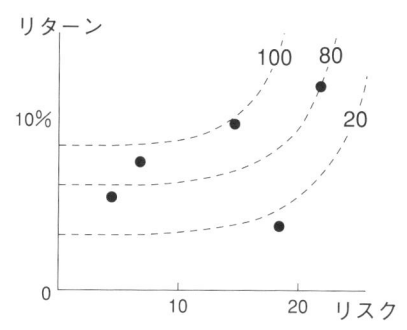

　A社100%を購入した場合の満足度（効用）は80、「A社：C社＝75%：25%」のポートフォリオの満足度は100、「A社：C社＝50%：50%」は100未満80超、「A社：C社＝25%：75%」は80未満20超、C社100%は20未満であることがわかる。以上からN氏にとっての最適ポートフォリオは「A社：C社＝75%：25%」であることがわかる。

◆◆ 効用無差別曲線はだれにもわからない

　各銘柄個別のリスクとリターン、およびそれらの組合せからなる投資機会集合（左にふくらんだ曲線）と、投資家固有の効用無差別曲線の形状が決まれば最適ポートフォリオは決定される。

　投資機会集合は（簡単ではないが）それなりに描くことも可能だろうが、問題は効用無差別曲線である。読者諸氏も自分自身の効用無差別曲線は描くことができない（測定できない）だろう。このことは現代ポートフォリオ理論を構築した学者自身も気づいていた。

　次章では投資機会集合を拡大していくプロセスについて解説するが、最終的には「効用無差別曲線は測定できなくてもよい」ということになる。効用無差別曲線の存在を前提に議論しながら「測定できなくてもよい」となってしまう、入り口と出口の違いに戸惑うことになるだろう。

　さらに現代ポートフォリオ理論の最終的な結論は、金融業界に所属している人には決して受け入れることのできないものなのだ。

第3章　効用無差別曲線　53

第4章　分離定理
現代ポートフォリオ理論の主張する最善の投資手法

本章のテーマ

　効用無差別曲線の形状が決まれば最適ポートフォリオは決定される。しかし、効用無差別曲線は投資家ごとに異なり、かつ測定できないという問題があった。本章では投資家の商品選択の幅を広げながら最終的には「効用無差別曲線は測定できなくてもよい」という立場に到達する。

　本章で登場する分離定理の結論は「最良のポートフォリオとは現預金とインデックス・ファンドである」という地味なものであるが、アクティブ運用を標榜する実務界からは受け入れがたい、タブーのような存在である。

1　投資機会集合の拡大

(1)　2銘柄ポートフォリオ

　第2章では2銘柄ポートフォリオの組入比率を25%刻みで変化させたが、もっと細かい刻みで組入比率を変化させた場合の投資機会集合を描こう。

　本章では第3章に引き続き、リターンとは期待収益率（予想収益率の平均値）、リスクとは標準偏差（予想収益率の標準偏差）を意味するものとする。

◆◆　数　値　例

	リターン	リスク
A　社	12%	18%
B　社	3%	12%

（注）　A社とB社の相関係数－0.8

54　第1部　現代ポートフォリオ理論（MPT）の基礎概念

2銘柄ポートフォリオのリターンおよびリスクは以下の式で計算できる。

> リターン＝A社のリターン×A社の組入比率＋B社のリターン×B社の組入比率
>
> (リスク)^2＝(A社のリスク×A社の組入比率)^2＋(B社のリスク×B社の組入比率)^2＋2×相関係数×(A社のリスク×A社の組入比率)×(B社のリスク×B社の組入比率)

リスクは上式で (リスク)^2 を計算した後、平方根を計算することで得られる。

このように文字で公式を表すと複雑にみえるかもしれないが、実際の数値をあてはめるとシンプルである。組入比率がA社：B社＝70％：30％の場合のリターンとリスクを計算してみよう。

リターン＝$(12\% \times 0.7) + (3\% \times 0.3) = 9.3\%$

(リスク)^2＝$(18\% \times 0.7)^2 + (12\% \times 0.3)^2$
$\qquad\qquad + 2 \times (-0.8) \times (18\% \times 0.7) \times (12\% \times 0.3)$
$\qquad = 99.144 \ (\%)^2$

∴ リスク＝$\sqrt{99.144} \fallingdotseq 10.0\%$

この式を用いて組入比率を10％刻みに変化させた場合のポートフォリオのリスクとリターンを計算したのが以下の表である。

組入比率		ポートフォリオ	
A 社	B 社	リターン	リスク
100%	0%	12.0%	18.0%
90%	10%	11.1%	15.3%
80%	20%	10.2%	12.6%
70%	30%	9.3%	10.0%
60%	40%	8.4%	7.5%
50%	50%	7.5%	5.5%
40%	60%	6.6%	4.6%
30%	70%	5.7%	5.2%
20%	80%	4.8%	7.1%
10%	90%	3.9%	9.4%
0%	100%	3.0%	12.0%

これを縦軸リターン、横軸リスクの平面にあてはめよう。

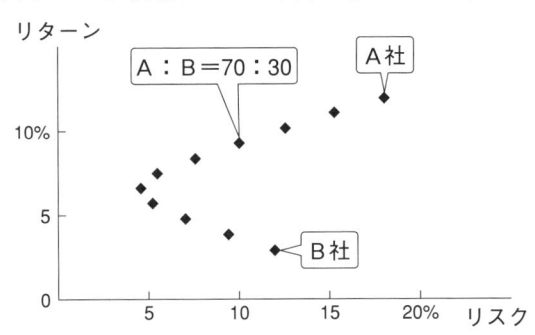

組入比率をさらに細かい刻みにしていくと下図が得られる。

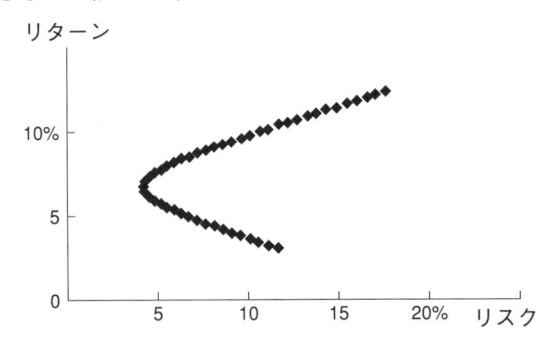

最初は点でしかなかった投資機会集合が線に近づいていく様子がわかるだろう。投資家はこの線のなかのいずれの点でも選択（購入）できることになる。

　いささかグラフでの説明が長くなったので、ここまでの投資機会集合の拡大を、実際の金融商品のイメージと対応させながら復習しよう。

◆◆ STEP 1：個別銘柄のみ（分散投資しない状態）

投資家は A 社、B 社いずれか一方しか購入できない状態である。

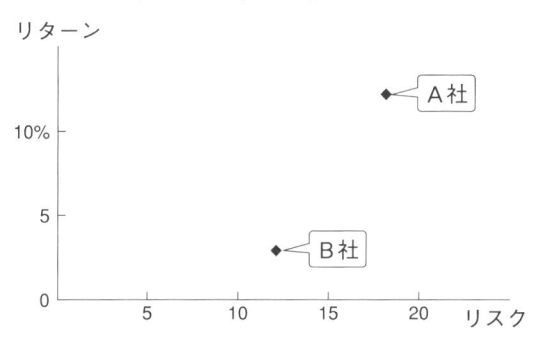

◆◆ STEP 2：2 銘柄の分散投資（ただし組入比率は既定のいくつかに限定）

投資家は A 社、B 社を同時に購入できるようになる。選べる商品の幅も広がったが、それ以上にポートフォリオ効果により著しくリスクの低い商品を選択することも可能になった。ただしその組入比率は自由には選べない。衣料品でいえばサイズが S・M・L しかない状況に似ている。

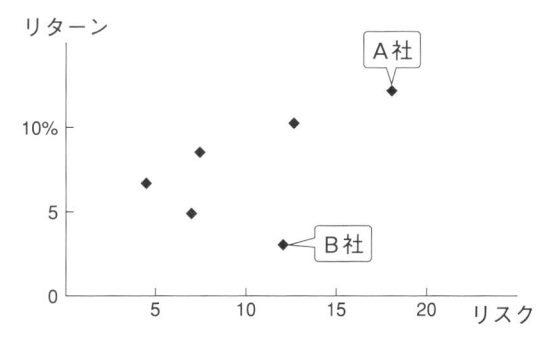

第 4 章　分離定理

◆◆ **STEP 3：2 銘柄の分散投資（組入比率は任意に設定可）**

投資家は A 社、B 社を同時に好きな組入比率で購入できるようになる。組入比率が自由になったことで選択の幅はさらに広がった。衣料品でいえばサイズに関してオーダーメードできる状況だ。

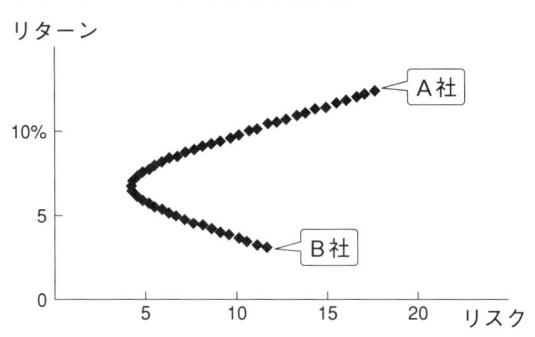

(2)　3 銘柄ポートフォリオ

ポートフォリオといってもたった 2 銘柄では現実的な分散投資ではない。そこでもう 1 銘柄追加して 3 銘柄のポートフォリオを考えよう。わずか 1 銘柄の追加にすぎないが、投資機会集合は劇的に変化する。

これまでの A 社・B 社に C 社を投資対象として追加しよう。C 社のリターンとリスク、および A 社・B 社各々に対する相関係数は以下のとおりである。

	リターン	リスク
A 社	12%	18%
B 社	3%	12%
C 社	7%	14%

	相関係数
A と B	▲0.8
A と C	▲0.4
B と C	▲0.2

まず、A 社と C 社の組合せによる 2 銘柄ポートフォリオの投資機会集合を書き加えよう。A 社と C 社の相関係数はマイナスなので大きなポートフォリオ効果が得られるので、A 社と C 社の点を結ぶ左にふくらんだ曲線になる。

次に B 社と C 社の組合せによる 2 銘柄ポートフォリオも、B 社と C 社の点を結ぶ左にふくらんだ曲線になる。3 社のうち 2 社を組み合わせることで

得られる投資機会集合は、3本の曲線で囲まれたコウモリ傘のような形状になる。ただし、この段階では3銘柄を組み合わせたポートフォリオにはなっていないことに注意しよう。

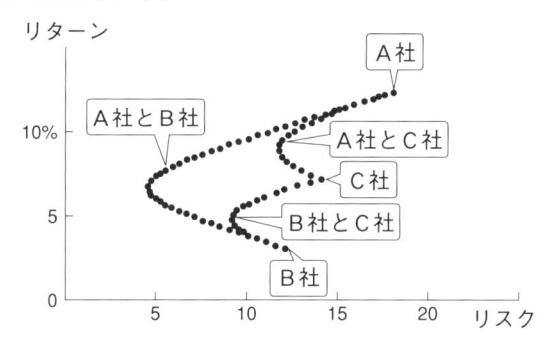

それではいよいよ3銘柄ポートフォリオの投資機会集合を描くことにしよう。3銘柄ポートフォリオのリターンとリスクは下記の式で計算する。

リターン＝A社のリターン×A社の組入比率
　　　　＋B社のリターン×B社の組入比率
　　　　＋C社のリターン×C社の組入比率
(リスク)^2＝(A社のリスク×A社の組入比率)^2
　　　　＋(B社のリスク×B社の組入比率)^2
　　　　＋(C社のリスク×C社の組入比率)^2
　　　　＋2×相関係数×(A社のリスク×A社の組入比率)×(B社のリスク×B社の組入比率)
　　　　＋2×相関係数×(A社のリスク×A社の組入比率)×(C社のリスク×C社の組入比率)
　　　　＋2×相関係数×(B社のリスク×B社の組入比率)×(C社のリスク×C社の組入比率)

数値の組合せが膨大になるため、投資機会集合の平面上で説明しよう。まず、B社：C社＝50％：50％のポートフォリオを一つの株式銘柄と考えて、

第4章　分離定理

これとA社の2銘柄ポートフォリオがどうなるか描こう。するとA社と「B社：C社＝50％：50％」の点を結ぶ左にふくらんだ曲線になることが想像できるだろう。実際の3銘柄の組入比率は下記のようになる。

A社	B社：C社＝50：50	
	B社	C社
100%	0%	0%	0%
80%	20%	10%	10%
60%	40%	20%	20%
40%	60%	30%	30%
20%	80%	40%	40%
0%	100%	50%	50%

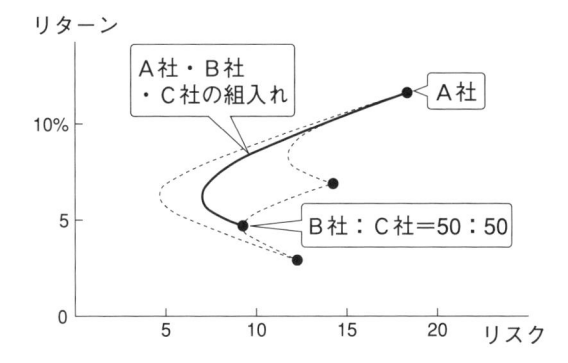

この作業を繰り返していけば下図のような内側が塗りつぶされた面になる[※1]。

（※1） 境界が当初の2銘柄の組合せでできた線よりも拡大しているかの議論はここでは省略する。少なくとも2銘柄の組合せの領域より縮小することはない。

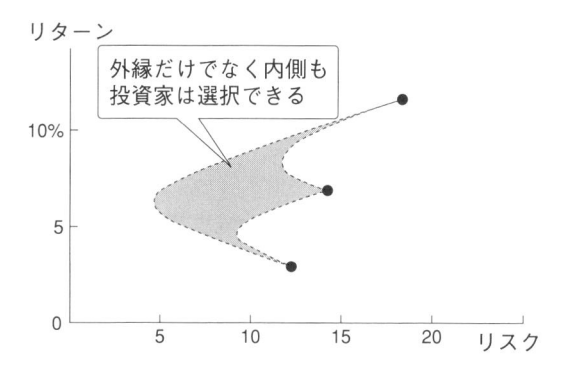

[図: リターン-リスク平面、3銘柄ポートフォリオの投資機会集合。「外縁だけでなく内側も投資家は選択できる」との吹き出し]

　このように単独銘柄、2銘柄ポートフォリオ、3銘柄ポートフォリオと進めるに伴い、投資機会集合は点から線、線から面に拡大していく。金融商品の品揃えが豊富になっていくのだ。

(3) N銘柄ポートフォリオ

　3銘柄から構成されるポートフォリオまでできたが、それとて現実的ではない。銘柄数の制限をはずしてみよう。東証一部に限っても約1,700銘柄まで分散投資可能なのだ。このように銘柄数に制限をおかないポートフォリオをN銘柄ポートフォリオと称する。N銘柄ポートフォリオの投資機会集合は以下のようになる。

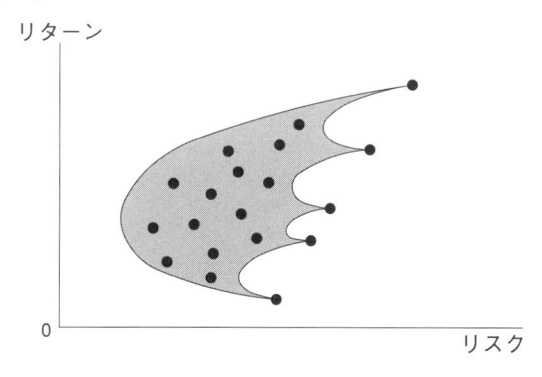

[図: リターン-リスク平面、N銘柄ポートフォリオの投資機会集合（横に開いた雨傘の形）]

　強風に吹き飛ばされそうな横に開いた雨傘の形になる。点は個別銘柄である。東証一部の場合、約1,700の点がある。点（個別銘柄）はすべて雨傘の周縁または内側に位置する。雨傘の周縁および内側全体が投資機会集合である。

第4章　分離定理　61

> **参考** N銘柄ポートフォリオのリターンとリスク
>
> N銘柄ポートフォリオのリターンとリスクは以下の式で計算できる。

```
リターン＝Σ（i社のリターン×i社の組入比率）
（リスク）²＝ΣΣ ｛(i社の組入比率)×(j社の組入比率)
          ×(i社とj社の共分散)｝
```

◆◆ 効率的フロンティア

　ずいぶんと投資機会集合が拡大された。しかし、この投資機会集合のうち、投資家が選択するのはごく一部分である。商品の品揃えは豊富になったが、実際に売れる商品はごく一部だけということだ。その理由と実際に選択される可能性のある部分をみつけよう。

　投資機会集合を通る垂線を引こう。この線上では「リスクは同じ」で上に行くほどリターンが高い。危険回避型の投資家はこの垂線上のどこを選ぶだろうか。もちろん、最上部の点P以外にはありえない。

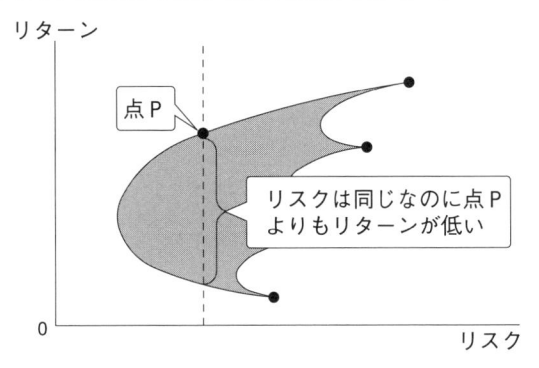

　つまり、投資家は投資機会集合の上縁部分（グラフの太線部分）しか選択しない。それ以下の部分はリスクが同程度でもリターンが劣るからである。この太線部分を効率的フロンティアと呼ぶ。

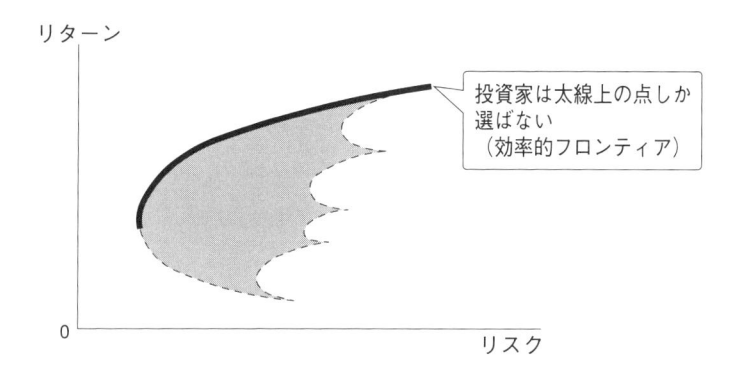

[図：効率的フロンティア。投資家は太線上の点しか選ばない（効率的フロンティア）]

◆◆ 最適ポートフォリオの決定

投資家が効率的フロンティア上のどの点を選ぶか、効用無差別曲線を重ねて決定しよう。

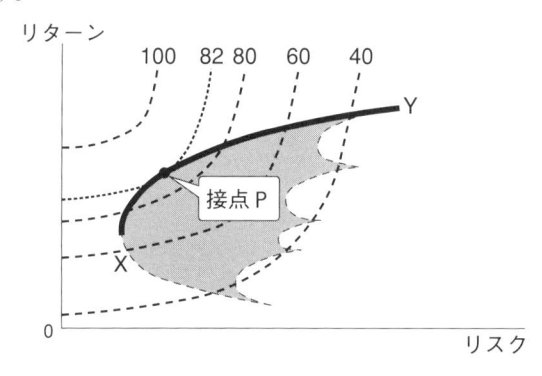

[図：等高線 100, 82, 80, 60, 40 と X から Y への道、接点 P]

効率的フロンティアを地図上のXからYへつながる道、効用無差別曲線を等高線と思ってグラフ（地図）を眺めよう。出発点のXは等高線60mと80mの間にあるから高さは70mくらいだろう。道に沿ってYへ向かうと80mの等高線を超えるので上り坂だ。しかし、位置Pが峠になる。ここを境に下り坂になる。峠（点P）はXからYに向かう道のなかで最も高い地点である。なお、このとき峠の高さである82mの等高線と接することになる。もし、接するのではなく交わる（越える）のであればもっと高い地点が存在することになるからだ。

つまり、効用無差別曲線と効用無差別曲線が接する点Pにおいて、効用

が最も大きくなる。すなわち最適ポートフォリオは接点Pである。

しかし、このままでは残念ながら「投資家によって効用無差別曲線は異なる」「効用無差別曲線は測定できない」という問題は解消できない。この状態は、次のステップ「無リスク資産の導入」によって劇的に変化する。

(4) 無リスク資産の導入

前ステップで分散投資もこれ以上はできないような気がするかもしれないが、一つ重要な制約があったことを忘れている。それは「運用資金を全額株式に投資する」ことである。「一部を株式に投資して残りを預金のまま保有する」という選択肢が許されていなかったことだ。

預金のように確定利回り（ノーリスクでリターンが一定）のような金融商品を無リスク資産と呼ぶ。株式投資からみれば国債を償還まで保有する場合も無リスク資産とみなせる。無リスク資産をリスク・リターン平面上にあてはめると縦軸上の点になる。リスクが０％でリターンが確定利回りの数値になるからだ。

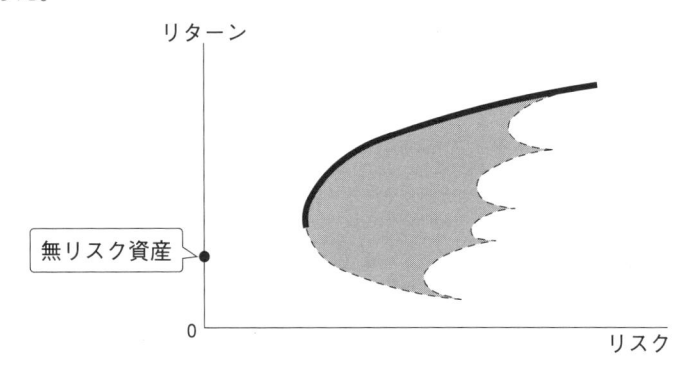

無リスク資産が導入された場合、すなわち一部預金のまま保有することが許された場合、投資機会集合はどのように拡張されるだろうか。残念ながら無リスク資産と株式の間にはまったくポートフォリオ効果は生じない。その理由はグラフをイメージすればわかるだろう。

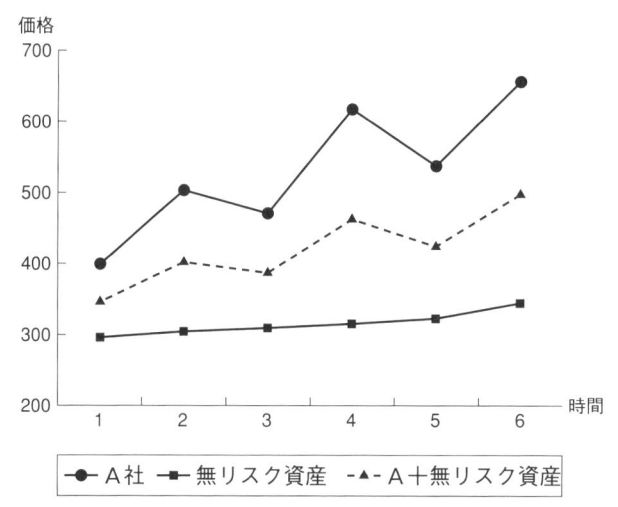

価格のグラフ（縦軸：価格 200〜700、横軸：時間 1〜6）
- A社：400, 500, 470, 615, 535, 655
- 無リスク資産：295, 305, 310, 315, 320, 345
- A＋無リスク資産：345, 405, 390, 460, 425, 495

凡例：—●— A社　—■— 無リスク資産　-▲- A＋無リスク資産

　ポートフォリオ効果の源泉は「値動きが逆になる」ことであった。しかし、無リスク資産には株式リスクを相殺する値動きはない。したがって無リスク資産が組み入れられた分だけリスクが加重平均どおりに減少していくだけである[※2]。つまり株式から構成される投資機会集合と無リスク資産の点を結ぶ直線になる。投資機会集合は下記のように拡大する。

(※2)　A社株式と無リスク資産を二つの銘柄に見立てようとする読者がいるかもしれないが、2銘柄ポートフォリオのリスクを計算する公式は使えない。理由はA社（株式）と無リスク資産の相関係数を定義できないからである。相関係数は両者の共分散を両者の標準偏差で割ることで求められるが、無リスク資産の標準偏差は0であり、分母にゼロがくることになるので（いわゆるゼロ割りの状況）相関係数が定義できないのである。

　相関係数は定義できないが両者から構成されるポートフォリオはあたかも相関係数が1（正）であるかのような直線になる。

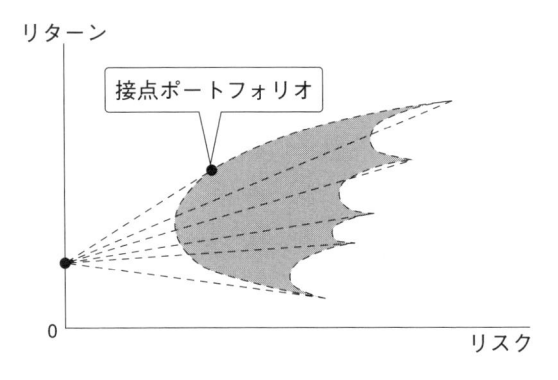

無リスク資産の点から株式の投資機会集合に向かって引ける線のうち、一番上に位置する線の終点を接点ポートフォリオと呼ぶ。

　このように拡大した投資機会集合の効率的フロンティアはどの部分だろうか。無リスク資産と接点ポートフォリオを結んだ半直線が、効率的フロンティアになる。

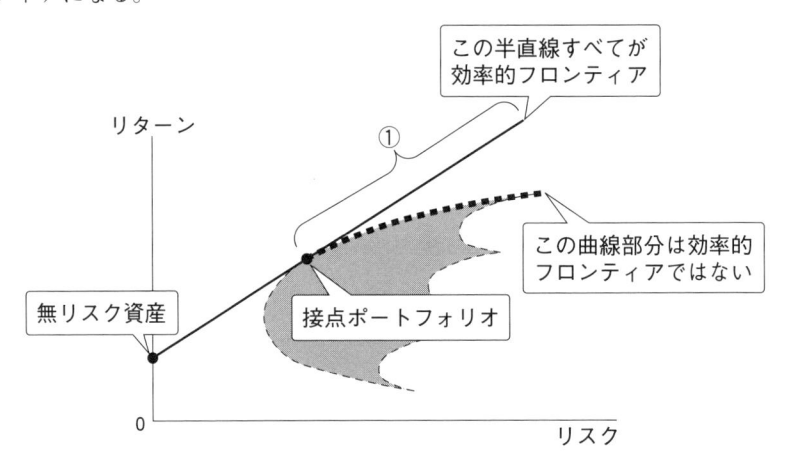

　よって効率的フロンティアは無リスク資産と接点ポートフォリオだけで構成されることになる。注意してほしいのは、無リスク資産と接点ポートフォリオの間だけでなく、それを延長した領域（上図の①の部分）も効率的フロンティアになることだ。線分が延長された部分のほうが上に位置する、すなわちリターンが高いことは理解できるだろうが、問題はどうすれば①の部分を実現できるかだ。

◆◆ 数 値 例

無リスク資産と接点ポートフォリオのリターンとリスクを下記のように設定しよう。

	リターン	リスク
無リスク資産	2%	0%
接点ポートフォリオ	10%	15%

この両者の組入比率を変えることによって、無リスク資産が導入された場合の効率的フロンティアが求められる。ポートフォリオ効果は働かないから、リスク、リターンとも両者の組入比率による加重平均値になる。

組入比率		両者からなるポートフォリオ （＝効率的フロンティア）	
無リスク資産	接点P	リターン	リスク
100%	0%	2.0%	0.0%
75%	25%	4.0%	3.8%
50%	50%	6.0%	7.5%
25%	75%	8.0%	11.3%
0%	100%	10.0%	15.0%
▲25%	125%	12.0%	18.8%
▲50%	150%	14.0%	22.5%
▲75%	175%	16.0%	26.3%
▲100%	200%	18.0%	30.0%

（左側注記：無リスク資産のみ／接点P／延長線部分（図の①））

問題は「無リスク資産の組入比率がマイナス」の領域だ。何をすれば組入比率がマイナスになるのだろう。組入比率が「無リスク資産：接点P＝▲25％：125％」を例に、実際の取引を説明しよう。

自己資金100万円を運用しよう。最初に「無リスク資産利子率で25万円を借り入れる」のだ。手元現金は自己資金と合わせて125万円になる。次にこの125万円で接点Pを購入する。

第4章 分離定理 67

	運用開始	
自己資金	100万円
借入れ	+25万円
接点P購入	▲125万円

1期間経過後	
元利支払 (借入利息2％)	▲25.5万円
接点P売却 (リターン10％)	+137.5万円
合計	112.0万円

　結局100万円投資して112万円回収したので、リターンは12％となる。その間のリスクは125万円に対して15％だから100万円に換算すると15％×$\frac{125万円}{100万円}$＝18.8％になる。

　つまり、「無リスク資産の組入比率がマイナス」とは、無リスク資産利子率で借入れを行い手元資金を増加させることである。

◆◆ すべての投資家が「接点ポートフォリオと無リスク資産」しか購入しない

　効率的フロンティアが無リスク資産と接点ポートフォリオを結ぶ直線になったところで無差別効用曲線を書き加え、最適ポートフォリオがどう決定されるかをみよう。効用無差別曲線は人によってさまざまである。ここでは甲氏、乙氏2人の投資家に登場してもらおう。2人の効用無差別曲線の形状が異なるため最適ポートフォリオは異なった点になる。しかし2人の最適ポートフォリオはどちらも直線上(効率的フロンティア上)である。すなわち2人とも(組入比率は異なるものの)無リスク資産と接点ポートフォリオを購入することで効用(満足度)は最大になる。

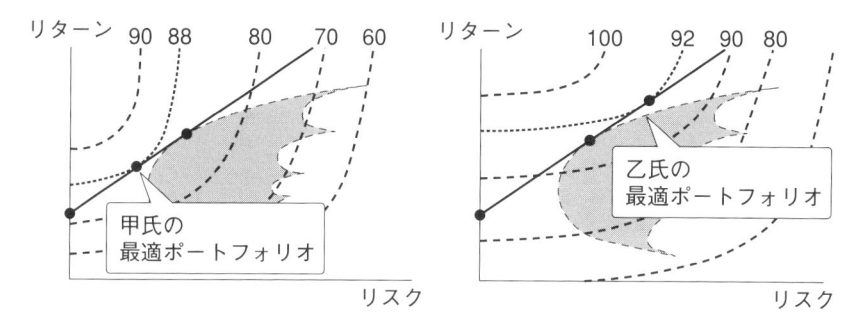

接点ポートフォリオがＳ社：Ｔ社：Ｕ社＝10％：30％：60％と仮定して、自己資金100万円で甲と乙のポートフォリオがどのような構成になっているか金額で示してみよう。

		甲氏		乙氏	
無リスク資産		50万円		▲50万円	
接点ポートフォリオ	Ｓ社	50万円	5万円（10％）	150万円	15万円（10％）
	Ｔ社		15万円（30％）		30万円（30％）
	Ｕ社		30万円（60％）		90万円（60％）
合　計		100万円		100万円	

　甲氏と乙氏の無リスク資産の組入比率は異なるものの、株式投資（接点ポートフォリオ）の部分だけをみればＳ社：Ｔ社：Ｕ社＝10％：30％：60％で一致している点に注目してほしい。

　以上の推論からどんな投資家であっても最適ポートフォリオは「無リスク資産と接点ポートフォリオの組合せ」で実現できることになる。このように効用無差別曲線の形状と無関係にリスク資産の銘柄構成が同じになることを分離定理と呼ぶ[※3]。

(※３)　無リスク資産と接点ポートフォリオの組入比率は、効用無差別曲線の形状がわからないと決定できないことに変わりがないことに留意してほしい。効用無差別曲線がわからないと最適ポートフォリオが決定しないという当初の問題が解決したわけではないのだ。

2　接点ポートフォリオの正体

　現代ポートフォリオ理論は「投資家の効用を最大にする最適ポートフォリオは、無リスク資産と接点ポートフォリオで構成される」と結論づけた。無リスク資産とは国債の最終利回り（償還まで保有した場合の利回り）のことだが、接点ポートフォリオとは具体的にどのような銘柄から構成されるのであろうか。現代ポートフォリオ理論は屁理屈とも感じられるほど強引な推論を展開する。

> 　すべての投資家は株式投資に関しては接点ポートフォリオを購入するはずだ。
> ⇩
> 　接点ポートフォリオ（S社、T社、U社）以外はだれも購入しない。
> ⇩
> 　だれも購入しない株式は市場にとどまれない(※4)。
> (※4)　実際の東京証券取引所の上場基準に売買出来高基準が存在する。基準より出来高が少なくなると上場廃止になる。
> ⇩
> 　市場は接点ポートフォリオ（S社、T社、U社）だけになる。

　現代ポートフォリオ理論では、現実の市場に存在する銘柄もその淘汰を経た結果であると考える。しかもすべての投資家は同じ比率（S社：T社：U社＝10％：30％：60％）でしか購入しない。よって株式時価総額の比率もS社：T社：U社＝10％：30％：60％になる。すなわち、接点ポートフォリオは株式市場全体のポートフォリオ、つまり市場ポートフォリオであると結論づけた。

3　国債とインデックス・ファンドの組合せがベスト

　現代ポートフォリオ理論によれば無リスク資産と市場ポートフォリオ、具

体的には国債とTOPIXインデックス・ファンド[※5]の組合せが最も優れたポートフォリオということになる。この結論に対して初歩的な疑問と実務界からの反論がある。

> (※5) TOPIXとは東京証券取引所一部上場全銘柄の加重平均である。市場ポートフォリオに相当するものとしてよく取り上げられる。なお日経平均は東証一部約1,700社のうち代表的な225社を抽出したものなので市場ポートフォリオとは厳密にはいえない（両者はほぼ連動するが）。

◆◆ 初歩的な疑問

『TOPIXインデックスは全銘柄の平均値だから、個別銘柄に比べてリスクは低いもののリターンも低い。新規上場して間もない成長性の高い企業（下図R社）に集中投資したほうがよいと考える投資家もいるのではないか』

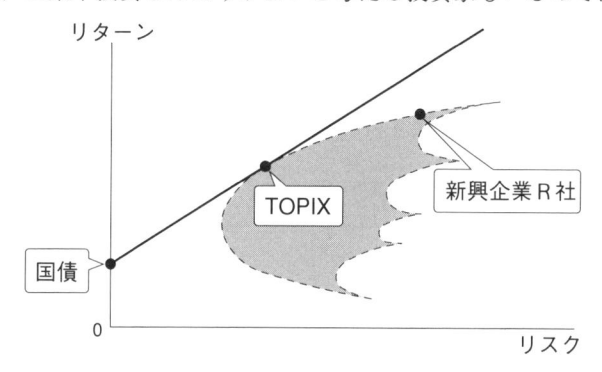

〈現代ポートフォリオ理論からの回答〉

登場した3者のリターンとリスクを下記のように仮定しよう。

	リターン	リスク
国　債	1.5%	0.0%
TOPIX	5.0%	20.0%
R　社	8.0%	40.0%

質問者は「国債とTOPIXの組合せ」よりもR社に単独投資したほうがハイリスク・ハイリターンで魅力的であると考えているようだ。そこで自己資金100万円をR社に全額投資した場合と「国債空売り100万円、TOPIXイン

デックス・ファンド200万円購入」を比較しよう。

	リターン	リスク
国債▲100万円 ＋TOPIX200万円	1.5%×（▲1） ＋5.0%×2＝8.5%	0.0%×（▲1） ＋20.0%×2＝40.0%
R社100万円	8.0%	40.0%

「国債空売り100万円、TOPIX インデックス・ファンド200万円購入」によるポートフォリオはR社と同じリスク（40%）でありながらリターンは8.5%と上回っている。よってR社を購入するより魅力的なはずだ。リスク・リターン平面にあてはめると以下のようになる。

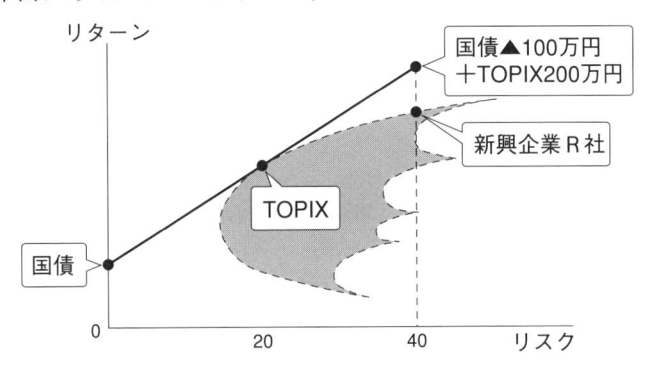

以上の回答に対して追加的な疑問が出てくるかもしれない。

◆◆ **初歩的な疑問2**

『説明に使ったR社のリターンが8.0%だったからではないか。どうしてリスクが40.0%でリターンが8.5%以上の個別銘柄が存在しないと断言できるのか』

〈現代ポートフォリオ理論からの回答〉

リスクが40.0%でリターンが8.5%以上の個別銘柄が存在しないと断言できる。なぜならそのような銘柄が存在すると投資機会集合が従来よりも上に拡張し、同時に接点ポートフォリオが上方にシフトするからである。

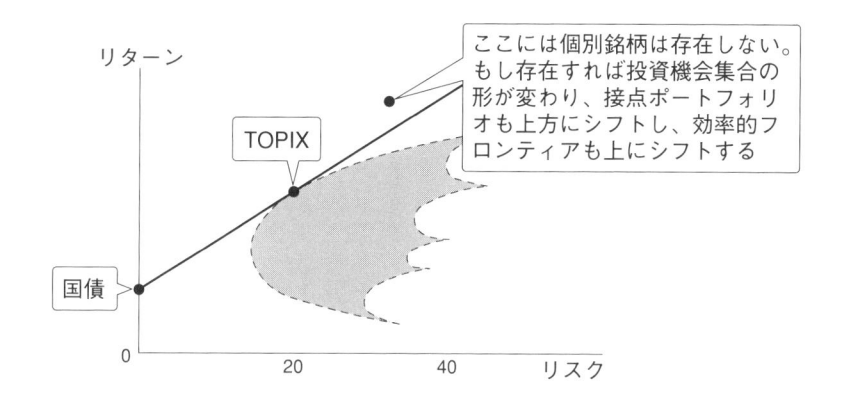

[図: リターン-リスク平面上に、国債、TOPIX、投資機会集合、効率的フロンティアが描かれている。吹き出し「ここには個別銘柄は存在しない。もし存在すれば投資機会集合の形が変わり、接点ポートフォリオも上方にシフトし、効率的フロンティアも上にシフトする」]

◆◆ 実務界からの反論

　分離定理の結論に対して実務界からは強い批判がなされる。「現実の投資家は接点ポートフォリオなど知りえない」「すべての投資家が同じポートフォリオを構築するという仮定は現実離れしている」「市場ポートフォリオの把握は困難である。少なくとも TOPIX は株式市場全体を表してはいない」等である。

　批判には根拠も合理性もあるのだが、それ以上に「(何があっても絶対に)実務界は分離定理を受け入れられない」事情がある。もし、分離定理の結論を受け入れると市場平均利回りを超えようとするアクティブ運用は合理的でなくなりパッシブ運用(インデックス運用)がベストとなってしまう。すると運用に関する自社の優位性が主張できず、ファンド・マネジャー、ストラテジスト等の専門家が不要になるからだ。

　それではアクティブ運用は不要なのだろうか。実は分離定理そのものがアクティブ運用をしようとする投資家・運用の専門家を必要としているのだ。もしだれもアクティブ運用をしようとしなくなり、不当な(高すぎる、あるいは低すぎる)株価が放置されてしまうと「接点ポートフォリオが市場ポートフォリオに一致する」とする現代ポートフォリオ理論の論拠がなくなってしまう。アクティブ運用を目指す実務界と分離定理は「仲は悪いがお互いを必要とする存在」なのである。この点に関しては第6部結論で論ずる。

第2部

CAPMによる資本コスト

第1章 CAPMに登場する β

本章のテーマ

CAPMの β （ベータ）は現代ポートフォリオ理論の古典的な概念であり、かつては実務界でも有効な投資戦略としてもてはやされた。

β は数式による定義では理解しにくいかもしれないが、その主張は自然なものであり、チャート（株価の時系列変化）からも読みとれるものである。本章では β をチャートから説明するとともに、かつて隆盛を誇った β 戦略の原理を紹介する。

1　CAPMの登場

1960年代半ばにシャープ（W. F. Sharpe）、リントナー（J. Lintner）、ヤン・モッシン（Jan Mossin）が提唱した CAPM（Capital Asset Pricing Model）が最も古典的な理論株価モデルである。この理論で登場した β （ベータ）と呼ばれるリスク尺度が、企業評価にとどまらず最新の会計基準にまで影響を及ぼしている。

本章では CAPM の中心概念である β を、数式による表現ではなく、見慣れたチャート（横軸に時間、縦軸に株価をとったグラフ）から直感的に理解できるよう解説することを目的とする。直感的な理解を優先するため、本章では CAPM 本来の発想からずれる点はご容赦願いたい。本来の計算方法等は第2章で解説する。

【出発点】
　現実の市場では「ハイリスクならハイリターン、ローリスクならローリターン」が成立していない

　投資家が合理的に振る舞うならば「ハイリスクならハイリターン、ローリスクならローリターン」が成立するはずだと学者は考える。すなわち、各銘柄（各社株式）は下図のように右上がりに並ぶはずだ。

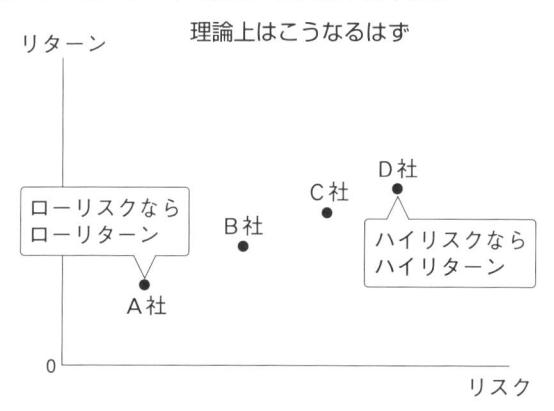

理論上はこうなるはず

リターン／ローリスクならローリターン／A社／B社／C社／D社／ハイリスクならハイリターン／リスク

　ところが実際の株価収益率の平均値（リターン）と標準偏差（リスク）の関係をあてはめても、「ハイリスクならハイリターン、ローリスクならローリターン」が成立していない。下図でいえばC社はA社やB社よりもハイリスクなのだからハイリターンであるべきなのだ。ところがリターンはA社よりも低くなっている。この状況に学者たちは混迷する。

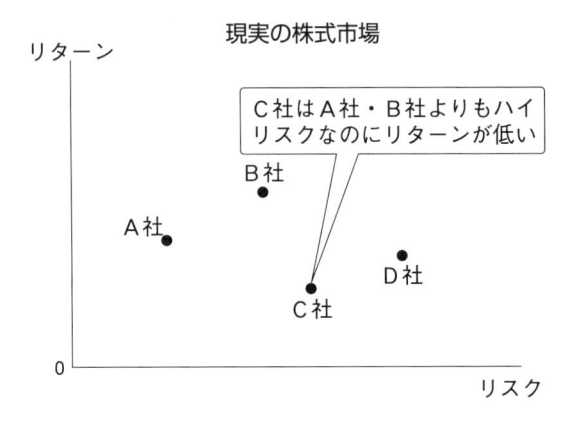

現実の株式市場

リターン

C社はA社・B社よりもハイリスクなのにリターンが低い

B社
A社
C社
D社

0　　　　　　　　　　　　　　　リスク

　そこで学者はこう考えた。標準偏差で表されるリスク全体（総リスクと称する）がリターンを生むのではない、リターンを生む（リターンに貢献する）リスクとリターンを生まない（リターンに貢献しない）リスクがあるのではないか。そして、「リターンを生む（リターンに貢献する）リスク」だけ抽出することができれば「ハイリスクならハイリターン、ローリスクならローリターン」が成立しているのではないかと推測した。

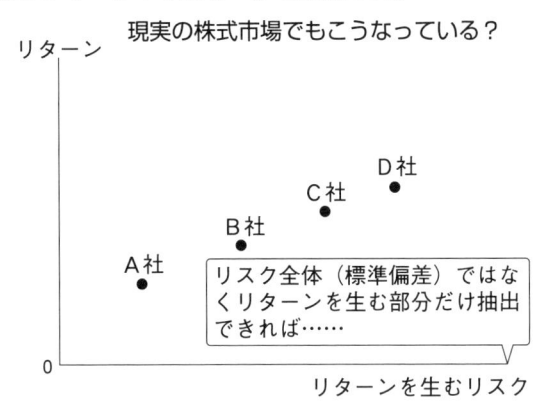

現実の株式市場でもこうなっている？

リターン

D社
C社
B社
A社

リスク全体（標準偏差）ではなくリターンを生む部分だけ抽出できれば……

0　　　　　　　　　　　　リターンを生むリスク

　ところで「リターンを生む（リターンに貢献する）リスク」とはどの部分だろうか。

2　リターンを生む（リターンに貢献する）リスク

　下図は個別銘柄のA社と、市場平均の値動き（東証の場合にはTOPIXが該当する）を示したチャートである。A社は市場平均よりもリスクが大きいのでリターンも高くなっている。しかし、先ほどまで解説していたように、どうもリスク全部がリターンを生んでいるわけではないようだ。

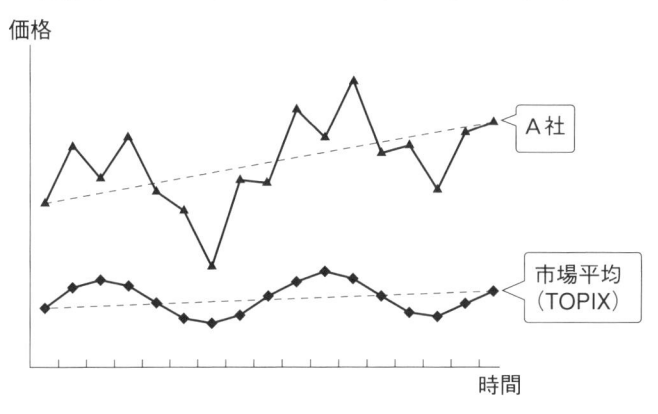

　そこでリスクを「市場平均に連動する部分」と「市場平均に連動しない部分」とに分解しよう。

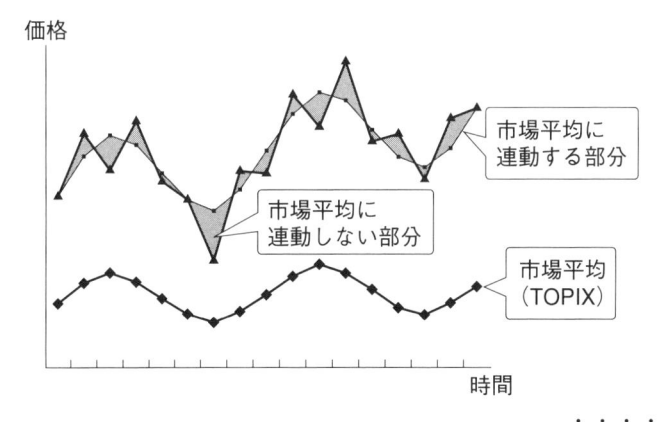

　上図ではわかりにくいので、「市場に連動しない部分」を雑音として消去して「市場平均に連動する部分」だけ取り出したのが下図である。価格の変動パターンが市場平均と完全に一致している点に注目してほしい。

価格

市場平均に連動する部分

市場平均（TOPIX）

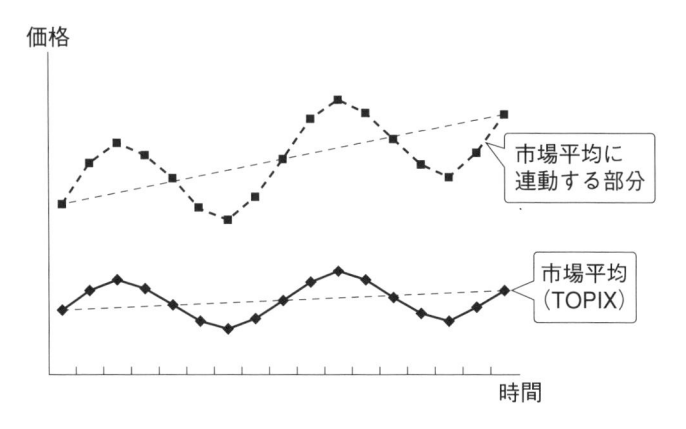

時間

　前項で問題とした「リターンを生む（リターンに貢献する）リスク」とはこの部分だと学者は考えた。そして「市場平均に連動する」という意味で「A社の市場リスク」と命名した。市場リスクのほかに「システマティック・リスク」と呼ぶこともある。そしてA社のリスク全体から「雑音として消去した部分」を非市場リスク、または非システマティック・リスクと呼ぶ。

　A社の総リスク＝市場平均に連動する部分＋市場平均に連動しない部分
　　　　　　　＝　　A社の市場リスク　　＋　　A社の非市場リスク

　A社の市場リスクの大きさは市場平均の変動の大きさと比較して表示される。A社の市場リスクが市場平均のリスクの2倍ある場合には「A社のβは2である」という。このように定義するから当然に「市場平均（TOPIX）のβは1」となる。また、市場平均自身には「市場平均に連動しない部分」は存在しないから、「市場平均には非市場リスク（非システマティック・リスク）はゼロである（存在しない）」こともわかるだろう。

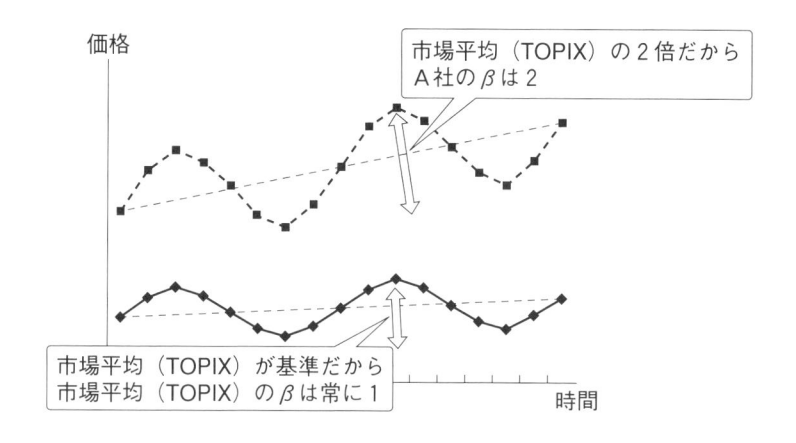

3 相関係数 ρ（ロー）と β（ベータ）の相違点

「連動する部分」という曖昧な表現をとったが、「連動する」という表現はポートフォリオ効果に登場する相関関係（正の相関、負の相関）でも登場した。相関関係を表す計数 ρ（ロー）とは似てはいるが異なるものである。

結論からいうと相関関係とは非市場リスク（非システマティック・リスク）の大きさを表す。正の相関関係がある（相関係数が1）ということはTOPIXとの連動性が強い、（雑音のような部分である）非市場リスク（非システマティック・リスク）[※1]が小さいことを意味する。相関関係が弱い（相関係数がゼロ）ということはTOPIXとの連動性が弱い、（雑音のような部分である）非市場リスク（非システマティック・リスク）が大きいことを意味する。

(※1) 詳細は後述するが、CAPMでは雑音扱い、邪魔者扱いをしている非市場リスクこそがアクティブ運用（市場平均を上回る運用成績を目指す運用）の源泉である。

言葉で説明するよりも「β の大きい、小さい」と「相関関係が強い、弱い」の組合せで4通りの株価変動のパターンを示したほうが直感的に把握できるだろう。

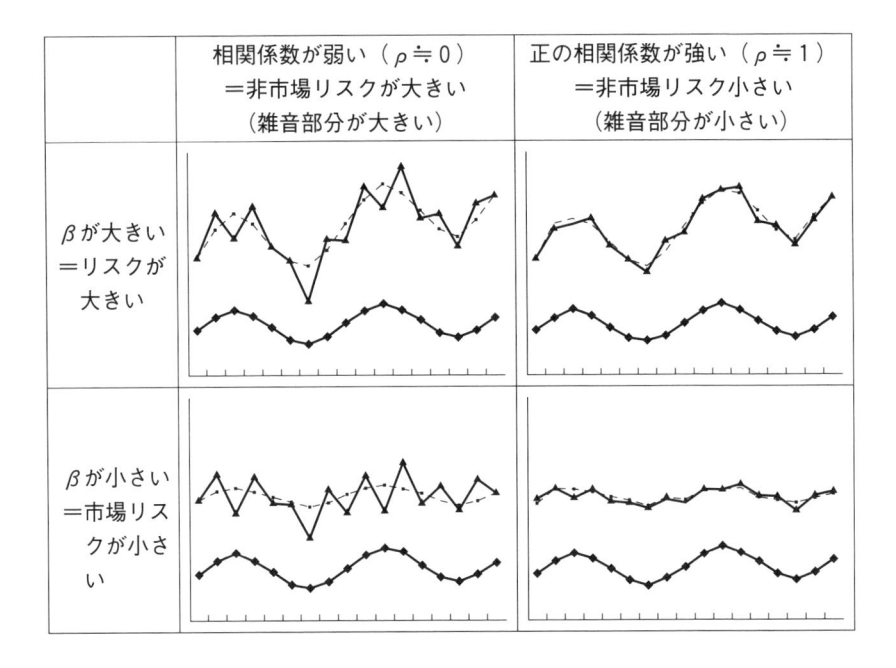

	相関係数が弱い（$\rho \fallingdotseq 0$） ＝非市場リスクが大きい （雑音部分が大きい）	正の相関係数が強い（$\rho \fallingdotseq 1$） ＝非市場リスク小さい （雑音部分が小さい）
βが大きい ＝リスクが 大きい		
βが小さい ＝市場リスクが小さい		

4　β（市場リスク）だけがリターンを決定する

　βこそが「リターンを生む（リターンに貢献する）リスク」だと学者は主張した。その意図は下図のとおりである。S社の市場リスクは市場平均の2倍あるのでリターンも市場平均の2倍になるはず、F社の市場リスクは市場平均の0.5倍しかないのでリターンも市場平均の0.5倍しかないはずだと考えたのである。

[図: 株価の時間推移。S社（市場リスクが市場平均の2倍だから……、リターンも市場平均の2倍になるはず）、市場平均、F社（市場リスクが市場平均の0.5倍だから……、リターンも市場平均の0.5倍になるはず）]

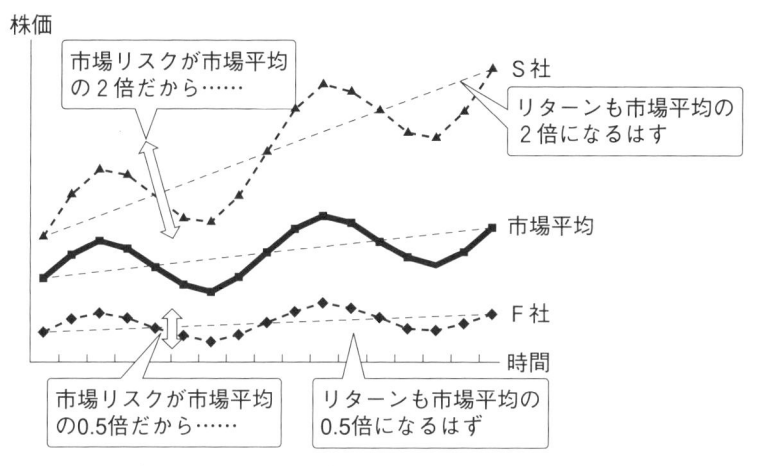

　この発想を横軸に市場リスク、縦軸にリターンをとると右上がりの傾向が実際の株式市場でも発見されるはずだと発想した。

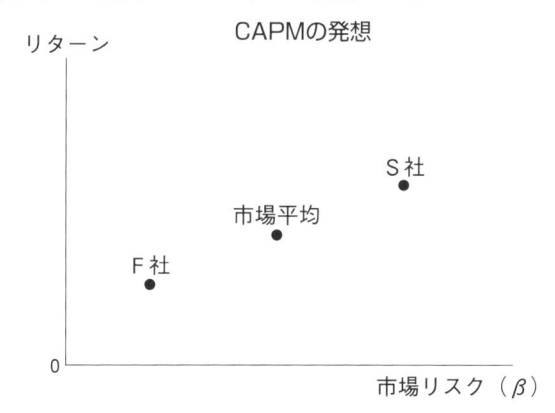

[図: CAPMの発想。縦軸リターン、横軸市場リスク(β)。F社、市場平均、S社がプロットされている]

　これを定式化すると以下のようになる、

　S社の理論リターン＝(S社の β)×(市場のリターン)

　ただし、後述するように β が決定するのはリターン全体ではなく超過リターン（超過収益率）である。

5　超過リターンとは何か

　ある株式ファンドの収益率が1980年代に＋6％、2000年代に＋4％だった

第1章　CAPMに登場する β　83

とする。

	ある株式ファンドのリターン
1980年代	年平均＋6％
2000年代	年平均＋4％

　リターンの絶対値だけを比較すると、1980年代のほうが好成績だったようにみえる。しかし、本当にそういえるだろうか。直感的にはバブル直前期に＋6％とは低いような気がするし、低成長期に＋4％を確保できたのは高く評価すべきではないかと思うはずだ。

　この直感を定量化する方法の一つに超過リターンというものがある。超過リターンとは無リスク資産（定期預金や国債を償還まで保有すること）のリターンをどれだけ上回っているかを表すものである。1980年代の無リスク資産のリターン（以下、無リスクリターン）が＋7％あったとすると、株式投資のリターン＋6％はほめられたものではないことになる。わざわざ元本割れのリスクをおかしてまで株式投資したにもかかわらず、定期預金利回りを下回ったのだ。こんなことなら株式投資ではなく定期預金にしておけばよかったと考えるはずだ。これを数値化したのが超過リターン（超過収益率、リスク・プレミアムともいう）である。

	①ある株式ファンドのリターン	②無リスク資産のリターン	ある株式ファンドの超過リターン（＝①－②）
1980年代	年平均＋6％	＋7％	▲1％
2000年代	年平均＋4％	＋1％	＋3％

（注）　数値は架空である。

　　　超過リターン＝リターン全体－無リスクリターン

　すなわち超過リターンとは「無リスクリターンを超過している部分」のことである。株式投資等のリスク投資の場合、リターン全体ではなく超過リターン部分がどうなっているかが重要なのだ。

よって先ほどのCAPMの理論式は以下のようになる。

　S社の理論超過リターン＝（S社のβ）×（市場の超過リターン）

この形が最も記憶しやすく本質的であると思うのだが、一般的には下記のように分解して変形する。

　（S社の理論リターン－無リスクリターン）
　　　＝（S社のβ）×（市場の超過リターン－無リスクリターン）
　∴S社の理論リターン
　　　＝（S社のβ）×（市場の超過リターン－無リスクリターン）
　　　　＋無リスクリターン

さらに以下のように記号表記されることが多い。

　$R_s = \beta_s \times (Rm － Rf) + Rf$

この式を横軸に市場リスク、縦軸にリターンをとると下記のようになる。基準になるのは無リスク資産と市場平均の二つの点である。無リスク資産は無リスクなので常にβはゼロ、市場平均のβは前述したように常に1である。この2点を結ぶ直線を描く。この線を証券市場線（Securities Market Line, SML）という。

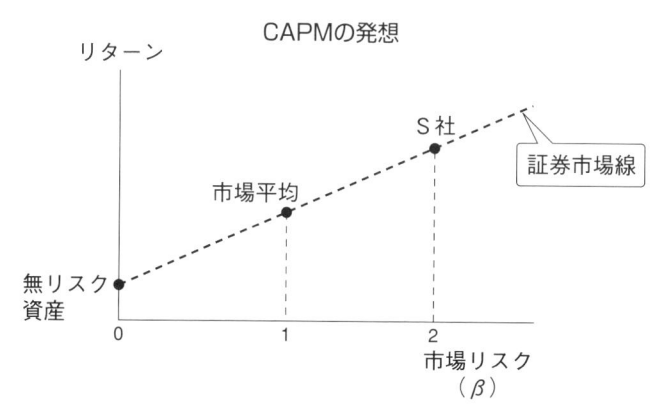

CAPMの発想

CAPMの理論は、すべての銘柄はこの直線上に並ぶ（ハイリスクならハイリターン、ローリスクならローリターンが成立する）はずと考えるのである（実際に並んでいるかどうかは検証する必要がある）。

　なお、横軸にリスク全体（総リスク）をとって、無リスク資産と市場平均

を結んだ直線を資本市場線（Capital Market Line，CML）と呼ぶ。本章冒頭に述べたようにすべての銘柄はこの直線上に位置しない（ハイリスクならハイリターン、ローリスクならローリターンが成立しない）。

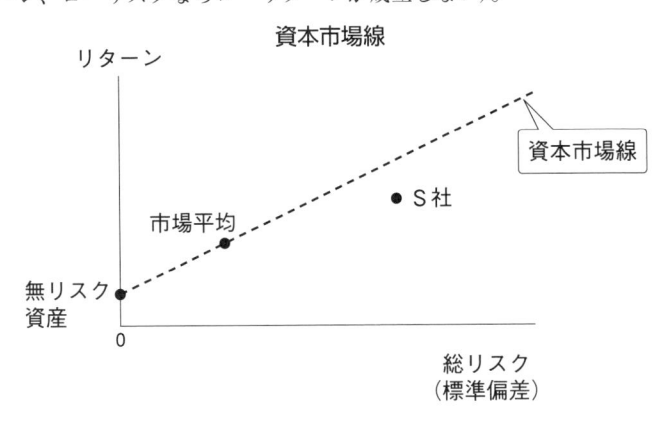

資本市場線

```
リターン
         資本市場線
                    ．────
                 ／
              ／  ●S社
           ／
     ●市場平均
   ／
 ●無リスク
   資産
   0                総リスク
                   （標準偏差）
```

6　β の利用法：理論株価の算定

CAPMと古典的な配当割引モデル（DDM）を組み合わせると理論株価を計算することもできる。配当割引モデルには定額配当モデルと定率成長モデルがある。ここでは最も単純な定額配当モデルで理論株価を計算するプロセスの概略を解説しよう。

◆◆ 数 値 例

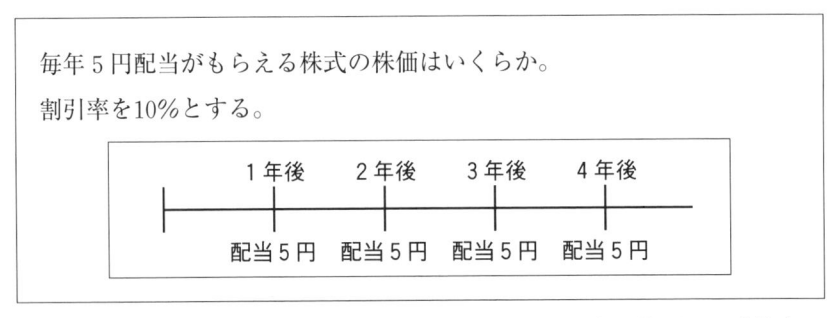

> 毎年5円配当がもらえる株式の株価はいくらか。
> 割引率を10%とする。
>
> ```
>         1年後    2年後    3年後    4年後
>  ├──────┼──────┼──────┼──────
>         配当5円  配当5円  配当5円  配当5円
> ```

配当割引モデルでは各期の配当額の現在価値を割引率に基づいて計算する。

そのためには無限等比級数の公式を利用するのであるが、直感的な理解には不要だ。

そこで定期預金と預金利息の関係から類推しよう。

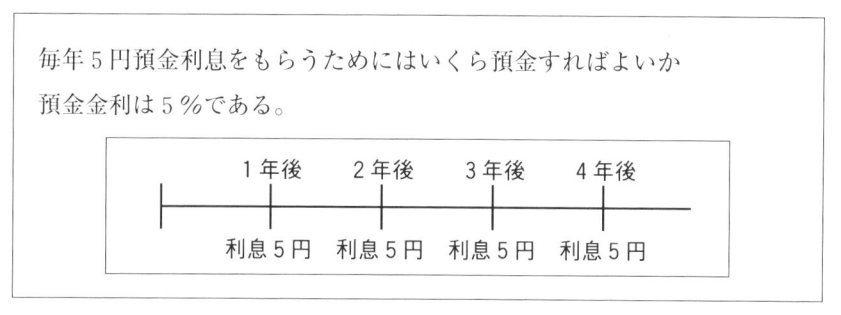

毎年5円預金利息をもらうためにはいくら預金すればよいか
預金金利は5％である。

```
          1年後   2年後   3年後   4年後
    ├──────┼──────┼──────┼──────┼──
          利息5円 利息5円 利息5円 利息5円
```

この数値例ならば簡単に答えが思いつくだろう。

　　預金元本×預金金利＝受取利息

　　[　　　]×　　5％　　＝　　5円

100円預金すれば毎年永久に利息5円を受け取れることがわかる。定額配当モデルもまったく同様である。

　　理論株価×割　引　率＝受取配当

　　[　　　]×　　10％　　＝　　5円

理論株価が50円であることがわかるだろう。

◆◆ 割引率の意味

上記の例は「50円投資すると毎年5円配当がもらえるから収益率は10％」と考えるのが素直だ。だから割引率は投資家要求収益率とも称される。

預金の場合、預金金利が一定なので預金元本に応じて受取利息が決定されるという関係にある。しかし株式の場合には配当は企業業績（当期利益）で決定され、投資家がどれだけ儲けたいかという思惑とは無関係である。

　　理論株価×割　引　率＝予想配当（一定）

いくらで購入しても（株価がいくらであっても）配当は一定だから、大儲けしたい（投資家要求収益率が高い）場合、なるべく安い株価で買わねばならない。逆にそこそこの儲けでかまわない（投資家要求収益率が低い）場合は高い

第1章　CAPMに登場するβ　87

株価で買ってもよいだろう。これが「投資家要求収益率が高いと株価が下がる」「投資家要求収益率が低いと株価が上昇する」という文章の正体である。第1部冒頭の事後収益率と予想収益率の解説を参照してほしい。

◆◆ **理論株価算定の流れ**

最もシンプルで古典的な理論株価算定の一連の流れを示そう。個別銘柄の株価に何が影響するのかに注目してほしい。

〈数値例〉

予想配当	毎年100円で一定
市場平均リターン	5％
無リスクリターン	1％
Q社のβ	2
Q社株価（市場価格）	800円

〈STEP 1〉

CAPMに従って投資家要求収益率を計算する。

　　Q社の理論超過リターン＝Q社のβ×市場平均の超過リターン
　　　　　　　　　　　　　＝　2　×　（5％－1％）
　　　　　　　　　　　　　＝8％

　∴Q社の理論リターン＝8％＋1％＝9％

〈STEP 2〉

定額配当モデルに従って理論株価を計算する。

　　Q社の理論株価×投資家要求収益率＝予想配当
　　□　　　　　　×　　9％　　　＝100円

　∴Q社の理論株価＝100円÷9％≒1,111円

7　β 戦 略

　何のために理論株価を算定するか。もちろん、投資収益率の向上を目指すためである。理論株価と実際の市場価格を比較して、市場価格が理論価格よりも低ければ将来株価が上昇する（市場価格が理論価格に接近する）と考え購入することになる。先ほどの数値例でいえばQ社株式の市場価格は800円であるが時間の経過とともに理論株価1,111円に近づくと考える。このように各銘柄の β に基づいて理論株価を算定、投資する手法を β 戦略と呼ぶ。

　これを先ほどの証券市場線の平面で表現しよう。

　　市場株価×投資家要求収益率＝予想配当
　　800円　×　　　　　　　　％＝100円

　上記の関係から、市場株価が想定している投資家要求収益率は12.5％と計算される。CAPMがQ社の市場リスクから算定した理論リターン（9％）よりも高い（要求収益率が高いから株価が低い）。これが時間の経過とともに理論リターンである9％に低下（株価が上昇）していくと考える。

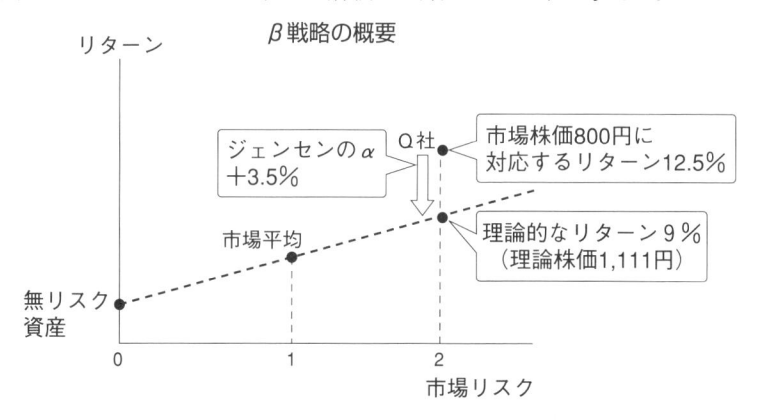

β戦略の概要

　したがって β 戦略は次のように言い換えられる。「市場の株価に織り込まれている要求収益率が、β から計算される理論収益率を上回っている銘柄を発見し、その株式を購入し要求収益率が低下する（株価が上昇する）のを待つ」と。

　「理論収益率との乖離」が存在することと発見することが β 戦略の要であ

る。この「理論収益率との乖離」にジェンセンの α （アルファ）と名称が与えられている。この数値例では、

$$\text{ジェンセンの } \alpha = \text{市場の要求収益率} 12.5\% - \text{理論収益率} 9\%$$
$$= 3.5\%$$

> 【β 戦略】
> 　ジェンセンの α がプラスである銘柄を発見し、その株式を購入し要求収益率が低下する（株価が上昇する）のを待つ。

8　ポートフォリオは β にどう影響するか

　第1部ではポートフォリオ効果（分散投資効果）について解説してきた。分散投資すること（ポートフォリオを組むこと）で、CAPMで導入された市場リスクと非市場リスクにはどのような変化があるだろうか。この問題もチャートで考えるときわめて簡単である。まず個別銘柄への集中投資から始めよう。A社に集中投資した場合、ファンド額はA社株価に連動するだろう。

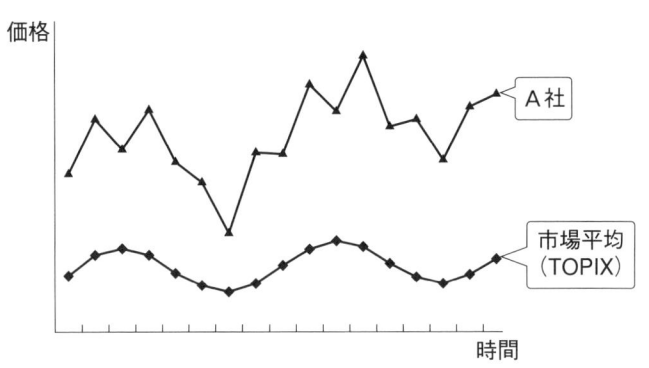

　分散投資を始めよう。A社だけでなくB社にも投資し、2銘柄のポートフォリオになる。その結果、相関係数が1でない限り分散投資効果が生ずるが、ファンドの変化がどうなるかは組合せ次第である。

どんどん組入銘柄を増やしていこう。3銘柄、4銘柄、5銘柄、10銘柄、100銘柄、1,000銘柄……。東京証券取引所一部上場銘柄の場合、全部で約1,700銘柄だからそれ以上の分散投資はできない。極限まで分散投資した場合、ファンドはどうなるだろうか。当然に市場平均（TOPIX）と一致する。

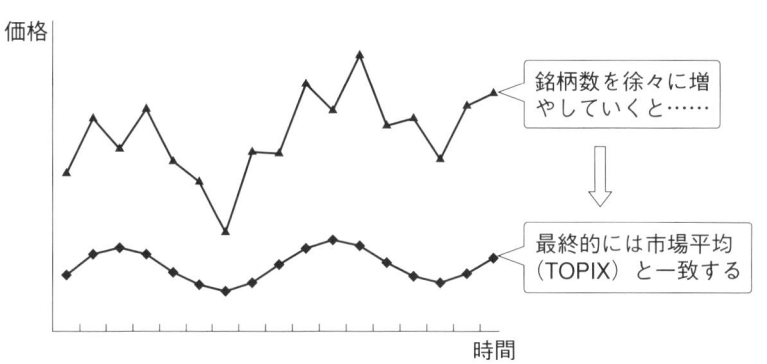

これまで「分散投資するとリスクが低減する」と説明してきたが、極限まで分散投資するとリスクはゼロになるだろうか。残念ながらリスクはゼロにならない。極限の分散投資した結果である市場平均（TOPIX）にもリスクは存在するからだ。

市場平均（TOPIX）に関して、①βは常に1であること、②非市場リスクは存在しないことを思い出してほしい。個別銘柄から出発して到達点である市場平均を比較したのが下の表である。

	A社 （1銘柄）	分散投資を 進めると……	市場平均 （TOPIX） （1,700銘柄）
市場リスク	あり	⇒	あり（βは1）
非市場リスク	あり		ゼロ

これをもって、「ポートフォリオ（分散投資）は非市場リスクだけを低減させる」「ポートフォリオ（分散投資）は市場リスクを低減させることはできない」と表現する。これを縦軸に総リスク、横軸に組入銘柄数をとったグラフに示すと下記のようになる。

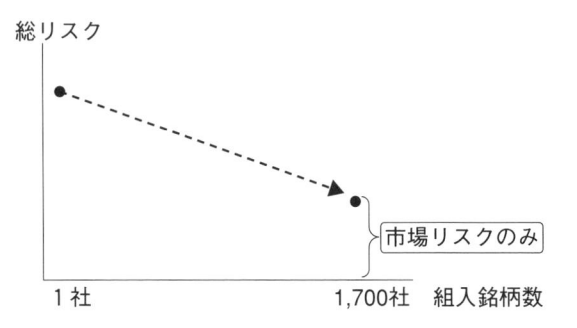

次の課題は「総リスクは組入銘柄数に比例して低減するか」である。リスクは市場平均に向かって直線的に減少するのだろうか。

この問題については経験則が役に立つ。ポピュラーな株価指標である日経平均は、東京証券取引所一部上場銘柄のうち代表的な225銘柄の平均株価を示したものである。1,700銘柄中の13%程度の225銘柄しか代表しない日経平均の変動とTOPIXの変動がよく一致していることは周知の事実であろう。以下のグラフは2003年12月〜2005年11月の月次収益率を比較したものである。月次ベースでみてもほとんど差はない。

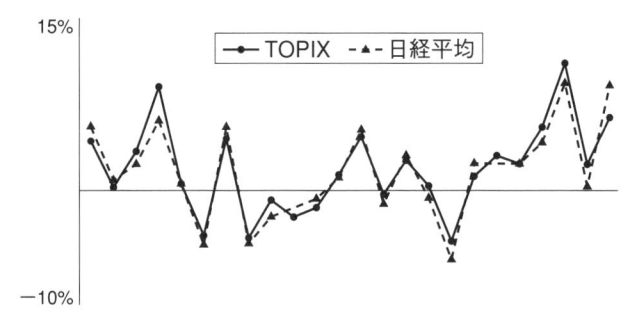

組入銘柄数が225銘柄でほぼ市場平均のリスクと同程度まで低下する。したがって組入銘柄数とリスクの関係を示すグラフは以下のようになる。

総リスク

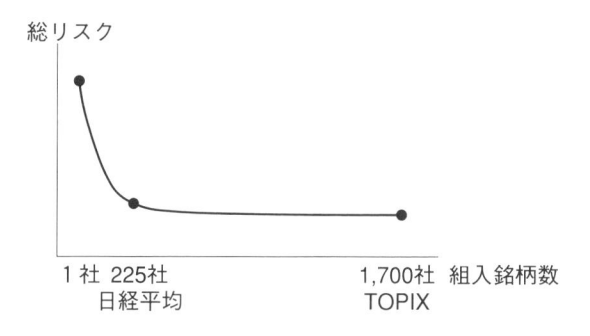

1社 225社　　　　　　　1,700社　組入銘柄数
　　　日経平均　　　　　　　TOPIX

9　補足：無限等比級数から説明する配当割引モデルの公式

(1)　一般的な無限等比級数

等比級数とは初項 a から公比 k で増加（あるいは減少）し続ける数列の合計 S のことである。

◆◆ 数 値 例

初項60、公比0.9、項数4の等比級数とは以下の算式を意味する。

$$S = 60 + 60 \times 0.9 + 60 \times (0.9)^2 + 60 \times (0.9)^3 \quad \cdots (式①)$$

この式を単純に計算してもよいが、項数が無限になる場合に備えて以下のような計算の工夫をしよう。式①の両辺に公比0.9をかけて式②を用意する。

$$0.9 \times S = 60 \times 0.9 + 60 \times (0.9)^2 + 60 \times (0.9)^3 + 60 \times (0.9)^4 \quad \cdots (式②)$$

式①と式②の両辺を引き算する。右辺は1項ずつずれているだけなので初項と最終項の差になる。

$$S = 60 + 60 \times 0.9 + 60 \times (0.9)^2 + 60 \times (0.9)^3 \quad \cdots (式①)$$
$$0.9 \times S = \quad\quad 60 \times 0.9 + 60 \times (0.9)^2 + 60 \times (0.9)^3 + 60 \times (0.9)^4 \cdots (式②)$$
$$(1 - 0.9) \times S = 60 \quad\quad\quad\quad\quad\quad\quad\quad\quad\quad - 60 \times (0.9)^4$$

よって $S = \dfrac{60 - 60 \times (0.9)^4}{1 - 0.9}$ で項数4の等比級数 S が計算できる。

上記は項数が4の場合だが、項数がnのときには$S=\dfrac{60-60\times(0.9)^n}{1-0.9}$と表される。無限等比級数とは項数nが無限大になる場合を意味する。公比が1より小さいのでnが大きくなるにつれ$(0.9)^n$はゼロに近づく。よって無限等比級数は以下のように表される。

$$S=\dfrac{60-60\times(0.9)^n}{1-0.9}=\dfrac{60-60\times0}{1-0.9}=\dfrac{60}{1-0.9}$$

結果を一般化した形で表すと以下のようになる。

公比が1より小さい場合、$S=\dfrac{初項}{1-公比}$

(2) 定額配当モデル

◆◆ 数 値 例

```
来期の予想配当：60円
株主要求収益率：10%
```

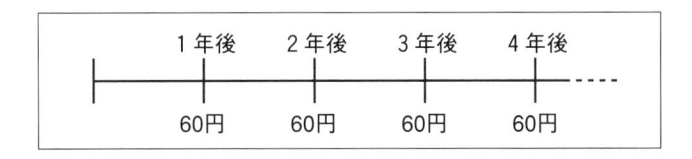

```
         1年後    2年後    3年後    4年後
   ──────┼──────┼──────┼──────┼──── ‥‥
         60円    60円    60円    60円
```

この株式の理論株価は毎期の配当の現在価値合計(S)であると考えるので、以下のようになる。

$$S=\dfrac{60円}{(1+10\%)^{1年}}+\dfrac{60円}{(1+10\%)^{2年}}+\dfrac{60円}{(1+10\%)^{3年}}+\cdots\cdots$$

$$=\dfrac{60円}{(1+10\%)}+\left(\dfrac{1}{1+10\%}\right)^1\times\dfrac{60円}{(1+10\%)}+\left(\dfrac{1}{1+10\%}\right)^2\times\dfrac{60円}{(1+10\%)}+\cdots\cdots$$

初項が$\dfrac{60円}{(1+10\%)}$、公比が$\dfrac{1}{1+10\%}$の無限等比級数なので、公比が1より小さいから前述の公式が適用できる。

$$S = \frac{初項}{1-公比} = \frac{\frac{60円}{(1+10\%)}}{1-\frac{1}{1+10\%}} = \frac{60円}{10\%}$$

よって定額配当モデルに限った公式として、以下の式が成立する。

$$理論株価 = \frac{配当}{株主要求収益率}$$

(3) 定率成長モデル

◆◆ 数 値 例

> 来期の予想配当：60円
> 毎期の成長率　：5％
> 株主要求収益率：10％

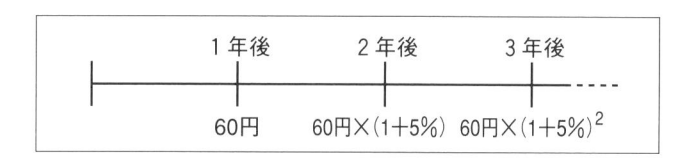

```
           1年後      2年後           3年後
    ━━━━━━━┿━━━━━━━━┿━━━━━━━━━━┿━━━ ‥‥
           60円   60円×(1+5％)  60円×(1+5％)²
```

この株式の理論株価は毎期の配当の現在価値合計 (S) であると考えるので、以下のようになる。

$$S = \frac{60円}{(1+10\%)^{1年}} + \frac{60円 \times (1+5\%)}{(1+10\%)^{2年}} + \frac{60円 \times (1+5\%)^2}{(1+10\%)^{3年}} + \cdots\cdots$$

$$= \frac{60円}{(1+10\%)} + \left(\frac{1+5\%}{1+10\%}\right)^1 \times \frac{60円}{(1+10\%)} + \left(\frac{1+5\%}{1+10\%}\right)^2 \times \frac{60円}{(1+10\%)} + \cdots\cdots$$

初項が $\frac{60円}{(1+10\%)}$、公比が $\frac{1+5\%}{1+10\%}$ の無限等比級数なので、公比が1より小さいから前述の公式が適用できる。

$$S = \frac{初項}{1-公比} = \frac{\dfrac{60円}{(1+10\%)}}{1-\dfrac{1+5\%}{1+10\%}} = \frac{60円}{10\%-5\%}$$

よって定額配当モデルに限った公式として以下の式が成立する。

$$理論株価 = \frac{配当}{株主要求収益率-成長率}$$

「成長率が株主要求収益率を上回った場合はどうなるか」という質問がある。定率成長モデルの式は下記のように改められる。

$$株主要求収益率 = \frac{配当}{株価} + 成長率$$

配当成長率はそのまま株価上昇率になる。本例の場合、現在の株価Ｓは $\dfrac{60円}{10\%-5\%} = 1,200円$ であるが１年後の株価は配当が５％だけ増加しているので $\dfrac{63円}{10\%-5\%} = 1,260円$ になり、株価も５％だけ上昇している。

このように右辺の初項はインカム・ゲイン（配当収益率）であり、第２項はキャピタル・ゲイン（株価上昇率）を表す。株主の投資収益率は両者の合計であり、配当利回りがマイナスになることはないので「成長率が株主要求収益率を上回ることはない」のである。

(4) サスティナブル成長率

配当成長率を算定する方法の一つにサスティナブル成長率がある。サスティナブル成長率は「ROEと配当性向が一定」という前提に基づく。内部留保された分だけ自己資本が増加し、その増加分だけ当期利益が増加し、配当が増加するという発想である。

◆◆ 数 値 例

> ROE＝10%
> 配当性向＝20%

〈設立初年度〉

資本金100億円で企業を設立したとする。当期利益はROEが10%だから以下のようになる。

　　　100億円　　×　10%　＝　10億円
　　（期首自己資本）（ROE）　（当期利益）

当期利益のうち配当性向20%が配当として社外に資金流出するので期末の自己資本は以下のように計算される。

　　　100億円　　＋　10億円　－2億円＝　108億円
　　（期首自己資本）（当期利益）（配当）（期末自己資本）

〈2年度〉

前期までに増加した自己資本をもとに営業活動を行うので、ROEが10%で一定ならば以下のようになるはずだ。

　　　108億円　　×　10%　＝　10.8億円
　　（期首自己資本）（ROE）　（当期利益）

この当期利益のうち20%が配当および役員賞与として利益処分されるので、翌期の自己資本は以下のように計算される。

　　　108億円　　＋　10.8億円　－2.16億円＝　116.64億円
　　（期首自己資本）（当期利益）（配当）　（期末自己資本）

(単位：億円)

年　次	期　首自己資本	当期利益	配　当	期　末自己資本
初年度	100.00	10.00	2.00	108.00
		＋8％	＋8％	
2年度	108.00	10.80	2.16	116.64
		＋8％	＋8％	
3年度	116.64	11.66	2.33	125.97

　当期利益は、初年度10億円、2年度10.80億円、3年度11.66億円と毎年8％ずつ増加することがわかる。これがサスティナブル成長率と呼ばれるもので、以下の式で表される。

　　　サスティナブル成長率＝ROE×（1－配当性向）
　　　　　　　　　　　　　＝ROE×内部留保率

　この数値例の場合、10％×（1－20％）＝8％である。配当性向が一定なので当期利益の成長率だけ配当も成長することになる。

◆◆ サスティナブル成長率の前提条件と限界

　サスティナブル成長率はROEと内部留保率だけから計算できてしまう。サスティナブル成長率がそのまま実現するとは期待できないが、これらの仮定のどこが非現実的であるのかを考察しよう。

〈理論的な前提〉

　内部留保された資金の使途として、負債の削減（借入返済）と資産の増加（生産設備の増強）の2通りがある。もし、負債削減に充当すると資産は一定になる。負債削減により当期利益は支払利息の削減により増加するが、ROEを一定に保てるほど効果は大きくない。よって資産が一定のままで増益を実現することを前提にするが、この成長を未来永劫持続することは不可能である。遠い将来には資産300億円で当期利益600億円を稼ぎ出すことを想定することになる。何よりも負債はいつか返済し終えて無借金経営になるだろう。

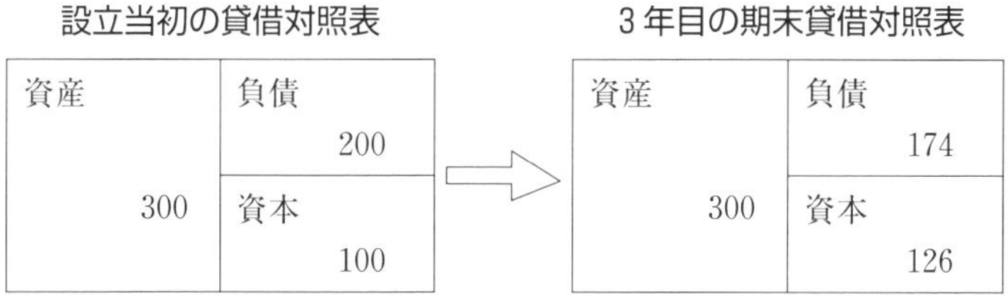

設立当初の貸借対照表

資産	負債
	200
300	資本
	100

3年目の期末貸借対照表

資産	負債
	174
300	資本
	126

よって内部留保された資金は生産設備の増強に投下されると考えるのが妥当であろう。自己資本は3年間で約26%増加しているので、当期利益も約26%増加させないといけない。しかし、単純に内部留保された資金だけ再投資していると資産の増加率は8.3%しかない。しかしこの格差は永遠に持続するので資産利益率を無限に増大させないと実現できない。よってこれも現実的ではない。

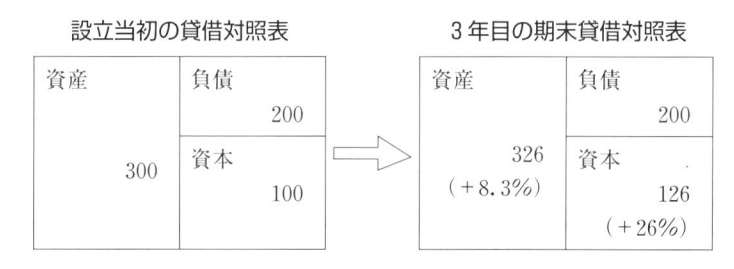

設立当初の貸借対照表

資産	負債
	200
300	資本
	100

3年目の期末貸借対照表

資産	負債
	200
326	資本
(＋8.3%)	126
	(＋26%)

だから理論的な持続可能性を保証するためには内部留保による資本増加に合わせて負債も増加させ、資産の増加率も同じにしておく必要がある。すなわち、サスティナブル成長率は資産・負債・資本が同率で成長する場合に可能だということになる。

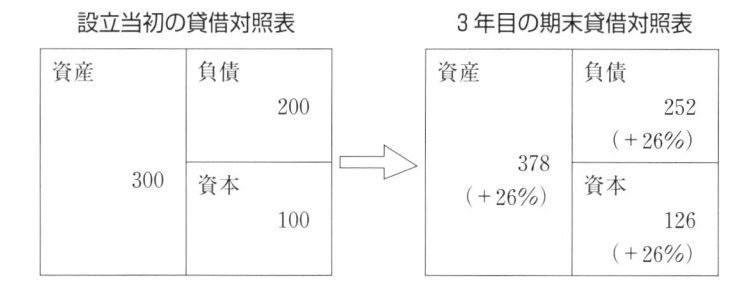

設立当初の貸借対照表

資産	負債
	200
300	資本
	100

3年目の期末貸借対照表

資産	負債
	252
	(＋26%)
378	資本
(＋26%)	126
	(＋26%)

〈実務的な前提〉

サスティナブル成長率は、資産の増加が利益の増加をもたらすという発想である。よって実務的には以下の点に留意しなくてはならない。

① 「資産が増加した分だけ売上げが増加する」と期待していること

「作った分だけ売れる」というのは需要側の事情を無視している。需要動向や市場の成長性が考慮されていないことを忘れるべきではない。特に「無限に成長する」と期待することは市場の成熟・需要の飽和を無視した危険な前提である。

② 「売上げを増加させる分だけ資産の増加が必要である」と考えていること

売上げを増加させるためには資産（生産設備の増加）が必要であることは長期的には正当な前提であるが、短期的には稼働率を無視している。稼働率が100%に達するまでは新規の設備投資を必要としないし、逆に設備投資をするときは翌年の需要分だけ増加させるという短期的な投資をすることは稀であろう。

第2章 β の実際

> **本章のテーマ**
>
> 本章では、前章で解説した β を実際の株式市場のデータをもとに計算する。そのプロセスから「β が安定的でない」ことが実感され、投資戦略上の有用性を失っていたことがわかるだろう。

1 事後的（historical）β の計算

β にも事後的（historical）β と予想 β があり、現在の株価を決定するのは予想 β である。しかし、直接的に予想 β を計算する方法はない。過去の趨勢（事後的な β）から予想 β を推定するしかない。

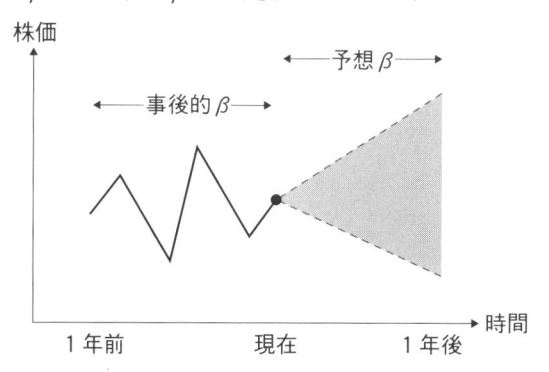

TOPIX と新日本製鐵（以下、新日鐵。東証一部：5401）の過去の実績から（事後的な）β を計算してみよう。下図は2001年1月〜2005年12月の TOPIX と新日鐵の株価の月次終値をあてはめたものである。このグラフをみると新日鐵の値動きは TOPIX に比べて小さくみえる。

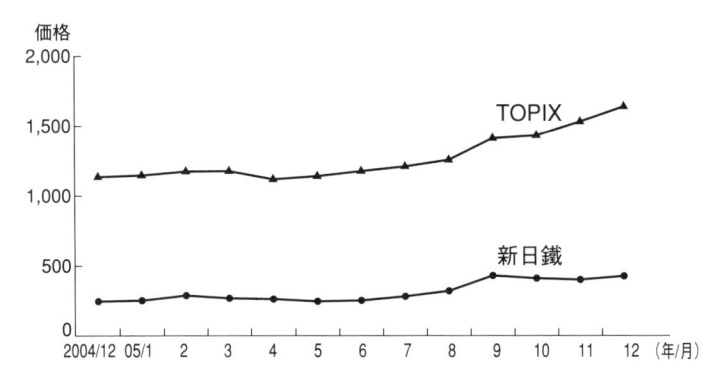

価格のグラフ（2004/12〜05/12）：TOPIXは約1,150から約1,650へ上昇、新日鐵は約250から約450へ推移。

　しかし、投資家にとって重要なのは株価の絶対値ではなく変化率である。変化率がそのまま投資収益率となるからである。そこで月次終値から月次収益率を計算しよう。

　資格試験等では下記の式に従って月次収益率を計算する(※1)。なお、年次ベースで表示する場合、単利であるから月次収益率を12倍すればよい。

（※1）　実務的には単利ではなく次式に基づき複利ベースで計測される。

$$月次収益率（\%）= \ln\left(\frac{当月終値}{前月終値}\right) \times 100$$

年次ベースにする場合、次式で計算する。

$$年次ベース = (1 + 月次収益率)^{12ヶ月} - 1$$

単利ベースと複利ベースを比較しよう。当然であるが、複利ベースのほうがやや小さい数値になる。また両者の差は利回りが低いところでは小さいが、利回りが大きくなると両者の格差は大きくなる。

日付	TOPIX 終値	TOPIX の月次収益率 単利ベース	複利ベース
2004年12月	1,149.63		
2005年1月	1,146.14	▲0.30%	▲0.30%
2月	1,177.41	2.73%	2.69%
3月	1,182.18	0.41%	0.40%
4月	1,129.93	▲4.42%	▲4.52%
5月	1,144.33	1.27%	1.27%
6月	1,177.20	2.87%	2.83%
7月	1,204.98	2.36%	2.33%
8月	1,271.29	5.50%	5.36%
9月	1,412.28	11.09%	10.52%
10月	1,444.73	2.30%	2.27%
11月	1,536.21	6.33%	6.14%
12月	1,649.76	7.39%	7.13%

$$月次収益率（\%）=\frac{当月終値-前月終値}{前月終値}\times 100$$

日付	月次終値 TOPIX	新日鐵	月次収益率 TOPIX	新日鐵
2004年12月	1,149.63	251		
2005年1月	1,146.14	252	▲0.30%	0.40%
2月	1,177.41	288	2.73%	14.29%
3月	1,182.18	271	0.41%	▲5.90%
4月	1,129.93	266	▲4.42%	▲1.85%
5月	1,144.33	254	1.27%	▲4.51%
6月	1,177.20	258	2.87%	1.57%
7月	1,204.98	284	2.36%	10.08%
8月	1,271.29	322	5.50%	13.38%
9月	1,412.28	426	11.09%	32.30%
10月	1,444.73	413	2.30%	▲3.05%
11月	1,536.21	408	6.33%	▲1.21%
12月	1,649.76	420	7.39%	2.94%

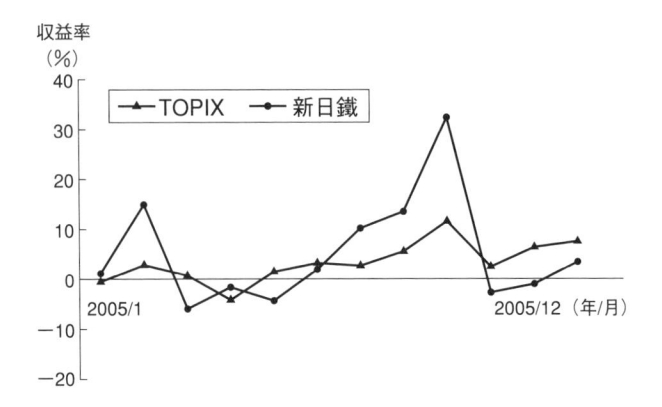

このグラフをみると新日鐵はTOPIXよりも値動きが激しいことがわかるだろう。

◆◆ 平均の計算

月次収益率の平均を計算しよう。全期間の収益率を合計し月数n（12カ月）で割ればよい。

$$平均：\mu = \frac{1}{n} \times \sum_{m=1}^{n} R_m$$

日付	TOPIX
2005年1月	▲0.30%
2月	2.73%
3月	0.41%
4月	▲4.42%
5月	1.27%
6月	2.87%
7月	2.36%
8月	5.50%
9月	11.09%
10月	2.30%
11月	6.33%
12月	7.39%
合計	37.53%

平均値：$\mu = 37.53\% \div 12 ≒ 3.13\%$

◆◆ 標準偏差の計算

月次収益率の標準偏差を計算しよう。各期間の収益率と平均の差（偏差）を2乗して合計し、「月数n－1（12－1）」[※2]で割ると分散σ^2が求まる。分散σ^2の平方根が標準偏差σとなる。

（※2） 12ではなく（12－1）で割っているのは標本分散ではなく母集団の分散を推定しているからである。詳細は統計学の他書を参照されたい。

分　　散：$\sigma^2 = \dfrac{1}{n-1} \times \sum\limits_{m=1}^{n}(R_m - \mu)^2$

標準偏差：$\sigma = \sqrt{分散}$

日付	TOPIX		
	月次収益率 ①	偏差 ①－平均値	偏差^2
2005年1月	▲0.30%	▲3.43%	11.77(%)^2
2月	2.73%	▲0.40%	0.16(%)^2
3月	0.41%	▲2.72%	7.41(%)^2
4月	▲4.42%	▲7.55%	56.96(%)^2
5月	1.27%	▲1.85%	3.43(%)^2
6月	2.87%	▲0.26%	0.07(%)^2
7月	2.36%	▲0.77%	0.59(%)^2
8月	5.50%	2.38%	5.64(%)^2
9月	11.09%	7.96%	63.40(%)^2
10月	2.30%	▲0.83%	0.69(%)^2
11月	6.33%	3.20%	10.27(%)^2
12月	7.39%	4.26%	18.18(%)^2
合　計			178.57(%)^2

分　　散 $= 178.58(\%)^2 \div (12-1) ≒ 16.23\ (\%)^2$ [※3]

標準偏差 $= \sqrt{16.23\ (\%)^2} ≒ 4.03\%$

（※3）　$(\%)^2$の意味

1 $(\%)^2$は小数点表示すると0.0001のことである。下記からそれがわかる。

$1\% \times 1\% = 0.01 \times 0.01 = 0.0001 = 1\,(\%)^2$

$(\%)^2$の表示に慣れると資格試験等で標準偏差が楽に計算できる。

同様に新日鐵の平均と標準偏差を計算しておこう。

日付	新日鐵 月次収益率①	偏差 ①－平均値	偏差^2
2005年1月	0.40%	▲4.47%	19.99$(\%)^2$
2月	14.29%	9.42%	88.66$(\%)^2$
3月	▲5.90%	▲10.77%	116.04$(\%)^2$
4月	▲1.85%	▲6.71%	45.09$(\%)^2$
5月	▲4.51%	▲9.38%	88.00$(\%)^2$
6月	1.57%	▲3.29%	10.86$(\%)^2$
7月	10.08%	5.21%	27.12$(\%)^2$
8月	13.38%	8.51%	72.43$(\%)^2$
9月	32.30%	27.43%	752.33$(\%)^2$
10月	▲3.05%	▲7.92%	62.75$(\%)^2$
11月	▲1.21%	▲6.08%	36.97$(\%)^2$
12月	2.94%	▲1.93%	3.72$(\%)^2$
合計	58.44%		1323.96$(\%)^2$

平均 $= 58.44\% \div 12 \fallingdotseq 4.87\%$

分散 $= 1{,}323.96\,(\%)^2 \div (12-1) \fallingdotseq 120.36\,(\%)^2$

標準偏差 $= \sqrt{120.36\,(\%)^2} \fallingdotseq 10.97\%$

◆◆ β の計算

新日鐵の β を計算しよう。まず共分散を計算する。各期間の新日鐵の偏差と TOPIX の偏差を乗じて合計し、「月数 n−1（12−1）」で割ると共分散 Cov が求まる。

$$共分散：\sigma^2 = \frac{1}{n-1} \times \sum_{m=1}^{n} (R_{\text{TOPIX}の m} - \mu_{\text{TOPIX}}) \times (R_{\text{新日鐵}の m} - \mu_{\text{新日鐵}})$$

日付	TOPIX 月次収益率	偏差 ①	新日鐵 月次収益率	偏差 ②	①×②
2005年1月	▲0.30%	▲3.43%	0.40%	▲4.47%	15.3413(%)²
2月	2.73%	▲0.40%	14.29%	9.42%	▲3.7600(%)²
3月	0.41%	▲2.72%	▲5.90%	▲10.77%	29.3275(%)²
4月	▲4.42%	▲7.55%	▲1.85%	▲6.71%	50.6776(%)²
5月	1.27%	▲1.85%	▲4.51%	▲9.38%	17.3845(%)²
6月	2.87%	▲0.26%	1.57%	▲3.29%	0.8408(%)²
7月	2.36%	▲0.77%	10.08%	5.21%	▲3.9985(%)²
8月	5.50%	2.38%	13.38%	8.51%	20.2163(%)²
9月	11.09%	7.96%	32.30%	27.43%	218.4057(%)²
10月	2.30%	▲0.83%	▲3.05%	▲7.92%	6.5738(%)²
11月	6.33%	3.20%	▲1.21%	▲6.08%	▲19.4833(%)²
12月	7.39%	4.26%	2.94%	▲1.93%	▲8.2225(%)²
平均値	3.13%		4.87%	合計	323.3032(%)²

共分散 = 323.3032% ÷ (12 − 1) ≒ 29.39%

ベータ：$\beta_{新日鐵} = \dfrac{共分散}{TOPIXの分散} = \dfrac{29.39(\%)^2}{4.03\% \times 4.03\%} ≒ 1.81$

> **参考** 相関係数（ρ）の計算
>
> β の定義式は相関係数と似ているので注意が必要。
>
> 相関係数：$\rho = \dfrac{共分散}{TOPIXの標準偏差 \times 新日鐵の標準偏差} = \dfrac{29.39(\%)^2}{4.03\% \times 10.97\%}$
> ≒ 0.66

2 β の意味の再確認

CAPMの β の意味を解釈する方法として回帰分析的な説明がある。CAPMと回帰分析は異なる理論であるが（詳細は後述）、イメージはもちやすい。横軸にTOPIXの月次収益率、縦軸に新日鐵の月次収益率をとり、2005年1～12月のデータをあてはめよう。

日付	TOPIX	新日鐵
2005年1月	▲0.30%	0.40%
2月	2.73%	14.29%
3月	0.41%	▲5.90%
4月	▲4.42%	▲1.85%
5月	1.27%	▲4.51%
6月	2.87%	1.57%
7月	2.36%	10.08%
8月	5.50%	13.38%
9月	11.09%	32.30%
10月	2.30%	▲3.05%
11月	6.33%	▲1.21%
12月	7.39%	2.94%

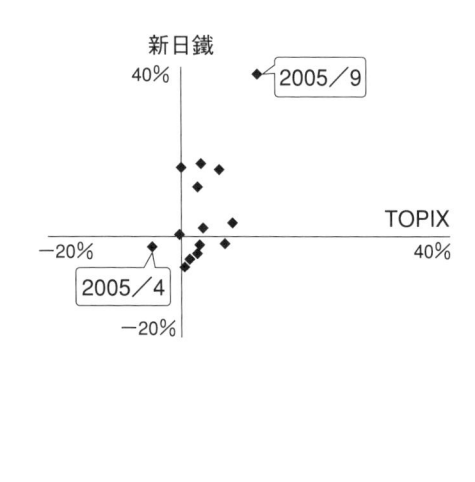

　このデータ分布の中心を通る直線を描く。この直線を回帰直線といい、この直線の傾きとy切片（定数項）を求めることを回帰分析という。CAPMの β はこの直線の傾きと一致する(※4)。

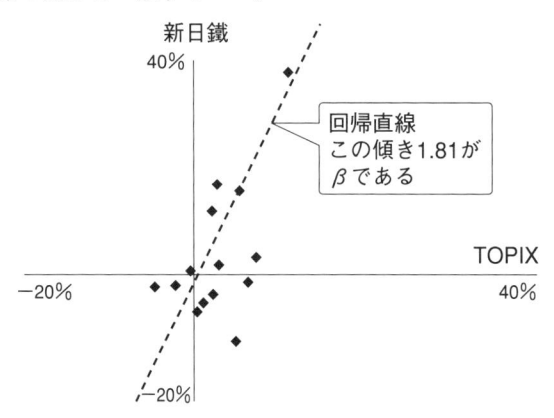

（※4）　CAPMの主張は回帰分析を出発点としたものではなかったが、結果としてCAPMのベータは回帰分析と一致している。回帰分析を出発点としたものは「市場モデル」と呼ばれる。

　CAPMの主張に沿って新日鐵の理論収益率を計算しよう。無リスクリターンとして10年物国債の最終利回り1.600%（年率）を採用する。

　（新日鐵の理論超過収益率）＝新日鐵の β ×（TOPIXの超過収益率）

（新日鐵の理論収益率－無リスクリターン）＝新日鐵の β ×（TOPIX の収益率－無リスクリターン）

∴新日鐵の理論収益率＝1.81×（TOPIX の収益率－1.600%÷12）＋1.600%÷12

上式に基づいて新日鐵の理論収益率を計算し、先ほどの平面にあてはめよう。

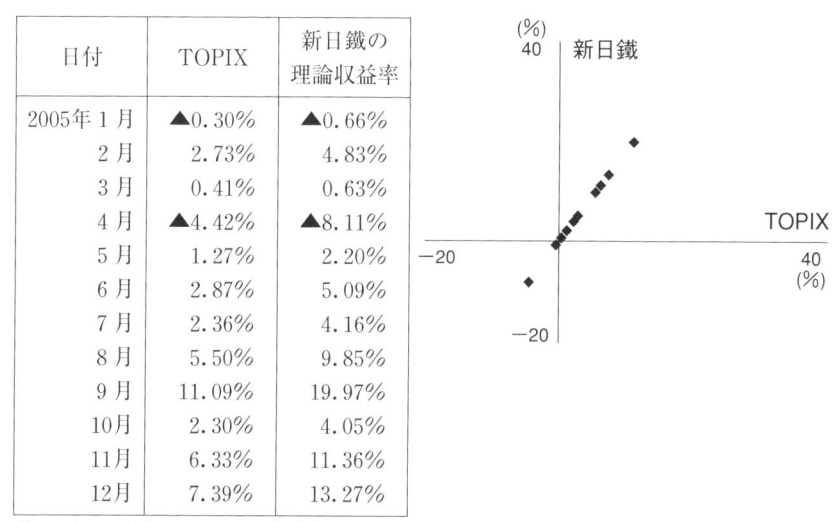

日付	TOPIX	新日鐵の理論収益率
2005年1月	▲0.30%	▲0.66%
2月	2.73%	4.83%
3月	0.41%	0.63%
4月	▲4.42%	▲8.11%
5月	1.27%	2.20%
6月	2.87%	5.09%
7月	2.36%	4.16%
8月	5.50%	9.85%
9月	11.09%	19.97%
10月	2.30%	4.05%
11月	6.33%	11.36%
12月	7.39%	13.27%

（注）この直線は CAPM の提唱するモデルであって回帰直線ではない。傾きは回帰直線と同じであるが y 切片が異なる。違いは後述する。

今度は時系列で表示しよう。TOPIX と完全に連動し変動幅が1.81倍（正確には超過収益率が1.81倍）になっていることがわかるだろう。

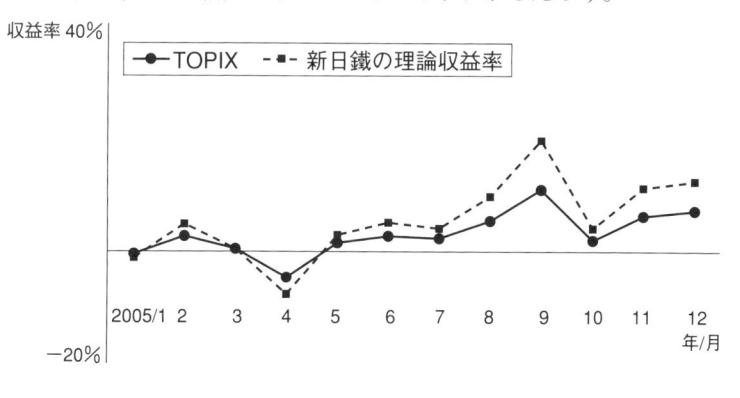

第2章　β の実際　109

さらに新日鐵の実際の収益率と比較しよう。理論収益率と実際の収益率の差が非システマティック・リスク（非市場リスク、固有リスク）である。

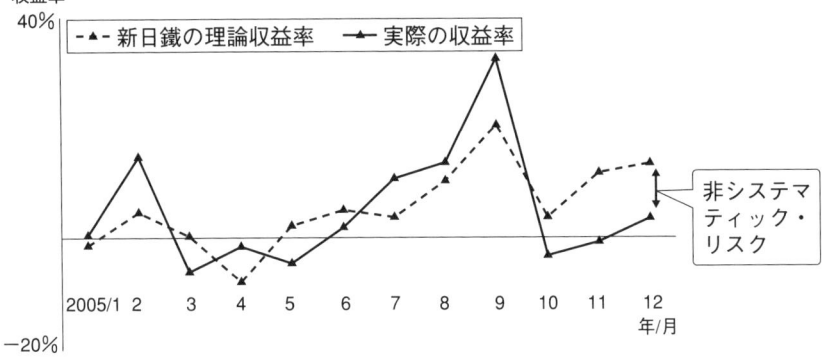

3 β 戦略（ジェンセンの α による割安銘柄の発見）

CAPM の β の利用法としてジェンセンの α がある。ジェンセンの α は予想的な利用法（割安銘柄の発見）と、事後的な利用法（パフォーマンス評価）に大別されるが、ここでは割安銘柄の発見について解説する[※5]。

（※5）　事後的な利用法（パフォーマンス評価）は第 5 部で解説する。

予想的な利用法（割安銘柄の発見）とは直接的に運用収益率の向上を目指すものである。C 社と D 社の株価が市場で成立している場合、どちらを購入（あるいは空売り）すればよいだろうか。これを予想 β に基づいて判断してみよう。

◆◆ 数値例

	予想配当	株　価 (市場価格)	期待収益率	予想 β
C 社	120円	1,500円	—	1.2
D 社	80円	2,000円	—	0.9
TOPIX	—	—	5.00%	1
無リスク資産	—	—	1.60%	—

(注) 無リスク資産の期待収益率は長期国債の最終利回りがそのまま利用できる。TOPIX の期待収益率は全銘柄の予想 PER 平均値が日本経済新聞で公表されている。予想 PER は20倍前後であるので期待収益率は 5 ％とすることができる。

まず、株価（市場価格）に潜在する期待収益率（投資家要求収益率、割引率）を配当割引モデル（定額配当モデル）によって算定する。

	予想配当	株　価 (市場価格)	期　待 収益率
C 社	120円	1,500円	120円÷1,500円＝8.00%
D 社	80円	2,000円	80円÷2,000円＝4.00%

次に CAPM を前提にして理論収益率を計算し、理論株価を算定する。

	予想 β	理　論 収益率	理論株価
C 社	1.2	1.2×(5.00%－1.60%) ＋1.60%＝5.68%	予想配当120円÷5.68% ≒2,113円
D 社	0.9	0.9×(5.00%－1.60%) ＋1.60%＝4.66%	予想配当80円÷4.66% ≒1,717円

C 社、D 社の理論値を実際の数値と比較してみよう。

	収益率			株価		
	市場値	理論値	差 (ジェンセンの α)	市場値	理論値	差
C 社	8.00%	5.68%	+2.32%	1,500円	2,113円	▲613円
D 社	4.00%	4.66%	▲0.66%	2,000円	1,717円	283円

　期待収益率（市場値）が理論収益率に接近すると仮定すれば、C社株価は1,500円から2,113円に、D社株価は2,000円から1,717円に近づくことになる。よってジェンセンの α がプラスであるC社は将来株価が上昇するので割安、D社は将来株価が下落するので割高という判断をすることになる。

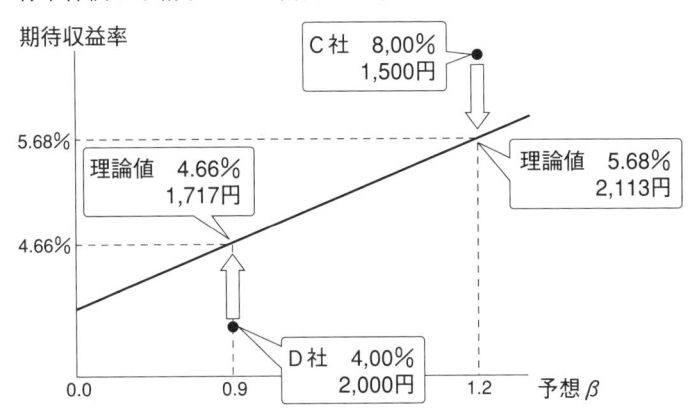

　グラフで注目してほしいのは、C社の期待収益率が理論値に向かって低下していくと株価が上昇することである。D社はその逆で、期待収益率が上昇することは株価が低下することを意味する。

　なお、この理論が成立するためには大きな前提がある。

　　Point 1　予想 β を算定できること
　　Point 2　将来の株価がCAPMの理論価格になること

　事後的な β は株価の実績から計算することができるが、予想 β はできない。資格試験等ではいくつかのシナリオとその生起確率から計算する方法も提示されるが、そのような方法は現実的ではない。実際には事後的な β を計算してそれが将来も持続することを期待するほかない。この方法が合理的

であるためには「β が安定的であること」が必要である。毎年、毎年大きく β が変化するようでは理論収益率（理論株価）が実現することが期待できない。この点に関しては次節で実際のデータに基づいて検証する。

4　β の問題点：安定性の欠如

　CAPM の β には批判が多々あるが、最も実務的な批判として安定性の欠如がある。前節では新日鐵の2005年の月次データから β を計算したが、ここで同社の2004年、2003年の各年度の β をみよう。

〈2004年〉

日　付	TOPIX	新日鐵
2004年1月	0.37%	▲5.22%
2月	3.34%	▲1.83%
3月	8.94%	13.55%
4月	0.60%	▲4.94%
5月	▲3.91%	▲3.46%
6月	4.36%	2.69%
7月	▲4.23%	▲1.31%
8月	▲0.86%	11.06%
9月	▲2.43%	4.38%
10月	▲1.51%	▲5.34%
11月	1.23%	2.42%
12月	4.63%	▲1.18%

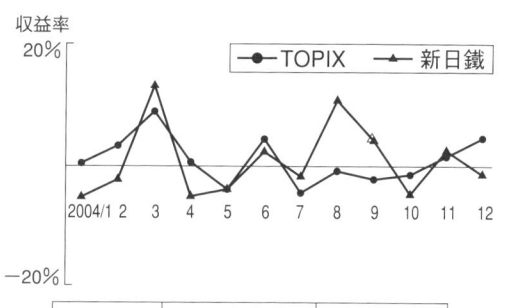

	TOPIX	新日鐵
平　均	0.88%	0.90%
標準偏差	3.89%	6.23%
共分散	10.6305(%)^2	
β		0.70

第2章　β の実際　113

〈2003年〉

日付	TOPIX	新日鐵
2003年1月	▲2.62%	1.44%
2月	▲0.30%	14.89%
3月	▲3.75%	▲12.35%
4月	1.09%	▲6.34%
5月	5.16%	2.26%
6月	7.85%	21.32%
7月	3.98%	11.52%
8月	6.66%	13.59%
9月	1.68%	▲4.78%
10月	2.41%	13.57%
11月	▲4.18%	▲7.08%
12月	4.40%	9.52%

	TOPIX	新日鐵
平　　均	1.86%	4.80%
標準偏差	3.98%	10.72%
共 分 散	30.4955(%)²	
β		1.92

　2003年の1.92、2004年の0.70、2005年の1.81というように β は安定しない、かつ変動が大きい。これでは β 戦略を利用できない（β を根拠にした株価の割安・割高が判断できない）。

　このような事後的な β の不安定性は広く確認されており、個別銘柄におけるCAPM応用の困難さの原因になっている。

第3章 資本コストとは

> **本章のテーマ**
>
> CAPMのβはその不安定さゆえに投資戦略上の有効性を疑問視され、かつてのようなβを中心とした運用手法は今日ではみられなくなった。しかし、βは資本コストを計測する唯一の手段としてその意義を失っていない。
>
> 資本コストは株主と経営者が緊張関係にない日本では理解しがたいものの一つである。日本では「資本は自己資本であり会社のもの、配当は利益が出たときに利益の範囲内ですればよい」と安易に考えられている。しかし、株主と経営者が緊張関係にある欧米では経営者にとって資本とは「株主の期待に応えられなければ自らの地位を失う危険な資金調達手段」なのである。
>
> 本章は、資産運用に携わる方のためではなく、株式公開企業において財務を担当する方のための章である。

1 無借金経営は「楽」か

これまでは株式について投資家からみた投資対象としてだけ検討してきたが、本章では株式会社の経営を委託された取締役の立場から考えよう。

日本の上場企業経営者にとって資本とは「返済の必要のない資金」でしかなかった。金融機関との株式持合い構造、生保等の物言わぬ株主等の特殊な状況に支えられた経営環境がもたらしたものであった。しかし、持合い解消、敵対的買収など株主との緊張関係が具体化して、資本観・株主観もようやく正常化してきた。経営者にとって資本とは何か、経営判断にとってどのように影響するものかについて考えていこう。

◆◆ ケース

資産家のYはA社とB社の2社を新規設立し、A社社長にAPを、B社社長にBPを任命した。設立初年度の結果は以下のとおりである。

A社

| 株主　Y |
| 社長　AP |

貸借対照表　（単位：千円）

【資産】　50,000	【負債】　39,500
	……
	長期借入金　20,000
	【資本】　10,500
	資本金　10,000
	剰余金　　500

損益計算書（単位：千円）
売　上　げ　　200,000
　　　…
当　期　利　益　　　500
（役員報酬）　　10,000

B社

| 株主　Y |
| 社長　BP |

貸借対照表　（単位：千円）

【資産】　700,600	【負債】　200,000
	……
	長期借入金　　　0
	【資本】　500,600
	資本金　500,000
	剰余金　　　600

損益計算書（単位：千円）
売　上　げ　　200,000
　　　…
当　期　利　益　　　600
（役員報酬）　　10,000

出資者（株主）Yの立場からみた両社社長への評価を考えよう。

株主Yは現金1,000万円（資本金）を提供してA社を設立した。A社は1年間営業した結果、当期利益50万円を獲得した。当期利益は株主Yのものである。1,000万円出資して年50万円の利益を得たのだからYの投資利益率は年5％である(※1)。

(※1)　この数値を自己資本利益率（ROE）という。ただし、翌期のROEは資本金だけではなく剰余金を含めた資本の部全体を分母にして「当期利益÷資本の部」で計算する。

同様にB社をみよう。株主Yは現金5億円（資本金）を提供してB社を設立した。1年間営業した結果、当期利益60万円を獲得した。5億円出資して年60万円の利益を得たのでYの投資利益率は年0.12％である。

A社社長のAPに1,000万円を預ける（出資する）と利回り5％が得られ

る。一方、B社社長のBPに5億円預けても利回り0.12％しか得られなかった。この結果をみて、株主Yは何を思い何をするだろうか。

　Yがとりうる行動は以下のとおりだ。

　　① BPの役員報酬を引き下げる（APの役員報酬を引き上げる）。
　　② B社への出資額を少なくする（A社への出資額を増やす）。
　　③ BPを解任する（APにB社社長になってもらう）。

　いずれにしてもB社社長BPにとって厳しいものになるだろう。このように社長とは「一番偉い人」ではなく「株主に雇われた人」にすぎない。社長は株主の期待に応えられなければ解任される存在なのだ。

◆◆ 無借金経営なのに

　もう一度A社とB社の貸借対照表をみよう。A社は長期借入金が2,000万円あり自己資本比率（＝資本÷（負債＋資本））は約20％である。一方B社に長期借入金はなく、自己資本比率は70％を超えている。いわゆる無借金経営に近い。それに売上げは同額、当期利益はわずかであるがB社のほうが上回っている。よってB社のほうが「よい会社」という印象を受ける。

　このような見方は「銀行からみた会社像」でしかない。銀行からみれば社長が解任されて別人が就任しても「貸した金さえ返してくれれば問題ない」からである。

　最近日本人による日本企業の敵対的買収がとりざたされるようになって、ようやく株主と社長の緊張関係が認識されるようになったが、それまでは「株主はいないも同然」だった。社長の経営責任とは「黒字を確保する、悪くても会社をつぶさない」程度のものだったからである。

◆◆ 無借金経営がつらくなかった理由

　それでも「無借金経営でつらい」という話を実際に聞いたことはないだろう。その理由は二つ考えられる。

　　① 株主と社長が同一人物である。
　　② 株主が社長を解任したくてもできない。

第3章　資本コストとは　117

①は未公開企業に多い、オーナー経営者のパターンである。株主と社長が同一人物（あるいは親子関係）ならば経営不振を理由にした社長解任はありえない。このような場合、無借金経営は理想の経営となろう。これは今後も変わらないケースだろう。

②は（これまでの）日本の上場企業のパターンである。銀行やグループ企業との株式持合い、物言わぬ株主の生命保険会社、機能しない株主総会など、外部から社長に干渉できない状況を意図的につくり出してきた。社長は社員（従業員）のなかから社員の総意として（平社員から出世して）選出されるのであって、会社法にある株主総会が選任し解任する存在ではなかったのだ。

こちらのケースは社会変化・金融変化に伴って変わらざるをえなくなっているケースである。

これ以後の解説では株主と経営者が同一人物でないことを前提にする。すなわち、社長は株主からの強い要求にさらされていることを前提にするのだ。

2　増資するくらいだったら借金したほうがマシ

L社は上場企業である（だから社長が株主の機嫌を損ねるとクビになる立場にある）。貸借対照表は以下のとおりで、ROA（資産営業利益率）は10％、法人税率は40％である。当期利益は100％配当されるものとする。

L社　貸借対照表

資産	負債
	0億円
100億円	資本 100億円 （発行済株式数 1,000万株）

L社の営業利益は以下のとおり計算される。

　　資産100億円×ROA10％＝10億円

負債はないので支払利息はなく、特別損益項目もないとすると営業利益は

そのまま税引前利益になる。したがって税引後の当期利益は以下のようになる。

　　当期利益＝10億円×（1－40％）＝6億円

6億円は株主に全額配当される。

ここでROAが8％、投資額100億円の新規事業の案が持ち上がった。ただし、その資金調達の手段として以下の二つが検討されている。

　①　新しい株主に割り当てた増資による100億円（新規発行株式数1,000万株）
　②　銀行からの借入れ100億円（金利4％）

社長はどちらを採用するべきだろうか。検証しよう。

◆◆「第三者割当増資」を採用した場合

L社　貸借対照表

資産	負債
既存事業（ROA10％）　100億円	0億円
新規事業（ROA8％）　100億円	資本　200億円（発行済株式数 2,000万株）

L社の営業利益は以下のような内訳になる。

　既存事業分：100億円×ROA10％＝10億円
　新規事業分：100億円×ROA8％＝8億円

営業利益は合計で18億円になる。負債はないので支払利息はなく、特別損益項目もないとすると営業利益はそのまま税引前利益になるので、税引後の当期利益は以下のようになる。

　　当期利益＝18億円×（1－40％）＝10.8億円

この10.8億円が株主に配当されるのだが、昔からの株主と新しい株主に平等に配当されるから、以下のように配当することになる。

　昔からの株主（1,000万株）に5.4億円の現金配当

新しい株主（1,000万株）に5.4億円の現金配当

増資して新規事業に乗り出す前は、昔からの株主は6億円をもらっていた。増資によって新規事業を始めたところ自分の取り分が5.4億円に減ってしまった。これでは昔からの株主は怒るのも当然だろう。株主にとって不利な新規事業だったのだから当然に株価は低下するはずだ。

◆◆「銀行からの借入れ」を採用した場合

L社　貸借対照表

資産	負債
既存事業 （ROA10％） 　　　　　100億円	100億円
新規事業 （ROA8％） 　　　　　100億円	資本 　　　　　100億円 （発行済株式数 　　　　1,000万株）

L社の営業利益は以下のような内訳になる。

　既存事業分：100億円×ROA10％＝10億円

　新規事業分：100億円×ROA8％＝8億円

よって営業利益は合計で18億円になる。

負債が100億円発生しているので支払利息が発生し、税引後当期利益は以下のようになる。

　支払利息100億円×4％＝4億円

　税引前利益＝18億円－4億円＝14億円

　当期利益＝14億円×(1－40％)＝8.4億円

この8.4億円が株主に配当される。

新規事業前の配当は6億円だから増加している。新規事業への進出を株主は歓迎するだろう。株主にとって有利な変化だから株価は上昇するはずだ。

これらをまとめると以下のようになる。

| | 新事業前 | 新事業進出後 ||
		①増資	②借入れ
自己資本比率	100%	100%	50%
営業利益	10億円	18億円	18億円
支払利息	—	—	4億円
法人税等	4億円	7.2億円	5.6億円
当期利益	6億円	10.8億円	8.4億円
既存株主の配当	6億円	5.4億円	8.4億円
新株主の配当	—	5.4億円	—

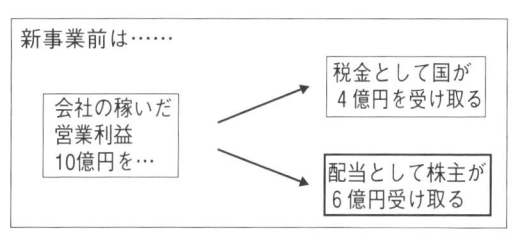

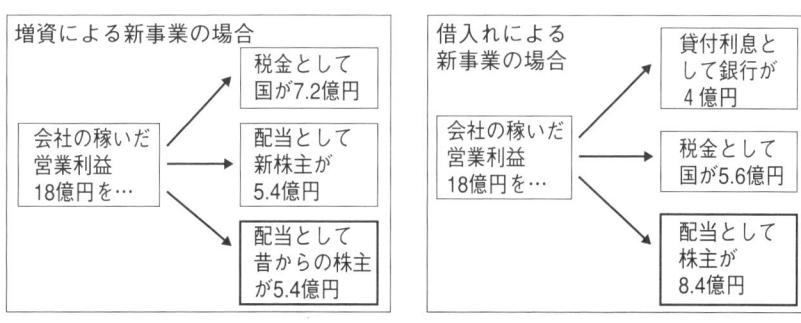

新事業前は……

会社の稼いだ営業利益10億円を…
→ 税金として国が4億円を受け取る
→ 配当として株主が6億円受け取る

増資による新事業の場合

会社の稼いだ営業利益18億円を…
→ 税金として国が7.2億円
→ 配当として新株主が5.4億円
→ 配当として昔からの株主が5.4億円

借入れによる新事業の場合

会社の稼いだ営業利益18億円を…
→ 貸付利息として銀行が4億円
→ 税金として国が5.6億円
→ 配当として株主が8.4億円

　当期利益や自己資本比率でみると「①増資による新規事業進出」が望ましいことになる。しかし、①を採用すると昔からの株主の配当が減少してしまう。社長が現在の株主（図中の太枠内）を重視するのならば「増資するよりも借入れのほうがよい」と判断することになる。

◆◆ **資本コスト概念の必要性**
　このように説明すると「なるほど」と一瞬納得される読者もいるだろう。

第3章　資本コストとは　121

しかし、このケースをもう一度ふりかえってほしい。増資による場合、新規事業で売上増・利益増を実現したにもかかわらず、株主の評価が下がってしまったのだ（後の解説で株価が下がる計算例を紹介する）。新規事業から撤退して元の状態に戻れるとしたら、売上減・利益減で株主の評価が上昇することになる。

増資による売上増・利益増は常に悪か。そんなはずはない。それではどのような売上増・利益増なら株主の評価を高めることができるのだろうか。この問いかけに対する答えこそが資本コスト概念である。

3　株主資本コスト

本章1のケースにした資産家のYのように会社設立時から株主ならばROEの高低だけで経営者の能力を評価できるだろう。しかし、Yから株式を購入する形で途中から株主になった投資家にとってROEはあまり意味がない。帳簿に記載されている資本の部を基準に投資利回りを計算するのではなく、株式購入価額を基準に投資利回りを考えるからだ。

よって株主の期待あるいは要求するリターンはROEではなく株式時価総額に対して設定される。そしてこのリターンはCAPMのβに基づく理論収益率が「株主の要求収益率」だと考える。これが株主資本コストなのである。

◆◆ ありがちな疑問

ここまで解説してきて、おそらく多くの読者が混迷していると思う。これまでの議論を思い出してほしい。

> ・ROA（資産利益率）やROE（資本利益率）は高いほうがよい
> ・株主要求収益率は低いほうがよい

「ROAとROEは高いほうがよい」というのは直感的にも納得できるだろう。しかし、「株主要求収益率は低いほうがよい」というのはどうにも納得

しにくいだろう（リスク・リターンの章で予想収益率と株価の関係について学習済みではあるが）。

おそらく読者の疑問は以下のようなものではないか。

・ROA・ROEと株主要求収益率は関係があるのかないのか
・どうすればROAを高めつつ株主要求収益率を引き下げることができるか

これらの疑問を解消するために、数値例をあげながらROAと株主要求収益率の関係を整理していきたい。

◆◆ 数値例1

M社　貸借対照表

資産	負債
	0億円
1,000億円	資本
	1,000億円

〈M社に関するデータ①〉

① ROAは平均が10％、標準偏差が0％（＝ROAが毎期10％で変動しない）。
② 株主要求収益率は2％。
③ 法人税率は40％。
④ 発行済株式数は1億株。
⑤ 当期利益は全額配当する。

〈STEP 1〉

ROAから毎期の配当額を計算する。

　資産1,000億円×ROA10％＝事業利益（税引前利益）100億円
　当期利益（税引後利益）＝100億円×（1－40％）＝60億円

当期利益を全額配当するので、1株当り配当額は以下のようになる。

　1株当り配当額＝60億円÷1億株＝60円

〈STEP 2〉

DDM（配当割引モデル）で株価を計算する。

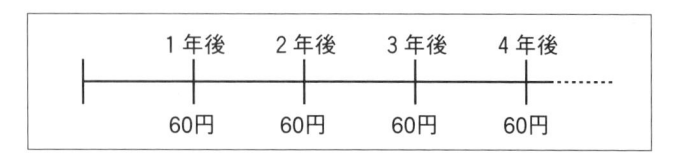

```
          1年後   2年後   3年後   4年後
           60円    60円    60円    60円
```

　DDMにより理論株価を算定する段階で、株主要求収益率を割引率として採用する。DDMは配当に応じて株価が決定される。配当が毎期一定でまったく変動（リスク）がないとしたら株価も一定で、M社株価にリスクはないことになる。ノーリスクだから株主要求収益率は2％と低く設定されている。

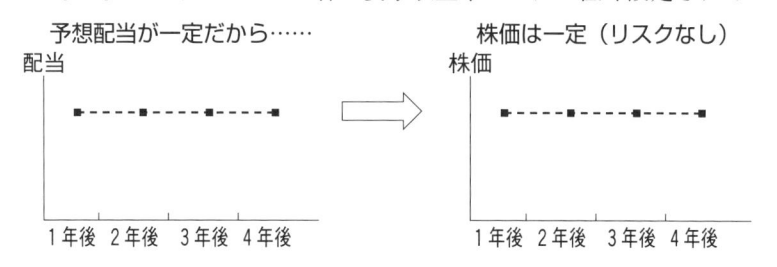

予想配当が一定だから……　　　　　株価は一定（リスクなし）
配当　　　　　　　　　　　　　　　株価

1年後 2年後 3年後 4年後　　　　　1年後 2年後 3年後 4年後

　　株価＝60円／株÷要求収益率2％＝3,000円／株
　　株式時価総額＝株価3,000円×株式数1億株＝3,000億円

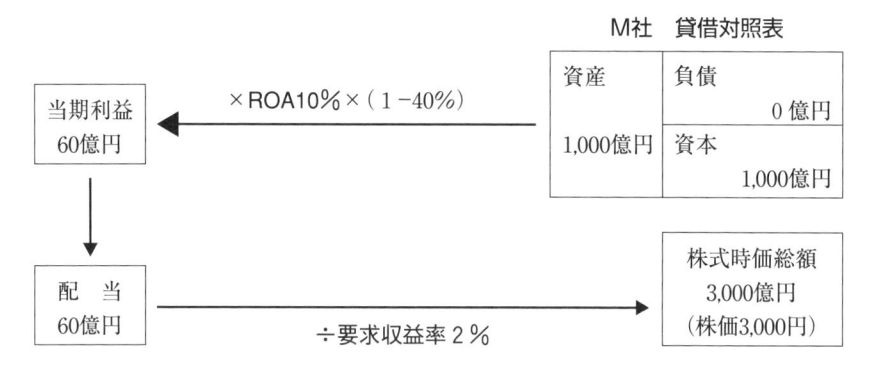

M社　貸借対照表

資産	負債
	0億円
1,000億円	資本
	1,000億円

当期利益 60億円 ← ×ROA10％×（1－40％）── 資産1,000億円

配当 60億円 ──÷要求収益率2％──→ 株式時価総額 3,000億円（株価3,000円）

◆◆ 数値例2：ROAが高くなった場合

M社　貸借対照表

資産	負債
	0億円
1,000億円	資本
	1,000億円

〈M社に関するデータ②〉

① ROAは平均が15％、標準偏差が0％（＝ROAが毎期15％で変動しない）。
② 株主要求収益率は2％。
③ 法人税率は40％。
④ 発行済株式数は1億株。
⑤ 当期利益は全額配当する。

〈STEP1〉

ROAから毎期の配当額を計算する。

　資産1,000億円×ROA15％＝事業利益（税引前利益）150億円
　当期利益（税引後利益）＝150億円×（1－40％）＝90億円

当期利益を全額配当するので、1株当り配当額は以下のようになる。

　1株当り配当額＝90億円÷1億株＝90円

〈STEP2〉

DDM（配当割引モデル）で株価を計算する。

　株価＝90円／株÷要求収益率2％＝4,500円／株
　株式時価総額＝株価4,500円×株式数1億株＝4,500億円

```
                                        M社　貸借対照表
                                   ┌─────┬─────┐
                                   │ 資産 │ 負債 │
     ┌─────┐   ×ROA15%×(1-40%)    │     │   0億円│
     │当期利益│ ◄─────────────────  │1,000億円├─────┤
     │ 90億円 │                    │     │ 資本 │
     └──┬──┘                      │     │1,000億円│
        │                         └─────┴─────┘
        ▼                                   ┌──────────┐
     ┌─────┐                                │株式時価総額│
     │ 配 当 │ ─────────────────────────────►│ 4,500億円 │
     │ 90億円 │        ÷要求収益率2%          │(株価4,500円)│
     └─────┘                                └──────────┘
```

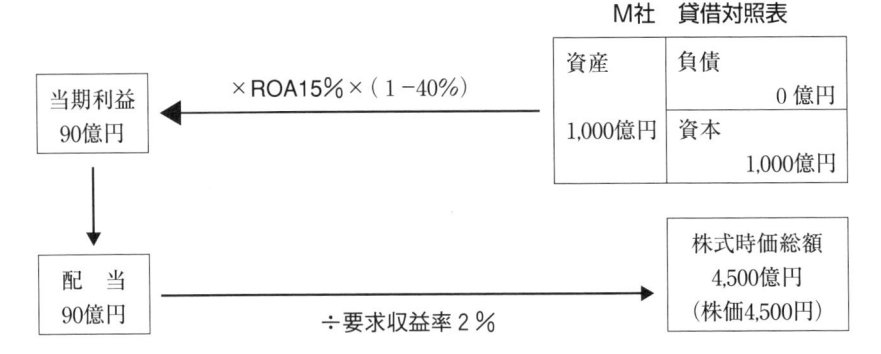

ROAが10%から15%に50%上昇したから、株価も3,000円から4,500円に50%上昇することがわかる。

◆◆ 数値例3：要求収益率が高くなった場合

M社　貸借対照表

資産	負債
	0億円
1,000億円	資本
	1,000億円

〈M社に関するデータ③〉

① M社はROAの平均値は10%なのだが安定しておらず毎期変動する。
② 株主要求収益率は5%。
③ 法人税率は40%。
④ 発行済株式数は1億株。
⑤ 当期利益は全額配当する。

〈STEP 1〉

ROAから毎期の配当額を計算する。

　　資産1,000億円×ROA10%＝事業利益（税引前利益）100億円

　　当期利益（税引後利益）＝100億円×(1－40%)＝60億円

当期利益を全額配当するので、1株当り配当額は以下のようになる。

　　1株当り配当額＝60億円÷1億株＝60円

ただし配当60円というのは平均値でしかなく、実際には58円の年もあれば65円になる年もある。

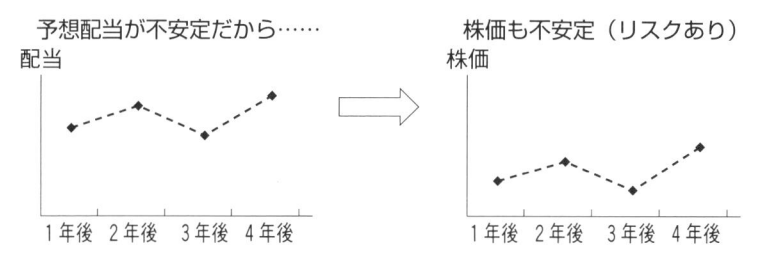

予想配当が不安定だから……
配当

株価も不安定（リスクあり）
株価

〈STEP 2〉

DDM（配当割引モデル）から株価を計算する。

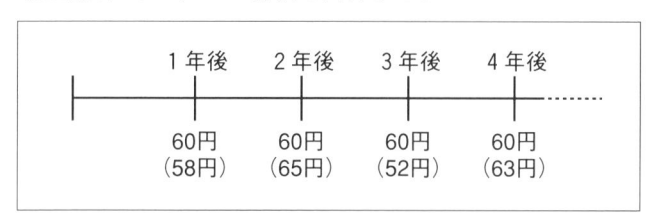

```
        1年後    2年後    3年後    4年後
         60円    60円    60円    60円
        （58円）（65円）（52円）（63円）
```

この場合リスクはゼロではない。だから要求収益率は5％と高く設定されている。したがって

　株価＝60円／株÷株主要求収益率5％＝1,200円／株

　株式時価総額＝株価1,200円×株式数1億株＝1,200億円

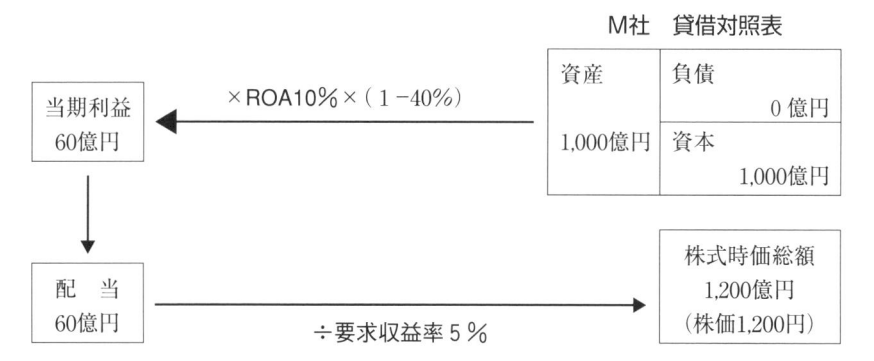

M社　貸借対照表

資産	負債
1,000億円	0億円
	資本 1,000億円

当期利益 60億円 ←×ROA10％×（1－40％）

配当 60億円

株式時価総額 1,200億円（株価1,200円）

÷要求収益率5％

要求収益率が2％から5％に上昇すると株価は3,000円から1,200円に値下がりする。

◆◆ **数値例からわかること**

数値例をまとめると以下のようになる。

	数値例 1	数値例 2	数値例 3
ROA	10%	15%	10%
要求収益率	2%	2%	5%
株　価	3,000円	4,500円	1,200円

要求収益率の上昇は株価を引き下げる。逆に低下は株価の上昇をもたらす。株価上昇は現在の株主は歓迎するだろう。

- ROA（の平均値）は高いほうが（配当が多くなるので）株価は上昇する。
- 要求収益率は低いほうが株価は上昇する。
- 要求収益率は、ROA の平均値ではなく変動幅（標準偏差）に応じて決定される。
- 株価を上昇させるためには、ROA の平均値を高めつつ変動幅（標準偏差）を小さくする（＝ROA を安定させる）ことが有効。

4　資本コストの使い方——新事業の可否の基準

前述 2 において、増資による新規事業進出で「売上増、利益増でも株価が下がる」ケースを紹介した。「増資による新事業」という選択肢が常に株価を引き下げるわけではない。株価を上昇させる新事業とはいったいどのような基準を満たさねばならないだろうか。

◆◆ **数値例 4**

数値例 1 の M 社が、時価発行増資により 1,000 億円を調達し、ROA の平均が 5 %、標準偏差が 0 % の新規事業を行った。その場合、株価はいくらになるか。

M社　貸借対照表

資産	負債
ROA10%　1,000億円 ＋ROA5%　1,000億円	0億円 資本 　1,000億円 ＋1,000億円

〈STEP1〉

発行済株式数を計算する。

　新規発行分：1,000億円÷株価3,000円／株≒0.333億株

　既存分と合計して1.333億株

〈STEP2〉

ROAから毎期の配当額を計算する。

　既存事業：資産1,000億円×ROA10%＝事業利益（税引前利益）100億円

　新規事業：資産1,000億円×ROA5%＝事業利益（税引前利益）50億円

　当期利益（税引後利益）＝150億円×（1－40%）＝90億円

当期利益を全額配当するので、

　1株当り配当額＝90億円÷1.333億株≒67.5円

〈STEP3〉

DDM（配当割引モデル）から株価を計算する。

　株価＝67.5円／株÷投資家要求収益率2%＝3,375円／株

　株式時価総額＝株価3,375円×株式数1.333億株≒4,500億円

　PBR＝3,375円÷（2,000億円÷1.333億株）≒2.25倍

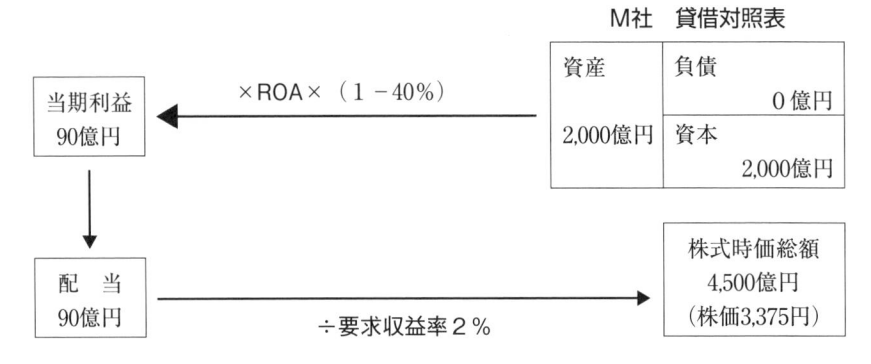

```
                                        M社  貸借対照表
                                    ┌─────┬─────┐
                                    │ 資産 │ 負債 │
      ┌────────┐  ×ROA×(1-40%)      │     │   0億円│
      │当期利益 │◄──────────────────│2,000億円├─────┤
      │ 90億円 │                    │     │ 資本 │
      └────────┘                    │     │2,000億円│
          │                          └─────┴─────┘
          ▼
      ┌────────┐                    ┌──────────┐
      │ 配  当 │                    │株式時価総額│
      │ 90億円 │───────────────────►│ 4,500億円 │
      └────────┘  ÷要求収益率2%      │(株価3,375円)│
                                    └──────────┘
```

(注) 実際には、時価発行増資時に新規事業により株価が上昇することが織り込まれるので、増資時には新規発行済株式数はより少なくなるはずである。

◆◆ 数値例5

新規事業のROAが平均3%、標準偏差0%だった場合、株価はいくらになるだろうか。

A社　貸借対照表

資産	負債
	0億円
ROA10%　1,000億円	資本
+ROA3%　1,000億円	1,000億円
	+1,000億円

〈STEP1〉

発行済株式数を計算する。

　新規発行分：1,000億円÷株価3,000円／株≒0.333億株

　既存分と合計して1.333億株

〈STEP2〉

ROAから毎期の配当額を計算する。

　既存事業：資産1,000億円×ROA10%＝事業利益（税引前利益）100億円

　新規事業：資産1,000億円×ROA3%＝事業利益（税引前利益）30億円

当期利益（税引後利益）＝130億円×（1－40％）＝78億円
当期利益を全額配当するので、
　　1株当り配当額＝78億円÷1.333億株≒58.5円／株

〈STEP 3〉

DDM（配当割引モデル）から株価を計算する。
　　株価＝58.5円／株÷株主要求収益率2％＝2,925円／株
　　株式時価総額＝株価2,925円×株式数1.333億株≒3,900億円
　　PBR＝2,925円÷（2,000億円÷1.333億株）≒1.95倍

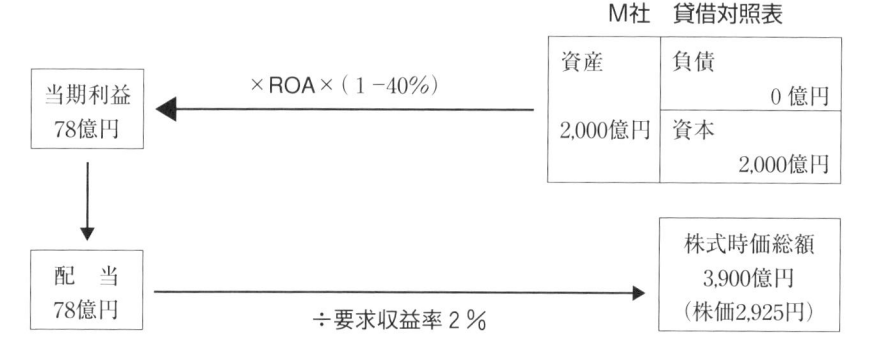

M社　貸借対照表

資産	負債
	0億円
2,000億円	資本
	2,000億円

当期利益 78億円 ←×ROA×（1－40％）— 資産 2,000億円

配　当 78億円 →÷要求収益率2％→ 株式時価総額 3,900億円（株価2,925円）

（注）　実際には、時価発行増資時に新規事業により株価が下落することが織り込まれるので、増資時には新規発行済株式数はより多くなるはずである。

◆◆ **数値例からわかること**

これらをまとめると以下のようになる。

		増資前	新規事業	増資後
数値例4	ＲＯＡ	10.0%	5.0%	7.5%
	資産総額	1,000億円	1,000億円	2,000億円
	当期利益	60億円	30億円	90億円
	株　　価	3,000円		3,375円
	株 式 数	1億株	0.333億株	1.333億株
	株価時価総額	3,000億円	+1,000億円	4,500億円

全社ベースのROAは低下しているが株価は上がっている

		増資前	新規事業	増資後
数値例5	ＲＯＡ	10.0%	3.0%	6.5%
	資産総額	1,000億円	1,000億円	2,000億円
	当期利益	60億円	18億円	78億円
	株　　価	3,000円		2,925円
	株 式 数	1億株	0.333億株	1.333億株
	株価時価総額	3,000億円	+1,000億円	3,900億円

増資額1,000億円分よりも少ない金額しか増加していない点に注目

　数値例4、5から新規事業の税引後ROAと資本コストとの関係をみよう。
　数値例4の新規事業の税引後ROA＝5％×（1－40％）＝3.0％
　　　　　　　　　　　　　　　　　　　　　　＞要求収益率2％
　数値例5の新規事業の税引後ROA＝3％×（1－40％）＝1.8％
　　　　　　　　　　　　　　　　　　　　　　＜要求収益率2％
　税引後ROAが資本コストを上回る新規事業ならば株価を上昇させる。逆に、税引後ROAが資本コストを下回る新規事業ならば株価を下落させる。
　すなわち、株主利益を優先した経営を行う場合、新事業進出（企業買収も含めて）の基準は「売上増・利益増をもたらすか」でも「全社ベースのROAを引き上げられるか」でもない。「税引後ROAが資本コストを上回るか」である。

以上から、以下のポイントが導かれる。

・新規事業の税引後 ROA が資本コストを上回る場合、株価上昇をもたらす。
・新規事業が全社ベースの ROA を引き下げるものであっても株価上昇をもたらす。

第4章 フリー・キャッシュフローに基づく企業評価

本章のテーマ

本章では前章に引き続き資本コスト概念に基づく企業評価に関して解説する。前章では利益を源泉とする配当の現在価値から評価額を算定した。しかし、現在主流の企業評価方法は配当割引モデルではなく、フリー・キャッシュフロー（Free Cash Flow。以下、FCF）に基づく企業評価方法（以下、FCFモデル）である。配当割引モデルに変わり主流となった背景、両モデルの相違点を探ることからFCFモデルを利用する際の留意点も解説してきたい。

1 キャッシュフロー

キャッシュフロー（Cash Flow。以下、CF）は現預金の入出金のことである[※1]。ちなみに預金残高はキャッシュバランス（Cash Balance）である。したがって（現金がなければ）預金通帳の入出金欄からCF計算書が作成される。

(※1) 公開企業で作成が義務づけられているCF計算書においては、厳密には現預金ではなく現金同等物に関して作成される。現金同等物には3カ月を超える定期預金は含まれず、逆に3カ月以内に償還が予定されるコマーシャルペーパーや現先取引などが含まれる。ここでは簡便的に「現預金＝現金同等物」として説明する。

預金通帳
(単位：千円)

月日	摘要	Cash Flow 入金	Cash Flow 出金	Cash Balance 残高
	（繰越）			30,000
4月1日	仕入代金支払		12,000	18,000
4月5日	売上代金入金	25,000		43,000
4月7日	固定資産購入		14,500	28,500
4月20日	諸経費支払		9,000	19,500
4月30日	銀行から借入れ	12,000		31,500

入金欄・出金欄を合計することで、最も単純なCF計算書が作成できる。

最も単純なCF計算書
(単位：千円)

4／1の残高（期首残高）	30,000
4月の入金	37,000
4月の出金	▲35,500
4月中の増減	1,500
4／30の残高（期末残高）	31,500

しかし、上表は売上代金の入金と借入れによる入金とを同じとみなして集計してしまっている。これでは役に立たない。そこで入出金を以下の三つのグループに分類する。

第4章 フリー・キャッシュフローに基づく企業評価

一般的な CF 計算書 (単位：千円)

```
Ⅰ. 営業活動によるキャッシュフロー（営業 CF）
    売上代金入金      +25,000
    仕入代金支払      ▲12,000
    諸経費支払        ▲9,000      +4,000
Ⅱ. 投資活動によるキャッシュフロー（投資 CF）
    固定資産購入                 ▲14,500
Ⅲ. 財務活動によるキャッシュフロー（財務 CF）
    借入金                       +12,000
    ─────────────────────────────────────
    増減額                        +1,500
    期首残高                      30,000
    ─────────────────────────────────────
    期末残高                      31,500
```

借入れのほかに固定資産購入を別扱いにするのは、毎月固定資産を購入することはないからだ。仕入れ・製造・販売という営業循環以外の、毎月ではなく不定期あるいは機会があれば出金するものを投資活動として別に扱う。

上記のように実際の入出金から集計し表示したものを「直接法による表示」と呼ぶ。実際の公開企業で開示されている CF 計算書の「営業活動によるキャッシュフロー」（以下、営業 CF）は損益計算書の当期利益を出発点として、これに修正を加える形で表示されている。これを「間接法による表示」と呼ぶ。どちらの表示方法を採用しても営業 CF の金額に差は生じない。

```
Ⅰ. 営業活動によるキャッシュフロー
    当期純利益
    +減価償却費
    ▲売上債権の増加額
    ▲たな卸資産の増加額
    +仕入債務の増加額
    …………
    ─────────────────────
    営業活動によるキャッシュフロー
```

「売上債権の増加額」「たな卸資産の増加額」「仕入債務の増加額」のネットを運転資金増加額と称する。営業活動によるCFと当期利益の関係を以下のようにまとめることができる。

　　営業CF＝当期利益＋減価償却費－運転資金増加額

資産・負債に大きな増減がない場合には以下の関係が成立する。

　　営業CF≒当期利益＋減価償却費

この式の右辺が「キャッシュフロー」と称されることもある。

◆◆ CF計算書の長所・短所

〈長所：利益概念より客観性が高い〉

　企業は会計基準で認められた複数の会計方針のなかから選択適用する。採用する会計方針によって決算書は異なる[※2]。会計方針に差異がなくても、経営者による将来見込みによって決算書は大きく変わる[※3]。したがってだれが決算を組んでも利益は同じになるという客観的なものではない。

　その点、CF計算書は入出金の実績に基づいて作成されるため、会計基準・会計方針・将来予想などの影響は原則受けない。

(※2)　リース会計に関する会計基準では、リース資産・債務を貸借対照表に計上する方法（オン・バランス法）が原則であるが、例外としてリース資産・債務を計上せず注記事項で開示する方法（オフ・バランス法）も認められている。日本の上場企業のほとんどは自社の決算に関する会計方針としてオフ・バランス法を選択している。

(※3)　貸倒引当金の設定にあたっての将来回収可能額の見込みなどその好例である。回収に関して楽観的な予想をすれば引当金計上額は少なくなり、利益が大きくなる。そのほか、税効果会計における繰延税金資産の評価などはその企業自身の業績予想次第で変わる。

〈短所：入出金が生ずるまで記録されない〉

　CF計算書は入出金の実績に基づいて作成される。逆にいえば入出金が生ずるまでは記録されない。将来多額の退職金を支払わねばならない企業も、実際に支払うまでその負担はCF計算書には表れない。

　通常、売上げの計上時期よりも売上代金の入金は遅い。売上げが急激に伸びている場合、業績の変化がCF計算書に表れるのは損益計算書よりも遅く

なる。売上げが急減する場合も同様である。

2　CF計算書に基づく企業評価

以下の手順で企業評価を行う。

〈STEP 1〉

毎年のFCFを予測する。

		1年後	2年後	3年後
営業活動	＋営業利益 ▲税負担（＝営業利益×税率）	＋3,000 ▲1,200		
	税負担後営業利益 ＋減価償却 ▲運転資本需要	＋1,800 ＋1,500 ▲600		
	小　計	＋2,700		
投資活動		▲1,500		
FCF		＋1,200		

　財務分析で使用するのとは異なる点がいくつかあるので注意が必要である。財務分析で使用する一般的なFCFは公表されているCF計算書の営業活動と投資活動の合計であるが、企業評価に用いられるFCFは以下の点が異なる。

① 受取利息を含めない。
② 支払利息を含めない。
③ 法人税は受取利息・支払利息の影響額を除く。

会計基準に基づくCF計算書		
営業活動	＋営業利益	3,000
	＋減価償却費	1,500
	▲運転資金需要	▲600
	＋受取利息(注)	100
	▲支払利息(注)	▲900
	▲法人税等	▲880
	小　計	2,220
投資活動		▲1,500
FCF		720

企業評価で用いられるFCF		
営業活動	＋営業利益	3,000
	＋減価償却費	1,500
	▲運転資金需要	▲600
	▲法人税等	▲1,200
	小　計	2,700
投資活動		▲1,500
FCF		1,200

(注) 企業会計基準において、利息・配当金による入出金の分類は以下の2通りの方法が認められている。通常は第1法で開示されていることが多い。

	第1法	第2法
Ⅰ．営業活動	受取利息 受取配当金 支払利息	
Ⅱ．投資活動		受取利息 受取配当金
Ⅲ．財務活動	支払配当金	支払利息 支払配当金

金融資産（現預金や投資目的の株式・債券など）や有利子負債は、STEP 4でFCFから計算した事業評価に金融資産と有利子負債の時価評価額を加減算するので、STEP 1では受取利息・支払利息を除外するのである。

〈STEP 2〉

平均資本コスト（WACC）を計算する。

貸借対照表

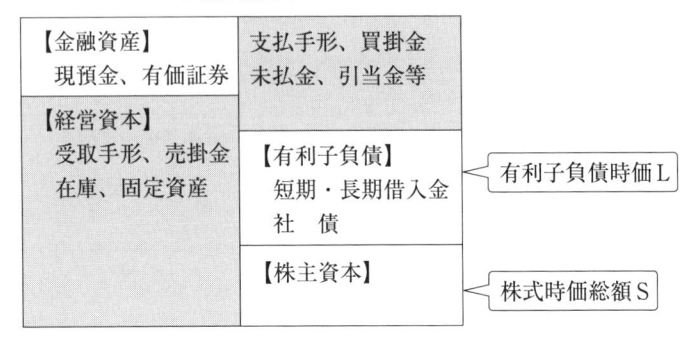

【金融資産】 現預金、有価証券	支払手形、買掛金 未払金、引当金等	
【経営資本】 受取手形、売掛金 在庫、固定資産	【有利子負債】 短期・長期借入金 社　債	← 有利子負債時価 L
	【株主資本】	← 株式時価総額 S

$$\mathrm{WACC} = \frac{L}{L+S} \times 負債利子率 \times (1-法人税率) + \frac{S}{L+S} \times 株主要求収益率$$

負債の時価とは社債の市場価格等が該当する。市場性のない銀行借入れ等は約定額（借入残高）を時価として扱う（「参考　負債の時価評価におけるパラドクス」参照）。

〈STEP 3〉

事業価値を将来の FCF の現在価値の合計から計算する。

$$事業価値 = FCFの現在価値合計 = \Sigma \left[\frac{年間 FCF}{(1+\mathrm{WACC})^年} \right]$$

Σ 記号を使用して表現したのでなじみにくいかもしれないが、配当割引モデルとまったく同じ発想である。配当割引モデルは FCF を配当に置き換えただけである。

〈STEP 4〉

金融資産、負債から株式時価総額を求める。

貸借対照表

【金融資産】	支払手形、買掛金 未払金、引当金等
【経営資本】 　受取手形、売掛金 　在庫、固定資産	【有利子負債】
	【株主資本】

企業評価モデル

①金融資産（時価）	③有利子負債（時価）
②事業価値	④株式時価総額（理論値） （＝①＋②－③）

なお、金融資産と事業価値の合計を企業価値と称する。株式時価総額（理論値）は「企業価値から有利子負債（時価）を差し引く」と表現することもある。

◆◆ よくある疑問

ここで読者から「なぜ買掛金等の負債を事業価値から差し引かないのか」という質問を投げかけられそうである。

決して買掛金等の負債を無視しているわけではない。買掛金等の支払は営業活動によるCFとして集計されている。買掛金等の支払負担はFCFに集計されているので、事業価値のなかに集計済みなのである。

一方、借入金・社債等の支払は財務活動に分類され、事業価値には反映されていない。だから事業価値を集計した後で差し引くのである。

> **参考** 負債の時価評価におけるパラドクス
>
> 　負債の時価評価には避けがたいパラドクスがある。社債の時価評価前（額面100億円）に企業全体として債務超過にあり、社債の格付の低下に伴い額面100億円に対して時価は60億円となっているとする。もし、時価評価すると社債（負債）の評価益から債務超過は解消されてしまう。
>
> 　会社全体として債務超過が解消されると債券格付が改善され格付が上昇すると再び社債の時価は額面に近づくであろう。すると再び負債は増加し債務超過に陥ってしまう。債務超過に戻ると再び格付が低下して……。
>
> | 貸借対照表
（社債時価評価前） | | 貸借対照表
（社債時価） | | 貸借対照表
（社債時価） |
> |---|---|---|---|---|
> | 資産　500 ｜ 負債　510
　　　　　　　…
　　　　　　社債100
　　　　　資本 ▲10 | ⇨ | 資産　500 ｜ 負債　470
　　　　　　　…
　　　　　　社債 60
　　　　　資本 +30 | ⇨ | 資産　500 ｜ 負債　510
　　　　　　　…
　　　　　　社債100
　　　　　資本 ▲10 | ⇨ |

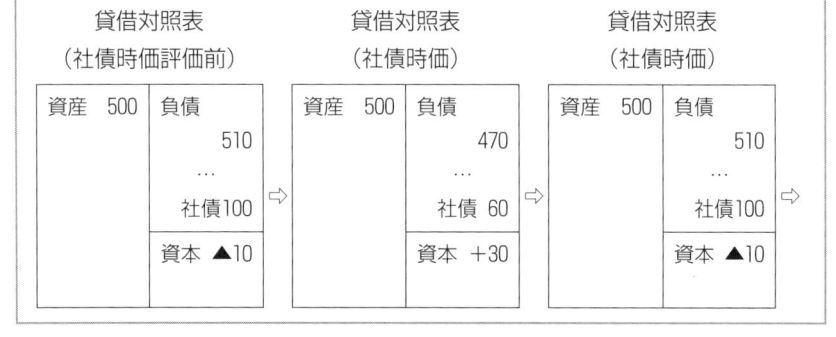

3　配当割引モデルとの相違点

　配当割引モデルとの相違点を、数値例を用いて考えよう。利益基準とCF基準という差異のほかに、事業価値や有利子負債に適用する割引率の考え方の違いが明らかになる。

◆◆【数値例1】

資　産	：1,000億円
ROA	：　8%
有利子負債	：600億円
負債利子率	：　4%
法人税率	：40%
配当性向	：100%

| 株主要求収益率： | 10% |

配当割引モデルによる理論株式時価総額はいくらになるだろうか。

〈STEP 1〉

配当（＝当期利益）を計算する。

営業利益＝資産×ROA＝1,000億円×8％＝80億円

支払利息＝600億円×4％＝24億円

経常利益（税引前利益）＝80億円－24億円＝56億円

法人税＝56億円×40％＝22.4億円

当期利益＝33.6億円

配当＝当期利益×配当性向＝33.6億円×100％＝33.6億円

〈STEP 2〉

理論株式時価総額を計算する。

理論株式時価総額＝配当÷株主要求収益率＝33.6億円÷10％＝336億円

◆◆ 数値例2

前述の数値例をFCFモデルから計算した場合、理論株式時価総額はいくらになるだろうか。ただし、以下の条件を付け加える。

| 株式時価総額（時価。理論価格ではない）：400億円 |

〈STEP 1〉

NOPAT（税負担後営業利益）を計算する。

営業利益＝資産×ROA＝1,000億円×8％＝80億円

NOPAT＝営業利益×（1－法人税率）＝80億円×（1－40％）＝48億円

〈STEP 2〉

FCFを計算する。

資産・負債が将来にわたって一定と仮定しているので、受取手形・売掛金、在庫、支払手形・買掛金、諸引当金等は一定となる。したがって、FCFは以下のように求められる。

第4章　フリー・キャッシュフローに基づく企業評価

FCF＝税負担後営業利益＋減価償却費＋投資CF

　また固定資産も一定なので、毎期計上している減価償却費相当額だけ固定資産を取得することになる。よって、以下の関係が成り立つ。

　　投資CF＝▲減価償却費

　上記より、FCFは以下のとおり算出される。

　　FCF＝税負担後営業利益＋減価償却費＋▲減価償却費
　　　　＝税負担後営業利益
　　　　＝48億円

〈STEP 3〉

平均資本コスト（WACC）を計算する。

$$\text{WACC} = \frac{600億円}{600億円 + 400億円} \times 4\% \times (1-40\%) + \frac{400億円}{600億円 + 400億円} \times 10\%$$

$$= 5.44\%$$

〈STEP 4〉

事業価値を計算する。

　　事業価値＝FCF÷平均資本コスト≒882.4億円

〈STEP 5〉

理論株式時価総額を計算する。

　　理論株式時価総額＝事業価値－有利子負債
　　　　　　　　　　＝882.4億円－600億円＝282.4億円

◆◆ 配当割引モデルと FCF モデルの違い

　配当割引モデルと FCF モデルでは評価額に大きな差が生じている。その原因は何だろうか。配当割引モデルは当期利益から出発して直接株式時価総額を計算するのに対して、FCF モデルは NOPAT から事業価値を計算し、そこから有利子負債残高を差し引く手続で算定する。一見異なるプロセスで計算しているが、実は事業価値と負債の評価に用いる割引率が異なるだけなのである。以下に両モデルを比較しやすいようにまとめた。

配当割引モデル	FCFモデル
$株式時価総額 = \dfrac{配当}{株主要求収益率}$ $= \dfrac{NOPAT}{株主要求収益率} - \dfrac{税軽減後金利負担}{株主要求収益率}$ $= \dfrac{48億円}{10\%} - \dfrac{14.4億円}{10\%} = 336億円$ （注1を参照）	$株式時価総額 = \dfrac{NOPAT}{平均資本コスト} - 有利子負債$ $= \dfrac{NOPAT}{平均資本コスト} - \dfrac{税軽減後金利負担}{負債利子率 \times (1-40\%)}$ $= \dfrac{48億円}{5.44\%} - \dfrac{14.4億円}{2.4\%}$ $\fallingdotseq 282.4億円$ （注2を参照）

（注1）　式の変形プロセスをもう少し詳細に示す。

$$株式時価総額 = \dfrac{配当}{株主要求収益率}$$
$$= \dfrac{当期利益}{株主要求収益率}$$
$$= \dfrac{営業利益 - 支払利息 - 法人税}{株主要求収益率}$$
$$= \dfrac{営業利益 \times (1-40\%) - 支払利息 \times (1-40\%)}{株主要求収益率}$$
$$= \dfrac{NOPAT}{株主要求収益率} - \dfrac{税軽減後金利負担}{株主要求収益率}$$

（注2）　式の変形プロセスをもう少し詳細に示す。

$$理論株式時価総額 = \dfrac{NOPAT}{平均資本コスト} - 有利子負債$$
$$= \dfrac{NOPAT}{平均資本コスト} - \dfrac{有利子負債 \times 負債利子率 \times (1-法人税率)}{負債利子率 \times (1-法人税率)}$$
$$= \dfrac{NOPAT}{平均資本コスト} - \dfrac{税軽減後金利負担}{負債利子率 \times (1-法人税率)}$$

　両モデルとも事業価値から負債評価額を引く式に書き改めることができる。このようにすると両モデルの問題点が明らかになる。

① 　配当割引モデルは事業価値の評価に株主要求収益率を用いていること

　平均資本コストの考え方からいえば有利子負債がない、最も評価額が小さくなる条件で評価していることになる。

② 　配当割引モデルは負債の評価に株主要求収益率を用いていること

　負債利子は毎期一定で発生する（無リスク）のだから割引率として

株主要求収益率を用いるのは不適当である。この計算例でいうと実際には600億円ある負債に対して144億円の評価しか与えていない。

一方、FCFモデルは負債評価額を残高600億円と一致させている。これは割引率として税軽減後の負債利子率を採用していることと同じである。

③　FCFモデルは事業価値の評価に平均資本コストを用いている。

NOPATは資金調達の状況に左右されない収益力を測定しようという発想のもとに考案されたものである。しかし、NOPATに基づいて事業価値を算定するにあたり平均資本コストを使用する。平均資本コストは資本構成（有利子負債比率）の影響を強く受ける。すなわちFCFモデルによって算定された事業価値は資本構成（有利子負債比率）によって大きく変化してしまう。くれぐれも事業価値を資本構成とは独立で一定のものとして扱ってはならない。

④　FCFモデルは平均資本コストを計算するために当初から株式時価総額が必要とされる。

理論的な株価（株式時価総額）を計算するために平均資本コストを使用する。そして平均資本コストを計算するためには株式時価総額が必要という循環論法的な弱点がある。平均資本コストを計算するために使用する株式時価総額が、最終的に求められる理論的な株式時価総額に大きな影響を与えないのであれば問題視する必要もないのだが、その影響は甚大である。

参考までに当初の株式時価総額を増減させると、理論株式時価総額（理論値）がどのように変化するかをシミュレーションした。当初の株式時価総額が大きいほど平均資本コストは増大するので、理論株式時価総額は小さくなることがわかる[※4]。

(WACCのための) 当初の株式時価総額	200億円	400億円	600億円	(参考) 336億円
平均資本コスト (WACC)	4.30%	5.44%	6.20%	5.13%
理論株式時価総額	516.3億円	282.4億円	174.2億円	336億円

(※4) 以下の解説はまったく筆者の私見であり、一般に認められた評価法ではないことに注意してほしい。未公開企業の買収にあたりFCFモデルに基づいて理論株式時価総額を算定しようとした場合、平均資本コストを計算するための株式時価総額に仮の金額を設定し、それに基づいて理論株式時価総額を計算することになるだろう。しかし仮の金額が理論値と大きく乖離した場合、平均資本コストそのものが不適切だったことになる。そこで当初の株式時価総額と理論値が一致する金額を探すことになる。本数値例の場合336億円である（表計算ソフトを使って試行錯誤を繰り返せばすぐにみつかるはずだ）。以上の推論から、FCFモデルに基づく未公開企業の理論株式時価総額は336億円と考えるのが適切かもしれない。

4　資本構成は平均資本コストに影響する

　平均資本コストをめぐる問題を簡単なシミュレーションで考えよう。負債比率0％（株主資本100％）の状態から出発し、借入れをして同額の株式買入消却を行って負債比率を高めた場合、株価にどのような変化が生ずるかをみる。

```
＜シミュレーションの前提＞
資　産（金融資産は0）：100億円
ROA            ： 10%
負債利子率        ： 5%
当初の発行済株式総数 ：0.1億株
法人税率         ： 40%
株主要求収益率     ： 10%
```

この数値例に関しては、上記の前提のほかに以下の仮定に基づいて計算していることに留意してほしい。

① 株式買入れを行う場合、市場の効率性を前提にする。すなわち、買入れ後の状態に予想される株価でしか株価を買入れできないものとする。

② 株主要求収益率は10％で一定とする。後述するがこの仮定は理論上も現実問題でも適切ではない。

◆◆ **負債比率０％（株主資本100％）の場合**

FCF＝資産×ROA＝100億円×10％×（１－40％）＝６億円
WACC＝10％
企業価値＝FCF÷WACC＝６億円÷10％＝60億円
株式時価総額＝企業価値－有利子負債＝60億円－０億円＝60億円
株価＝60億円÷0.1億株＝600円／株

株主要求収益率10％が成立していることを確認する。

当期利益＝FCF－税軽減後負債利子＝６億円－０億円＝６億円
株価収益率＝当期利益／株式時価総額＝６億円／60億円＝10％

◆◆ **負債比率20％（株主資本80％）の場合**

FCF＝資産×ROA＝100億円×10％×（１－40％）＝６億円
WACC＝20％×５％×（１－40％）＋80％×10％＝8.6％
企業価値＝FCF÷WACC＝６億円÷8.6％≒69.8億円
有利子負債＝企業価値×負債比率＝69.8億円×20％≒14.0億円（億円単位小数点以下第２位四捨五入）
株式時価総額＝企業価値－有利子負債＝69.8億円－14.0億円＝55.8億円

買入償却後の株価をs円／株、消却される株式数をd億株とすると、以下のようになる。

有利子負債＝$s×d$＝14.0億円
株式時価総額＝$s×(0.1億株－d)$＝55.8億円

∴ s ≒ 698円／株
　d ≒ 0.02億株

株主要求収益率10％が成立していることを確認する。

当期利益＝FCF－税軽減後負債利子＝6億円－14億円×5％×(1－40％)＝5.58億円

株価収益率＝当期利益／株式時価総額＝5.58億円／55.80億円＝10％

以上の計算プロセスで負債比率を変化させると以下の表が得られる。

負債比率 自己資本比率	0％ 100％	20％ 80％	40％ 60％	60％ 40％	80％ 20％	100％ 0％
WACC	10.0％	8.6％	7.2％	5.8％	4.4％	3.0％
企業価値	60.0億円	69.8億円	83.3億円	103.4億円	136.4億円	200.0億円
有利子負債	0円	14.0億円	33.3億円	62.1億円	109.1億円	200.0億円
株式時価総額	60.0億円	55.8億円	50.0億円	41.4億円	27.3億円	0円
株　価	600円／株	698円／株	833円／株	1,034円／株	1,364円／株	－円／株

当然ながら平均資本コストは負債比率の上昇とともに低下し、それにつれて企業価値が上昇する。株式時価総額は買入消却に伴い低下するが、株式数が減少するため株価は上昇している。

5　資本構成は株主資本コストにも影響する

前述の数値例では「株主要求収益率は（負債比率によらず）一定」という仮定を置いたが、これは理論上も実務上も不適切である。

◆◆ 理由1：負債比率が高まると株価変動性が高まる

有利子負債が増加すると投資リスク（価格変動性）が高まる。このリスクは後述するデフォルト・リスク（企業が倒産するリスク）ではなく、投資理論に登場する β リスクである。

これまではROAが毎期一定であると仮定したが、ROAの平均値は10％であるが将来変動するものとして①有利子負債がない場合と、②有利子負債

がある場合の当期利益を比較しよう。

① 有利子負債がない場合　　　　　　　　（単位：億円）

		×1年	×2年	×3年	×4年	平均値	標準偏差
資　産		100	100	100	100	100	0
ROA		9%	11%	8%	12%	10.00%	1.83%
損益計算書	営業利益	9.00	11.00	8.00	12.00		
	支払利息	—	—	—	—		
	税引前利益	9.00	11.00	8.00	12.00		
	法人税等	▲3.60	▲4.40	▲3.20	▲4.80		
	当期利益	5.40	6.60	4.80	7.20	6.00	1.10
対前年比			22.2%	▲27.3%	50.0%		

② 有利子負債がある場合　　　　　　　　（単位：億円）

		×1年	×2年	×3年	×4年	平均値	標準偏差
資　産		100	100	100	100	100	0
ROA		9%	11%	8%	12%	10.00%	1.83%
有利子負債		109.1	109.1	109.1	109.1	109.1	0
損益計算書	営業利益	9.00	11.00	8.00	12.00		
	支払利息	5.46	5.46	5.46	5.46		
	税引前利益	3.54	5.54	2.54	6.54		
	法人税等	▲1.42	▲2.22	▲1.02	▲2.62		
	当期利益	2.12	3.32	1.52	3.92	2.72	1.10
対前年比			56.6%	▲54.2%	157.9%		

両社の当期利益の変動をグラフにすると以下のようになる。

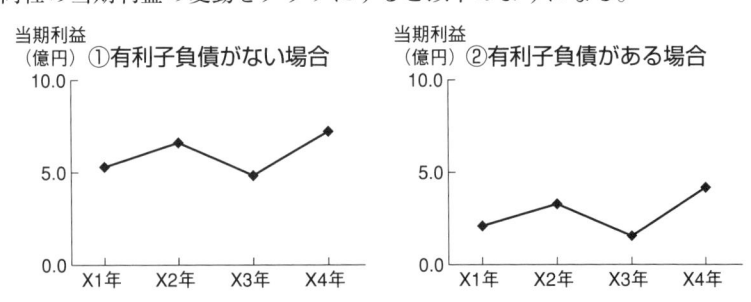

②有利子負債がある場合は①有利子負債がない場合よりも税軽減後金利負担分だけ下方にシフトしただけである。変化の絶対額は同じでも変化率は②有利子負債がある場合のほうが大きい。対前年比の数値を比べればわかるだろう。当期利益がそのまま株価に反映されると考えるならば、負債比率が大きくなるほどリスクが増大するので株主要求収益率（リターン）も大きくなることがわかるだろう。CAPM流の表現をすれば、「負債比率の増加はβ値の増大をもたらし株主要求収益率を引き上げる」となる。

ただ、負債比率の高まりがどこまで株主要求収益率を高めるかについては、株式市場全体のリスク次第（株式市場全体の負債比率も当然に影響する）であるため計測することはむずかしい。

◆◆ 理由2：負債比率が高まるとデフォルト・リスクが高まる

理由1で取り上げたリスクはあくまでも価格変動リスクであり、対象企業の倒産リスクは考察の対象になっていない。前節で負債比率が株価に与える影響をみたように「負債比率が高いほど株価は高くなる」はずだ。しかし現実にはありえない。デフォルト・リスクを考慮するからだ。負債比率がデフォルト・リスクを想起させるほど高まると、理由1の要素に加えて株主要求収益率が高まるだろう。

6　最適資本構成の存在

以上の推論より企業の平均資本コストには以下の二つの傾向が存在する。
① 負債比率の上昇に伴い、負債利子率の構成比が高まることによって、平均資本コストが低下する。
② 負債比率の上昇に伴い、価格変動性が高まることとデフォルト懸念により株主要求収益率が上昇することにより平均資本コストが上昇する。

上記の二つの傾向の合成が平均資本コスト全体になると考えられる。その結果、平均資本コストが最も低下する（事業価値、株価を最大化する）最適資

本構成（負債比率）が存在することが予想される。残念ながらここで議論する単純なモデルのレベルで定式化することはできないが、実際の企業は試行錯誤で最適資本構成を模索していると考えられる。

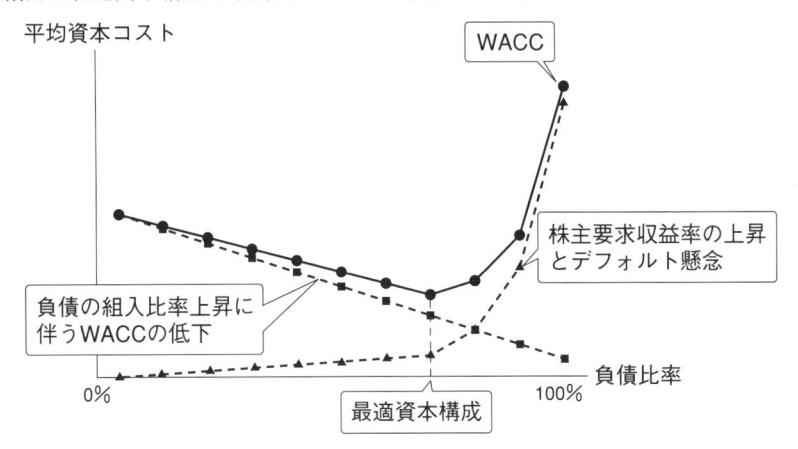

第3部

回帰モデル

第1章　単回帰モデル（市場モデル）

本章のテーマ

本章では回帰分析を利用した市場モデルと呼ばれる株式評価モデルについて解説する。CAPMと市場モデルは似てはいるのだが発想が異なる。市場モデルは運用戦略の構築に不可欠な重回帰分析を利用したマルチファクター・モデルへと拡張されていく。

第3部全体は運用専門機関で仕事をする方以外は読み飛ばしていただいても問題ない。

1　単回帰モデルとは

単回帰モデルとは、何か一つの要素（ファクター）から対象銘柄（ここではA社とする）の期待収益率を予測、あるいは理論収益率を計測しようとするものである[※1、2]。

A社の理論収益率 = β × ☐ + α

(※1)　回帰分析一般では必ずしも予測することだけが目的ではないが、少なくとも株価理論においては株価予測が最も重要な目的である。

(※2)　CAPMも一つの要素（その銘柄のβ）から理論収益率を計測しようとするものであるが回帰分析ではない。両者の違いは第3部第2章で解説する。

☐に何を入れるかによってモデルが決まる。たとえば☐に対象銘柄の企業業績を入れると上式は「企業業績によって理論収益率が決定される（予測できる）」という非常にわかりやすいモデルになる。

また輸出型企業であれば、☐に為替レートを代入することが考えられる。この場合、「為替レートによって理論収益率が決定される（予測できる）」という予測モデルができる。

このように予測の根拠となるファクターを説明変数（あるいは独立変数）、予測対象となる理論収益率を被説明変数（あるいは従属変数）と呼ぶ。

市場モデル（マーケット・モデル）は、説明変数として市場平均利回りを採用したもの、すなわち　　　　に市場平均利回りを入れたものである。つまり「市場平均利回りによって個別銘柄の理論収益率が決定される（予測できる）」というモデルになる(※3)。

(※3) このモデルは有名であるが、筆者は、全体の平均値から個々のデータを予測することに、蛇が自分のしっぽをかんでいるような印象をもっている。

$$\text{A社の理論収益率} = \beta \times \boxed{\text{TOPIXの予想収益率}} + \alpha$$

2　回帰分析の手順

それでは具体的に市場モデルをつくろう。第2部第2章で使用した2005年1年間のTOPIXと新日本製鐵（以下、新日鐵）の実データから市場モデルを作成する。

$$\text{新日鐵の理論収益率} = \beta \times \boxed{\text{TOPIXの予想収益率}} + \alpha$$

市場モデルを作成するとは上式の α と β の数値を具体的に決定することである。α と β の数値は以下の手続によって求められる。

〈STEP 1〉
過去の実績から（月次）収益率を計算する。

日付	月次終値 TOPIX	月次終値 新日鐵	月次収益率 TOPIX	月次収益率 新日鐵
2004年12月	1,149.63	251		
2005年1月	1,146.14	252	▲0.30%	0.40%
2月	1,177.41	288	2.73%	14.29%
3月	1,182.18	271	0.41%	▲5.90%
4月	1,129.93	266	▲4.42%	▲1.85%
5月	1,144.33	254	1.27%	▲4.51%
6月	1,177.20	258	2.87%	1.57%
7月	1,204.98	284	2.36%	10.08%
8月	1,271.29	322	5.50%	13.38%
9月	1,412.28	426	11.09%	32.30%
10月	1,444.73	413	2.30%	▲3.05%
11月	1,536.21	408	6.33%	▲1.21%
12月	1,649.76	420	7.39%	2.94%

〈STEP 2〉

横軸に TOPIX の月次収益率、縦軸に新日鐵の月次収益率をとり、2005年1～12月のデータをあてはめる。

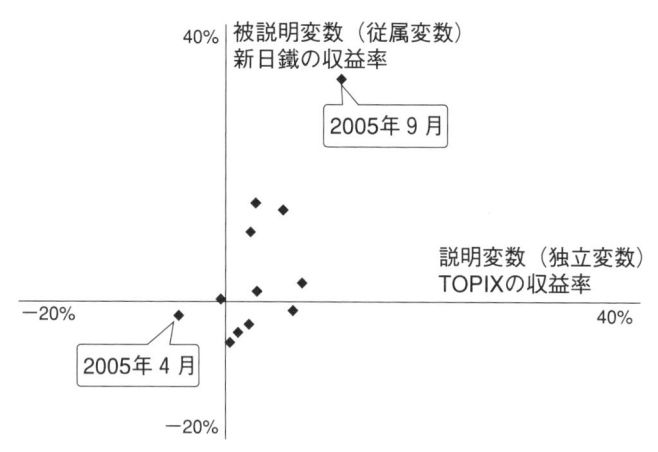

〈STEP 3〉

このデータ分布の中心を通る直線を描く。

この直線を回帰直線といい、この直線の傾きがモデル式の β、y 切片がモ

デル式の α になる。

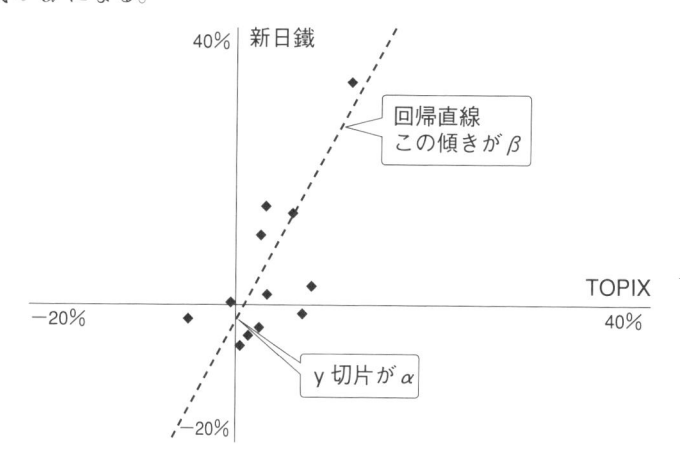

[図: 新日鐵のTOPIXに対する散布図と回帰直線。縦軸は-20%〜40%、横軸は-20%〜40%。回帰直線「この傾きが β」、「y切片が α」と注記]

◆◆ 最小2乗法

さて、どうやってこの直線を決定するか。統計的手法が確立されていなかった頃は「勘で」「だいたいこんなもの」で決めていたのであるが客観性に欠ける。そこで次のような基準を定める。

> 理論値と実績の誤差が最も小さくなるように α と β を決定する。

2005年9月のデータを例に説明しよう。9月のTOPIXは11.09%だから、モデル式による新日鐵の理論収益率は「$\beta \times 11.09\% + \alpha$」になる。新日鐵の実績値は32.30%だからモデル式による理論値の誤差は「$(\beta \times 11.09\% + \alpha) - 32.30\%$」になる[※4]。

(※4) 差は2乗して合計するので「$32.30\% - (\beta \times 11.09\% + \alpha)$」と計算しても同じである。

第1章 単回帰モデル（市場モデル）

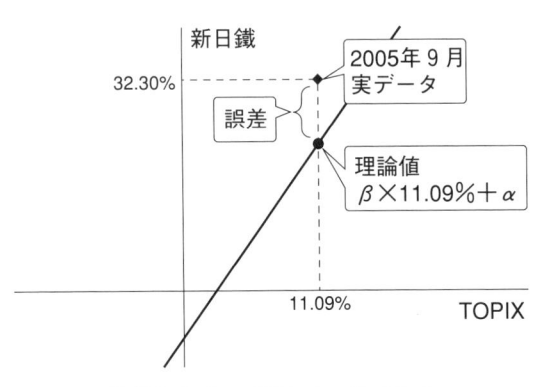

これを各月について計算したものが以下の表である。

日付 2005年	TOPIX 実績値	新日鐵 理論値	実績	誤差
1月	▲0.30%	$\beta \times (▲0.30\%) + \alpha$	0.40%	$\beta \times (▲0.30\%) + \alpha - (0.40\%)$
2月	2.73%	$\beta \times (2.73\%) + \alpha$	14.29%	$\beta \times (2.73\%) + \alpha - (14.29\%)$
3月	0.41%	$\beta \times (0.41\%) + \alpha$	▲5.90%	$\beta \times (0.41\%) + \alpha - (▲5.90\%)$
4月	▲4.42%	$\beta \times (▲4.42\%) + \alpha$	▲1.85%	$\beta \times (▲4.42\%) + \alpha - (▲1.85\%)$
5月	1.27%	$\beta \times (1.27\%) + \alpha$	▲4.51%	$\beta \times (1.27\%) + \alpha - (▲4.51\%)$
6月	2.87%	$\beta \times (2.87\%) + \alpha$	1.57%	$\beta \times (2.87\%) + \alpha - (1.57\%)$
7月	2.36%	$\beta \times (2.36\%) + \alpha$	10.08%	$\beta \times (2.36\%) + \alpha - (10.08\%)$
8月	5.50%	$\beta \times (5.50\%) + \alpha$	13.38%	$\beta \times (5.50\%) + \alpha - (13.38\%)$
9月	11.09%	$\beta \times (11.09\%) + \alpha$	32.30%	$\beta \times (11.09\%) + \alpha - (32.30\%)$
10月	2.30%	$\beta \times (2.30\%) + \alpha$	▲3.05%	$\beta \times (2.30\%) + \alpha - (3.05\%)$
11月	6.33%	$\beta \times (6.33\%) + \alpha$	▲1.21%	$\beta \times (6.33\%) + \alpha - (▲1.21\%)$
12月	7.39%	$\beta \times (7.39\%) + \alpha$	2.94%	$\beta \times (7.39\%) + \alpha - (2.94\%)$

　この誤差の合計が最も小さくなるようにαとβを決定すればよいのだが、誤差にはプラスとマイナスが混在しているので、単純に合計をとるわけにはいかない。そこで誤差を2乗して合計をとり、2乗した合計値が最も小さくなるようαとβを決定することとする。これを最小2乗法という。

> **参 考** 最小 2 乗法の考え方

最小 2 乗法の考え方を計算式で示そう。興味のない人は結果だけみればよい。

独立変数を x_1、x_2、x_3……、従属変数を y_1、y_2、y_3……とする。従属変数の理論値 Y_1 は「$\beta \cdot x_1 + \alpha$」と表される。よって、

誤差 $= Y_1 - y_1$
$= (\beta \cdot x_1 + \alpha) - y_1$

∴ 誤差の 2 乗の合計 $= \sum_{i=1}^{n} \{(\beta \cdot x_i + \alpha) - y_i\}^2$

この合計が最小になるためには β で偏微分した結果が 0 になり、かつ α で偏微分した結果が 0 になることが必要条件になる(十分条件ではない)。

$$\frac{\partial (\text{誤差の 2 乗合計})}{\partial \alpha} = \sum 2 \cdot \{(\beta \cdot x_i + \alpha) - y_i\} = 0$$

$$\frac{\partial (\text{誤差の 2 乗合計})}{\partial \beta} = \sum 2 x_i \cdot \{(\beta \cdot x_i + \alpha) - y_i\} = 0$$

よって以下の連立方程式を解けばよい。

$(\sum x_i) \cdot \beta + n \cdot \alpha - \sum y_i = 0$
$(\sum x_i^2) \cdot \beta + (\sum x_i) \cdot \alpha - \sum x_i \cdot y_i = 0$

$$\therefore \alpha = \frac{(\sum x_i^2)(\sum y_i) - (\sum x_i \cdot y_i)(\sum x_i)}{n \cdot (\sum x_i^2) - (\sum x_i)^2}$$

$$\therefore \beta = \frac{n \cdot (\sum x_i \cdot y_i) - (\sum x_i)(\sum y_i)}{n \cdot (\sum x_i^2) - (\sum x_i)^2}$$

このままで計算してもよいのだが、これまで解説してきたなじみのある数量を使って表示してみよう。

$$\therefore \beta = \frac{(\sum x_i \cdot y_i) - \frac{1}{n}(\sum x_i)(\sum y_i)}{(\sum x_i^2) - \frac{1}{n}(\sum x_i)^2} = \frac{\sum (x_i - \bar{x}) \cdot (y_i - \bar{y})}{\sum (x_i - \bar{x})^2} = \frac{x \text{ と } y \text{ の共分散}}{x \text{ の分散}}$$

$\bar{x}$：x_i の平均値、$\bar{y}$：y_i の平均値

$\alpha = \bar{y} - \beta \cdot \bar{x}$

よって単回帰式は以下のようにも表現できる。

$y - \bar{y} = \beta \cdot (x - \bar{x})$

すなわち、回帰直線は実データの重心を必ず通る。

それでは数値例の α と β を計算しよう。まず両者の平均値を計算する。

日付	TOPIX	新日鐵
2005年1月	7.39%	0.40%
2月	6.33%	14.29%
3月	2.30%	▲5.90%
4月	11.09%	▲1.85%
5月	5.50%	▲4.51%
6月	2.36%	1.57%
7月	2.87%	10.08%
8月	1.27%	13.38%
9月	▲4.42%	32.30%
10月	0.41%	▲3.05%
11月	2.73%	▲1.21%
12月	▲0.30%	2.94%
合 計	37.53%	58.44%
平均値	3.13%	4.87%

次にTOPIXの偏差平方和(※5)を計算しよう。

(※5) 偏差平方和を12カ月で割れば標本分散、(12カ月－1)で割れば不偏分散になる。

日付	TOPIX 月次収益率 ①	偏差 ①－平均値	偏差^2
2005年1月	7.39%	4.26%	11.77(%)^2
2月	6.33%	3.20%	0.16(%)^2
3月	2.30%	▲0.83%	7.41(%)^2
4月	11.09%	7.96%	56.96(%)^2
5月	5.50%	2.38%	3.43(%)^2
6月	2.36%	▲0.77%	0.07(%)^2
7月	2.87%	▲0.26%	0.59(%)^2
8月	1.27%	▲1.85%	5.64(%)^2
9月	▲4.42%	▲7.55%	63.40(%)^2
10月	0.41%	▲2.72%	0.69(%)^2
11月	2.73%	▲0.40%	10.27(%)^2
12月	▲0.30%	▲3.43%	18.18(%)^2
		合計	178.57(%)^2

次に両者の偏差積和を計算する。

日付	TOPIX 月次収益率	偏差 ①	新日鐵 月次収益率	偏差 ②	①×②
2005年1月	▲0.30%	▲3.43%	0.40%	▲4.47%	15.3413(%)²
2月	2.73%	▲0.40%	14.29%	9.42%	▲3.7600(%)²
3月	0.41%	▲2.72%	▲5.90%	▲10.77%	29.3275(%)²
4月	▲4.42%	▲7.55%	▲1.85%	▲6.71%	50.6776(%)²
5月	1.27%	▲1.85%	▲4.51%	▲9.38%	17.3845(%)²
6月	2.87%	▲0.26%	1.57%	▲3.29%	0.8408(%)²
7月	2.36%	▲0.77%	10.08%	5.21%	▲3.9985(%)²
8月	5.50%	2.38%	13.38%	8.51%	20.2163(%)²
9月	11.09%	7.96%	32.30%	27.43%	218.4057(%)²
10月	2.30%	▲0.83%	▲3.05%	▲7.92%	6.5738(%)²
11月	6.33%	3.20%	▲1.21%	▲6.08%	▲19.4833(%)²
12月	7.39%	4.26%	2.94%	▲1.93%	▲8.2225(%)²
平均値	3.13%		4.87%	合計	323.3032(%)²

共分散 = $323.3032(\%)^2 \div (12カ月-1) \fallingdotseq 29.39(\%)^2$

以上より、以下の値が導かれる。

$$\beta = \frac{偏差積和}{説明変数の偏差平方和} = \frac{323.3023(\%)^2}{178.58(\%)^2} \fallingdotseq 1.81$$

上式の分母・分子を「12カ月-1」(または12カ月)で割れば分母は説明変数の分散、分子は共分散になるので下記のように表現することもできる。こうするとCAPMの β の定義式と一致する。

$$\beta = \frac{共分散}{TOPIXの分散} = \frac{29.39(\%)^2}{16.23(\%)^2} \fallingdotseq 1.81$$

α = (新日鐵の平均値) $- \beta \times$ (TOPIXの平均値)

　　= 4.87% $-$ 1.81 $\times$ 3.13% $\fallingdotseq$ ▲0.79%

よって回帰式は、以下のように求められる。

(新日鐵の理論収益率) = 1.81 × (TOPIXの予想収益率) + (▲0.79%)

3　CAPMと回帰分析（市場モデル）の違い

CAPMの β は回帰分析（市場モデル）と同じである。しかし、CAPMの理論式にはTOPIXの収益率 R_{TOPIX} と新日鐵の収益率 $R_{新日鐵}$ のほかに無リスクリターン R_f が持ち込まれる。前述の数値例では理論収益率 $R_{新日鐵}$ は下記の式になる。

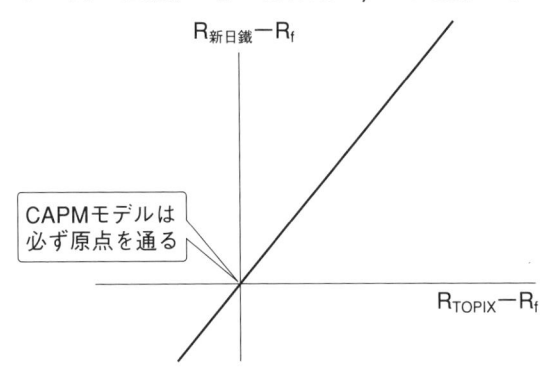

CAPMモデル式：$(R_{新日鐵} - R_f) = 新日鐵の \beta \times (R_{TOPIX} - R_f)$

（図：CAPMモデルは必ず原点を通る。縦軸 $R_{新日鐵} - R_f$、横軸 $R_{TOPIX} - R_f$）

$\therefore R_{新日鐵} = 1.81 \times (R_{TOPIX} - 1.600\% \div 12 カ月) + 1.600\% \div 12 カ月$

$= 1.81 \times R_{TOPIX} - 0.108\%$

一方、回帰分析（市場モデル）では無リスクリターンを必要とせず、TOPIXと新日鐵だけから回帰式が決定される。理論収益率 $r_{新日鐵}$ は以下のように仮定される。

回帰式：$r_{新日鐵} = \beta \times R_{TOPIX} + \alpha$

実際の収益率 $R_{新日鐵}$ と理論収益率 $r_{新日鐵}$ の差（実際には差の2乗の合計）が最も小さくなるよう α と β を決定する。

残差合計：$f = \Sigma (R_{新日鐵} - r_{新日鐵})^2$
$= \Sigma (R_{新日鐵} - \beta \times R_{TOPIX} - \alpha)^2$

この f が最小になる α と β を $R_{新日鐵}$ と R_{TOPIX} から計算する。f が最小になるためには α および β で微分した偏微分が0になることが必要である。算式に示すと以下のとおりである。

$$\frac{\partial f}{\partial \alpha} = -2\Sigma (R_{新日鐵} - \beta \times R_{TOPIX} - \alpha) = 0$$

$$\frac{\partial f}{\partial \beta} = -2\Sigma R_{TOPIX} \times (R_{新日鐵} - \beta \times R_{TOPIX} - \alpha) = 0$$

この2式から α と β は以下の式で計算できる。α と β はさまざまな形で表現されるが、ここではこれまで計算してきた数値を利用できる形で表現する。β は CAPM の β の定義と一致する。

$$\beta = \frac{共分散}{TOPIX の分散}$$

$$\alpha = \mu_{新日鐵} - \beta \times \mu_{TOPIX}$$

本数値例の場合、

$$\alpha = 4.87\% - 1.81 \times 3.13\%$$

となるから回帰式は

$$r_{新日鐵} = 1.81 \times R_{TOPIX} - 0.80\%$$

となる。CAPM と比較すると定数項だけ異なることがわかる。

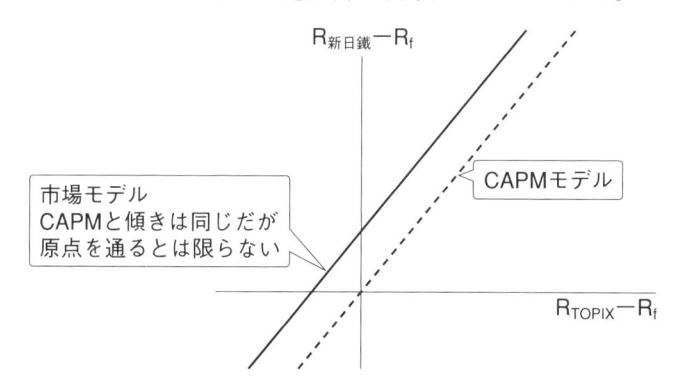

4 回帰式の使い方

求められた回帰式はどう使うのだろうか。最も基本的な使用方法は、将来のTOPIXの収益率を予測して（あるいは仮定して）回帰式に代入し、新日鐵の理論収益率を計算する（期待収益率を予測する）ことである。たとえば今後1年間のTOPIXの期待収益率を10%とすると以下のように計算できる。

$$（新日鐵の理論収益率）= 1.81 \times (\text{TOPIX の予想収益率}) + (\blacktriangle 0.79\%)$$
$$= 1.81 \times 10\% + (\blacktriangle 0.79\%) = 17.31\%$$

ところで TOPIX の収益率はどうやって求めればよいか。この回帰モデルでは求めることができない。マクロ経済分析等の別方法で推定する必要がある。「それでは問題の解決にならない（新日鐵の株価予想ができない）ではないか」という感想が出てくるはずである。実は「TOPIX の収益率が予想できなくても運用に活かす方法がある」のである。この点については第3章で詳細に説明する。

5 回帰式の予測精度

(1) 相関係数、決定係数

TOPIX の予想収益率に基づき計算された新日鐵の理論収益率は当たるだろうか、それとも大ハズレでがっかりするだろうか。実際に試してみれば判明するだろうが、事前に推定することも可能である。回帰分析に使用した過去のデータと理論値の誤差をみればよい。

日付 2005年	TOPIX 実績値	新日鐵 理論値	新日鐵 実績	新日鐵 誤差
1月	▲0.30%	1.81×(▲0.30%)+(▲0.79%)≒▲1.34%	0.40%	▲1.74%
2月	2.73%	1.81×(2.73%)+(▲0.79%)≒ 4.15%	14.29%	▲10.14%
3月	0.41%	1.81×(0.41%)+(▲0.79%)≒▲0.06%	▲5.90%	5.84%
4月	▲4.42%	1.81×(▲4.42%)+(▲0.79%)≒▲8.79%	▲1.85%	▲6.96%
5月	1.27%	1.81×(1.27%)+(▲0.79%)≒ 1.51%	▲4.51%	6.00%
6月	2.87%	1.81×(2.87%)+(▲0.79%)≒ 4.41%	1.57%	2.84%
7月	2.36%	1.81×(2.36%)+(▲0.79%)≒ 3.48%	10.08%	▲6.60%
8月	5.50%	1.81×(5.50%)+(▲0.79%)≒ 9.17%	13.38%	▲4.21%
9月	11.09%	1.81×(11.09%)+(▲0.79%)≒ 19.28%	32.30%	▲13.02%
10月	2.30%	1.81×(2.30%)+(▲0.79%)≒ 3.37%	▲3.05%	6.42%
11月	6.33%	1.81×(6.33%)+(▲0.79%)≒ 10.67%	▲1.21%	11.88%
12月	7.39%	1.81×(7.39%)+(▲0.79%)≒ 12.59%	2.94%	9.65%

誤差が小さいほど予測精度が高いと判断できる。

誤差が大きい（予想精度が低い）　　誤差が小さい（予想精度が高い）

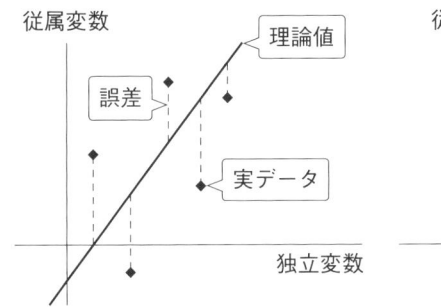

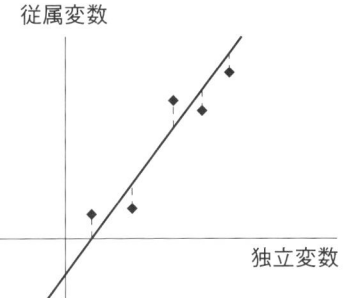

この誤差の大きさ（予測精度の高さ）を表すものに相関係数がある。相関係数は記号で ρ（ローと読む）で表されることが多い。

$$\text{相関係数}(\rho) = \frac{\text{共分散}}{\text{独立変数の標準偏差}\times\text{従属変数の標準偏差}}$$

無相関 相関係数≒0	正の強い相関 相関係数≒＋0.9	正の完全相関 相関係数＝＋1.0

新日鐵と TOPIX の相関係数（ρ）は以下のようになる。

$$\text{相関係数}(\rho) = \frac{29.39(\%)^2}{4.03\% \times 10.97\%} \fallingdotseq 0.66$$

つまり、弱い正の相関があることになる。すなわち、それほど予測精度は高くない。

第1章　単回帰モデル（市場モデル）　165

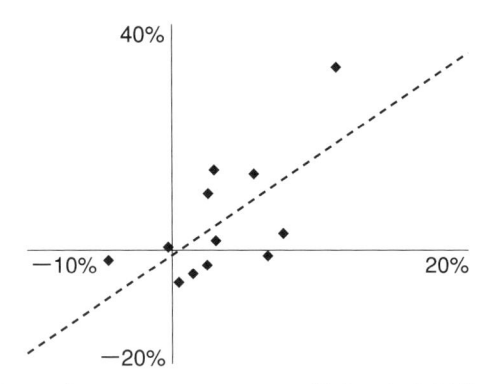

回帰直線が右下がり（傾きがマイナス）の場合、相関係数はマイナスとなる。回帰式の予測精度は▲1に近いほど高くなる。

無相関 相関係数≒0	負の強い相関 相関係数≒▲0.9	負の完全相関 相関係数＝▲1.0

よって一般的には「相関係数が＋1に近いほど、あるいは▲1に近いほど予測精度が高い」ことになる。言い換えれば「相関係数を2乗したものが＋1に近いほど予測精度が高い」となる。そこで現代ポートフォリオ理論では相関係数を2乗したものを決定係数と名づけ、「決定係数が1に近いほど予測精度が高い」ことにしている。決定係数はR^2（アール・スクエアと読む）と表記される。新日鐵とTOPIXの決定係数は、以下のとおりである。

$R^2 = (0.66)^2 ≒ 0.44$

(2) t 値

決定係数は回帰式全体の予測精度に関する評価であったが、α および β の各々についての信頼性について検証するための統計量がt値である。通常

下記のように表記される。

> （新日鐵の理論収益率）＝1.81×（TOPIXの予想収益率）＋（▲0.79％）
> 　　　　　　　　　　　　　　(2.81)　　　　　　　　　　　　　　(▲0.25)

1.81と▲0.79％の下の（　）内に表記されている2.81、▲0.25がｔ値である。簡単にいうと「ｔ値の絶対値が２より大きければ、統計的に有意である」ということである。1.81のｔ値は２より大きいので統計的に有意であり、▲0.79％のｔ値の絶対値は２より小さいので統計的に有意ではない[※6]。

(※6)「統計的に有意ではない」とは、「標本データ（この場合12カ月のデータ）から計算された－0.79％は偶然であり、本当は（母集団の定数項は）０である可能性を否定しきれない」という意味である。

参考　ｔ値の計算プロセス

実務上は上記の判断ができれば十分であるが、下記にｔ値の計算プロセスを示そう。

残差平方和：S_E、前述の「誤差の２乗の合計」のことである。

$$\therefore S_E = \sum_{i=1}^{n}(Y_1-y_1)^2 = \sum_{i=1}^{n}\{(\beta \cdot x_i + \alpha) - y_i\}^2$$

残差の不偏分散：V_E、S_E を「データ数－２」で割ったもの

$$V_E = \frac{S_E}{(n-2)}$$

説明変数の偏差平方和：S_{xx}、これを12カ月で割るとTOPIXの標準偏差になる。

$$\therefore S_{xx} = \sum_{i=1}^{n}(x_i - \bar{x})^2$$

β の標準誤差 ＝ $\sqrt{\dfrac{V_E}{S_{xx}}}$

β のｔ値 ＝ $\dfrac{\beta}{\beta \text{ の標準誤差}}$

α の標準誤差 ＝ $\sqrt{V_E \cdot \left[\dfrac{1}{n} + \dfrac{(\bar{x})^2}{S_{xx}}\right]}$

α のｔ値 ＝ $\dfrac{\alpha}{\alpha \text{ の標準誤差}}$

日付	新日鐵			
	予測値	実績	残差	残差平方
2005年1月	▲1.34%	0.40%	▲1.74%	0.000303
2月	4.15%	14.29%	▲10.14%	0.010280
3月	▲0.06%	▲5.90%	5.84%	0.003415
4月	▲8.79%	▲1.85%	▲6.95%	0.004829
5月	1.51%	▲4.51%	6.03%	0.003631
6月	4.41%	1.57%	2.83%	0.000802
7月	3.48%	10.08%	▲6.60%	0.004353
8月	9.17%	13.38%	▲4.21%	0.001773
9月	19.29%	32.30%	▲13.01%	0.016934
10月	3.37%	▲3.05%	6.42%	0.004120
11月	10.67%	▲1.21%	11.88%	0.014117
12月	12.59%	2.94%	9.65%	0.009308

S_E：残差平方和　0.073865

残差の不偏分散：$V_E = \dfrac{S_E}{n-2} = 0.073865 \div (12カ月 - 2) \fallingdotseq 0.007386$

日付	TOPIX		
	月次収益率 ①	偏差 ①－平均値	偏差^2
2005年1月	7.39%	4.26%	11.77(%)^2
2月	6.33%	3.20%	0.16(%)^2
3月	2.30%	▲0.83%	7.41(%)^2
4月	11.09%	7.96%	56.96(%)^2
5月	5.50%	2.38%	3.43(%)^2
6月	2.36%	▲0.77%	0.07(%)^2
7月	2.87%	▲0.26%	0.59(%)^2
8月	1.27%	▲1.85%	5.64(%)^2
9月	▲4.42%	▲7.55%	63.40(%)^2
10月	0.41%	▲2.72%	0.69(%)^2
11月	2.73%	▲0.40%	10.27(%)^2
12月	▲0.30%	▲3.43%	18.18(%)^2

合計　178.57(%)^2

説明変数の偏差平方和：$S_{xx} = \sum_{i=1}^{n}(x_i - \bar{x})^2 = 178.57\ (\%)^2$

$$\beta \text{ の標準誤差} = \sqrt{\frac{V_E}{S_{xx}}} = \sqrt{\frac{0.007386}{178.58(\%)^2}} \fallingdotseq 0.643133$$

$$\beta \text{ の t 値} = \frac{\beta}{\beta \text{ の標準誤差}} = \frac{1.81}{0.643133} \fallingdotseq 2.81$$

$$\alpha \text{ の標準誤差} = \sqrt{V_E \cdot \left[\frac{1}{n} + \frac{(\overline{x})^2}{S_{xx}}\right]}$$

$$= \sqrt{0.007386 \times \left[\frac{1}{12\text{カ月}} + \frac{(3.13\%)^2}{178.58(\%)^2}\right]} \fallingdotseq 0.031940$$

$$\alpha \text{ の t 値} = \frac{\alpha}{\alpha \text{ の標準誤差}} = \frac{-0.79\%}{0.031940} \fallingdotseq -0.25$$

t値は帰無仮説として設定された以下の仮説に対するt値である。

H0（帰無仮説）：母集団の定数項 α は0である。

母集団の定数項（真実の定数項）が0であるにもかかわらず、標本集団である12個のデータから計算された定数項aが▲0.79%になる確率を示すものである。t分布は自由度によりその分布が異なる。回帰分析のパラメータ（定数項aと係数b）における自由度は「n－2（データ件数－2）」となる。この場合、データ件数が12個だから自由度は10になる。自由度10、有意水準5%、両側検定での棄却域は、t分布表からt値は▲2.228以下か2.228以上であることが読み取れる。

第1章　単回帰モデル（市場モデル）

t分布表(注)

自由度	両側検定		
	10%	5%	1%
1	6.314	12.706	63.656
2	2.920	4.303	9.925
3	2.353	3.182	5.841
4	2.132	2.776	4.604
5	2.015	2.571	4.032
10	1.812	2.228	3.169
20	1.725	2.086	2.845
∞	1.645	1.960	2.576

（注）t分布は自由度が無限大の場合、標準正規分布と一致する。

　t値は▲0.25だから母集団の定数項が0であるにもかかわらず標本集団の定数項aが▲0.79%になる確率は5%以上ある。よって定数項aが0ではないとは言い切れないと判断できる。

第2章 重回帰モデル

本章のテーマ

前章で解説した市場モデルは単回帰分析の応用である。本章では説明変数（独立変数）を複数設定する重回帰分析を利用したマルチファクター・モデルに関して、その特徴的な運用への利用方法について解説する。

1 重回帰モデル（マルチファクター・モデル）とは

重回帰モデルとは、複数の要素（マルチファクター）から対象銘柄の期待収益率を予測、あるいは理論収益率を計測しようとするものである。

A社の理論収益率 $= \beta_1 \times \boxed{①} + \beta_2 \times \boxed{②} + \beta_3 \times \boxed{③} + \cdots\cdots + \alpha$

株価に影響する（決定する）要因は一つだけではないだろう。多くの要素から予測すれば予測精度も高まることを期待したモデルである[※1]。

なお、マルチファクター・モデルの場合、β（回帰係数）をエクスポージャ（exposure）あるいは感応度と呼ぶ。また各ファクターの収益率は無リスクリターンを超過する部分、すなわち超過収益率（リスク・プレミアム）を採用する。

> (※1) 説明変数は多いほどよい結果をもたらすとは限らない。効率性の面からもなるべく少ない変数でより正確に予測したい。どこまで変数を増やすか（減らせるか）という指標に赤池の情報量基準（AIC）等がある。

説明変数として何を採用するかはモデルを組み立てて利用する投資家の判断で自由であるが、マクロ経済から予測しようとすると、①インフレ率、②鉱工業生産指数、③事業債の高位格付銘柄と低位格付銘柄のイールド・スプレッド、④イールド・カーブの傾き（長短金利格差）などが採用されるだろ

う。一方、ミクロ変数に着目すると、①株価形成と関連のある財務指標(ROE、配当性向等)、②株式市場関連指標等が考えられる(※2)。

> (※2) 本来は説明変数には相関関係があるもの(たとえばROEとROAのように正の相関が推定されるような変数)を採用すべきではない。相関関係の強い変数を多数取り入れると予測精度が向上しないばかりか、誤差が増大するおそれすらあるからだ。説明変数は相互に独立、すなわち相関関係がない、相関係数が0に近いことが望ましいので独立変数とも呼ばれるのである。

マルチファクター・モデルは予測精度の向上のほかに、多様なポートフォリオ運用の可能性をもたらす。本章ではこの点に焦点を当てて解説することになる。

2　ポートフォリオの性格を調整する

◆◆ 数 値 例

金利・為替レート・景気の三つのファクターを採用し、A～C社のマルチファクター・モデルを計測した。下表は各ファクターのリスク・プレミアムと3社のリスク・エクスポージャ(感応度、β)を示している。

	ファクター・プレミアム
金　　　利	▲2%
為替レート	+2%
景　　　気	+10%

無リスク利子率：2%

エクスポージャ（感応度、β）

	金　利	為替レート	景　気
A社	0.40	1.20	1.00
B社	▲0.10	0.60	1.50
C社	0.20	▲0.30	0.50

〈個別銘柄のモデル式〉

A〜C社のモデル式は下記のようになる。

理論収益率 =	β_1	×	金利	+	β_2	×	為替レート	+	β_3	×	景気	+ α
A社 =	0.40×		▲2%	+	1.20×		2%	+	1.00	×	10%	+2% = 13.60%
B社 =	▲0.10×		▲2%	+	0.60×		2%	+	1.50	×	10%	+2% = 18.40%
C社 =	0.20×		▲2%	+▲	0.30×		2%	+	0.50	×	10%	+2% = 6.00%

〈ポートフォリオのモデル式〉

次にA〜C社を使ってポートフォリオを構築しよう。組入比率をA社：B社：C社＝50%：30%：20%とするとポートフォリオのモデル式は以下のようになる。

	組入比率	×	β_1	×	金利	+	β_2	×	為替レート	+	β_3	×	景気	+ α
A社 =	50%×		0.40×		▲2%	+	1.20×		2%	+	1.00×		10%	+2% = 6.80%
B社 =	30%×		▲0.10×		▲2%	+	0.60×		2%	+	1.50×		10%	+2% = 5.52%
C社 =	20%×		0.20×		▲2%	+▲	0.30×		2%	+	0.50×		10%	+2% = 1.20%
ポートフォリオ =			0.21×		▲2%	+	0.72×		2%	+	1.05×		10%	+2% = 13.52%

なお、ポートフォリオのリスク・エクスポージャ（感応度、β）は組入比率の加重平均になる。

　　ポートフォリオの β_1 = 50%×0.40 + 30%×▲0.10 + 20%× 0.20
　　　　　　　　 = 0.21

　　ポートフォリオの β_2 = 50%×1.20 + 30%× 0.60 + 20%×▲0.30
　　　　　　　　 = 0.72

　　ポートフォリオの β_3 = 50%×1.00 + 30%× 1.50 + 20%× 0.50
　　　　　　　　 = 1.05

為替レートのファクター・プレミアムが2%から▲1%に変化したとき、ポートフォリオの理論収益率は以下のようになる。

　　ポートフォリオの理論収益率 = 0.21× ▲2% + 0.72×▲1% + 1.05
　　　　　　　　　　　×10% + 2% = 11.36%

つまり、2.16ポイント低下する。なお、収益率の変化は以下の算式によっ

第2章　重回帰モデル

ても計算できる。

　　ファクター・プレミアムの変化×エクスポージャ
　　＝（2％－▲1％）×0.72＝2.16ポイント

◆◆ ポートフォリオの性格設計

　ポートフォリオのリスク・エクスポージャ（感応度、β）が組入比率の加重平均になることを利用して、ポートフォリオの性格を設計することができる。運用担当者が為替レートの動向予測に自信をもてない場合、為替レートに対するエクスポージャを0にすることで為替レートの変動に左右されないポートフォリオを作成することができる。

　たとえばB社：C社＝1：2≒33.33％：66.67％で組み入れた2銘柄のポートフォリオを考えてみよう。

	組入比率	×	{ β_1	×	金利	+	β_2	×	為替レート	+	β_3	×	景気	+ α }	
B社	=33.33％	×	{ ▲0.10	×	▲2％	+	0.60	×	2％	+	1.50	×	10％	+2％}	≒ 6.13％
C社	=66.67％	×	{ 0.20	×	▲2％	+	▲0.30	×	2％	+	0.50	×	10％	+2％}	≒ 4.00％
ポートフォリオ=			0.10	×	▲2％	+	0.00	×	2％	+	0.83	×	10％	+2％	≒10.13％

　このポートフォリオの為替レートに対するエクスポージャは以下のようになる。

　　ポートフォリオの β_2＝33.33％×0.60＋66.67％×▲0.30≒0.00

　このポートフォリオは為替レート（のリスク・プレミアム）がどう変化しようがエクスポージャが0であるため、ポートフォリオの理論収益率は10.13％で一定のはずである（もちろん、金利や為替レートのリスク・プレミアムが変化した場合にはポートフォリオの収益率は変化するが）。

　このようにマルチファクター・モデルの結果を利用して特定のファクターに対する感応度を下げたり上げたりする（ポートフォリオの性格を設計する）ことが可能になる。

3　裁定利益を獲得する

マルチファクター・モデルを応用して株式取引による裁定利益の獲得方法を示そう。

下記二つの条件を満たすポートフォリオが収益を生む場合、裁定利益が獲得できることになる。

① 手元資金0でポートフォリオを組む。

　ある銘柄を空売りして得た資金だけで他の銘柄を購入する。組入比率の合計は100%ではなく0%になる。

② すべてのファクターの感応度を0にする。

　すべての感応度を0にすることで、無リスク資産と同じ状態にする。

◆◆ 数 値 例

二つのファクターを採用し、A〜C社のマルチファクター・モデルを計測した。

	ファクター・プレミアム
Factor 1	＋5％
Factor 2	＋10％

無リスクリターン：2％

エクスポージャ（感応度、β）

	Factor 1	Factor 2
A社	1.60	▲0.30
B社	0.80	▲0.10
C社	▲0.40	0.20

	時価からの 期待収益率
A社	8％
B社	4％
C社	3％

〈理論収益率〉

A～C社の理論収益率は下記のように計算される。

```
理論収益率 =   β₁  × Factor 1  +   β₂  × Factor 2  +  α
  A 社  =   1.60×   5％  + ▲0.30×  10％   + 2％ = 7.00％
  B 社  =   0.80×   5％  + ▲0.10×  10％   + 2％ = 5.00％
  C 社  = ▲0.40×   5％  +   0.20×  10％   + 2％ = 2.00％
```

理論収益率は期待収益率と格差がある。A社とC社は割安、B社は割高ということが判明する。

	時価からの 期待収益率	理論収益率	差
A社	8％	7％	＋1％
B社	4％	5％	▲1％
C社	3％	2％	＋1％

もちろん、B社を空売り、あるいはA社・C社を現物買いするだけでも利益を得られる可能性も高いが、リスク・プレミアムの変動次第では損失を被る可能性もある。

〈裁定ポートフォリオを作成する〉

まず、手元資金0でポートフォリオを組む（条件①）。

裁定ポートフォリオの組入比率をA社：B社：C社＝$w_a : w_b : w_c$とする。

自己資金0（ある銘柄を空売りして得られた資金で他の銘柄を買う）でポートフォリオを構成するので組入比率の合計は100％ではなく0になる。

$$w_a + w_b + w_c = 0 \quad \cdots 式1$$

次に、すべてのファクターの感応度を0にする（条件②）。

すべての感応度を0にすることで、無リスク資産と同じ状態にする。Factor 1と2の感応度を0にしなければならないから、以下のようになる。

$$1.60 \times w_a + 0.80 \times w_b + ▲0.40 \times w_c = 0 \quad \cdots 式2$$

$$▲0.30 \times w_a + ▲0.10 \times w_b + 0.20 \times w_c = 0 \quad \cdots 式3$$

式1～3より以下のポートフォリオが成り立つ。

$$w_a : w_b : w_c = 0.6 : ▲1.0 : 0.4$$

上記ポートフォリオを構成するには、以下のいずれかの行動をとればよい。

① B社を空売りした資金で、A社・C社を6：4の比率で購入する。
② A社・C社を6：4の比率で空売りした資金で、B社を購入する。

理論収益率と期待収益率の差から「① B社を空売りした資金でA社・C社を6：4で購入」することで利益が得られるはずである。

〈実際の取引〉

①B社を1,000万円空売りした資金で、A社を600万円、C社を400万円購入してみよう。ポートフォリオのモデル式は以下のようになる。

	組入比率× { β_1	×Factor 1 +	β_2	×Factor 2 +	α } =
A社 =	60%× { 1.60×	5% +	▲0.30×	10% +	2% } = 4.20%
B社 =	▲100%× { 0.80×	5% +	▲0.10×	10% +	2% } =▲5.00%
C社 =	40%× {▲0.40×	5% +	0.20×	10% +	2% } = 0.80%
ポートフォリオ =	0.00×	5% +	0.00×	10% +	0% = 0.00%

ファクターの感応度は0なので理論収益率は0%であり、Factor 1とFactor 2がどう変動しても収益率は変動しないはずである。そしてポートフォリオの収益率は実際の株価（期待収益率）から生ずるはずだ。

	投資金額	期待収益率	収益金額
A社	600万円	8％	48万円
B社	▲1,000万円	4％	▲40万円
C社	400万円	3％	12万円
合計	0万円		20万円

　裁定ポートフォリオで20万円の収益が期待でき、このポートフォリオのリスク感応度はFactor 1、2について0だから、ファクターの変動にかかわらずこの利益20万円は変動しないはずである。つまり、20万円の利益は裁定利益である。

　このような裁定取引が可能なのだから、市場ではA社とC社に買い圧力が、B社に売り圧力が生ずる。買い圧力によりA社とC社の株価は上昇（期待収益率は低下）、売り圧力によりB社の株価は下落（期待収益率は上昇）する。

　結局、A社、C社の期待収益率8％と3％は、理論収益率7％と2％まで下落し、B社の期待収益率4％は理論収益率5％まで上昇するだろう。理論収益率に達した段階で裁定利益は生じなくなるので裁定取引は行われなくなり、均衡収益率で安定する。これが裁定モデルによる理論収益率（理論株価）である。

	投資金額	期待収益率	収益金額
A社	600万円	7％	42万円
B社	▲1,000万円	5％	▲50万円
C社	400万円	2％	8万円
合計	0万円		0万円

　裁定理論が支持されるのは理屈で終わらず裁定利益が得られるからだ。現実に裁定利益が得られるのであれば「理屈抜きで」投資家は裁定取引を行い続ける。裁定取引が行われること自体が利益幅を縮小させ、利益が出なくなった時点で裁定取引が行われなくなる。

第3章 回帰モデルの限界

本章のテーマ

どんなモデルであれ必ず前提条件・限界が存在する。本章では回帰分析全般に共通するモデルの前提条件・限界について説明する。

モデルの目的は将来の予測である。しかし、完全に未来を予見することなどできない。回帰分析を使ったモデルの原理的な限界について考えよう。

1 過去の趨勢が将来まで持続するか

回帰分析の手続をみればわかるようにモデル式のパラメータ（係数や定数項）は、分析対象となる期間のデータによって決定される。当然に分析対象となる期間が異なればパラメータも異なる。

単回帰分析の解説で使用した新日鐵と TOPIX の分析を、期間を変えて計算した。

新日鐵の理論収益率 = β × TOPIX の予想収益率 + α

対象期間	β	α	決定係数
2005年	1.81	−0.8%	0.44
2004年	0.70	0.3%	0.19
2003年	1.92	1.2%	0.51
2002年	0.98	−0.8%	0.56
2001年	1.08	2.2%	0.35

β は上記の5年間で0.70から1.92まで変動している。たとえば2003年1月の時点で直近1年間のデータ（2002年）で β を0.98と計算し運用に用いた

第3章 回帰モデルの限界 179

として、実際には2003年の1年間は β は1.92であり予想と大幅に異なったことを意味する。これでは新日鐵の理論株価を計算したとしてもそれが将来に実現することは期待できない。

それでは長期のデータを用いれば正確さが増すだろうか。下記は1992～2005年の14年間のデータで分析した結果である。

対象期間	β	α	決定係数
1992～2005年	0.42	−0.1%	0.44

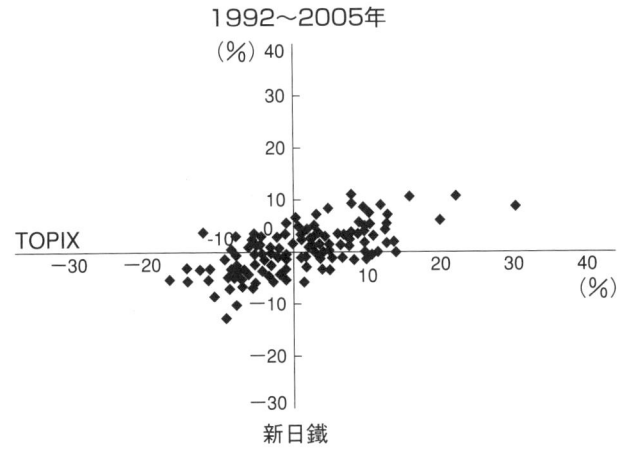

1992～2005年

(グラフ：横軸 TOPIX (%)、縦軸 新日鐵 (%))

14年間のデータから算出した β は0.42であるが、少なくとも2001年以後の β とは整合性がない。統計学上は標本数が多くなれば精度の向上が期待できるのであるが、企業の時系列データを扱う場合、別の問題が出てくる。現在の新日鐵は14年前の新日鐵と同じとみなしてよいだろうか。経営環境・経済環境が激しく変動する現代においては、10年間まったく変化のない企業経営など期待できない。つまり「将来の新日鐵を予測する」ために14年前のデータを用いること自体に無理がある。

この問題は回帰モデルに限らない。経験則に則ったモデルはすべて「過去の趨勢が将来も持続する」ことを前提にしている。

2　誤差の大きさ

「回帰モデルを利用する」とは、理論値が実現することを期待することにほかならない。下グラフはこれまで解説に用いてきた2005年の新日鐵の月次収益率の実際と理論値を時系列に表示したものである。実績と理論値にはズレがある。このズレが大きい場合には、理論値が実現することを前提にした運用は良好な結果を残せないだろう。

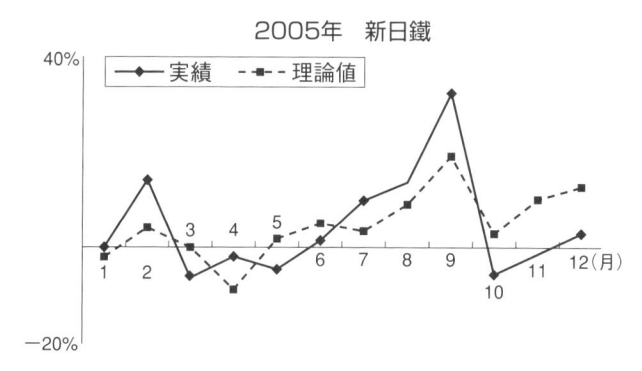

マルチファクター・モデルが示唆する株式銘柄間での裁定取引の可能性を追求しようとすると立ちふさがるのが誤差の大きさである。「ポートフォリオの全ファクターの感応度を0」にすると理論収益率は0になるものの、誤差により実際の収益率に変動が生じない保証はない。

この誤差はCAPMの非システマティック・リスクに相当するものである。よって分散投資してポートフォリオに関して理論値を測定すると誤差は小さくなるはずである（第2章5を参照）。しかし、分散しすぎる（組入銘柄数を増やしすぎる）とポートフォリオは市場平均と変わらなくなり、マルチファクター・モデルの利点を活かせなくなる。分散投資をどこまで進めるか（どこまで銘柄数を増やすか）は、このジレンマにさらされる問題である。

3　株式市場はサイコロかジャンケンか

さまざまな株価理論があるが、統計的手法を用いる理論の共通の前提は

「明日の株価はサイコロの目のように確定できない」ということだ。サイコロの目の出方をいくら研究しても、もう1回サイコロを振ってどの目が出るかは予測できない。

二つのサイコロ（No.1とNo.2）を6回振った記録をつけた。No.1は6回連続6の目が出た。一方、No.2は6回連続6の目が出なかった。これをもってしても7回目を振ると「No.1は6の目が出やすい」とも「No.1は6の目が出にくい」ともいえない(※1)。同様に7回目を振ると「No.2は6の目が出やすい」とも「No.2は6の目が出にくい」ともいえない。統計学的には「どちらも7回目に振って6の目が出る確率は6分の1である」としか考えない。

	1回目	2回目	3回目	4回目	5回目	6回目	7回目
サイコロNo.1	6	6	6	6	6	6	?
サイコロNo.2	3	5	1	4	4	2	?

(※1) もし、7回目以後も6が出る確率が6分の1超ならもはやサイコロではなく、6の目が出やすい形状に変形しているか、不正な細工が施されているとみなされて、サイコロと認めてもらえなくなる。

統計的手法を用いるモデルは株価がランダム・ウォーク（予測不可能）であることを前提にしている。よって統計学手法を用いたモデルで株価が上昇するとか下落するとか予測するのは、統計的手法でサイコロの目を予測するようなものである。

ところで現実の株式市場はサイコロの目だろうか。サイコロの目と対照的なものにジャンケンがある。サイコロの目とジャンケンの違いは「過去を記憶しているか否か」にある。ジャンケンは人により癖がある。「3回同じ手を出すと4回目は違う手を出したがる」とか、「ほかの手よりもグーを出しやすい」とかの癖が存在しうる。逆に「完全にランダムに手を出す」のは不可能だ。何回もジャンケンで勝負をする場合、お互いの癖を読み合うことが重要になる。もちろん、戦術は複雑化する。相手に「こういう癖がある」と思わせておいて1回の掛金を引き上げたところでそれを逆手にとるという戦

術も可能だろう。裏を読む、裏の裏を読むという相手の腹の探り合いになる。株式市場で一時特定の株式投資手法が流行しても、あっという間に効力を失ってしまうのはその証左とみることもできる。

過去の株価動向を重視するテクニカル分析は株式市場をジャンケンとみなしている。過去の傾向（投資家の癖）が将来も持続することを前提にしているのだ。しかし、癖には合理的な理由など存在しないし、癖があると見抜かれた瞬間に癖は消失する。最悪の場合、癖を見抜いたと思わせて逆手にとられる(※2)。

(※2) アクティブ運用においてアノマリー探しが重要なこと、アノマリーが持続しないことと符合する。アクティブ運用におけるアノマリーの意味は本書の第6部「結論」を参照されたい。

このことはテクニカル分析が無効であることを意味するわけではない。投資家はサイコロではない。ジャンケンをする生き物なのだ。過去を記憶し、過去に縛られている存在だ。問題は株式市場全体が構成要素である投資家の癖を反映するかどうかだ。経済学における「市場の価格形成機能」や「合成の誤謬」があれば投資家の癖は価格には反映されにくいことになる。

株式市場がサイコロかジャンケンかを科学的に立証することは不可能だ。なぜなら実験による再現・検証が不可能だからだ。投資理論は他の社会学や進化論と同じ限界・悩みを抱えた存在である。

第4部

債券ポートフォリオ

第1章 債券の利回り計算の基礎

本章のテーマ

　個人であれ法人であれ、実際に債券を頻繁に売買された経験のある方は少ないと思う。債券はなじみのない存在なのである。債券の学習というと各種利回りの公式をむやみやたらに記憶するものだという傾向が著しい。

　しかし、そのような学習がつまずきの原因である。債券固有の利回り計算など存在しない。株式投資や不動産投資を同様に計算できる。そしてそのように理解できれば次章のテーマであり、第4部全体のメインテーマであるデュレーションも簡単に理解できるようになる。

1　債券とは「債権の有価証券化」である

　銀行が企業に融資する（お金を貸す）場面を考えよう。融資が実行されると銀行は債権（債券ではない）を保有し、企業は債務を負う。法律上、銀行（債権者）は企業（債務者）の同意がない限り債権を第三者に譲渡できないことになっている。もし銀行が債権を他のノンバンクに譲渡（売却）した場合、企業は銀行からではなくノンバンクからお金を借りたことになってしまうからである。

　「債務者の同意なくしては第三者に売却できない」というのは債権者の立場からいうと不便であるので融資に応じにくい。すなわち、債務者側からは「融資を受けにくい」という不利益を被る。

　そこで「債務者の同意がなくても第三者に売却できる」ようにしたものが債券である。これを債権の有価証券化という。債券（国債、社債）を発行することは借入れをすることであり、債券（国債、社債）を購入するとは貸付

をすることにほかならない。

2　発行利回り（単利）

(1) 発行側からみた発行利回り

債券が発行される際、下記のような発行条件が公示される。

X1年4月12日
株式会社A工業

普通社債の発行について

　当社は、株式会社A工業第1回無担保社債の発行条件を以下のとおり決定しました。

記

	第1回債
社債の総額	500億円
年　限	3年
発行価格	各社債の金額100円につき金105円
利　率	年6％
申込期間	X1年4月12日
払込期日	X1年4月24日
償還期限	X4年4月24日
利払日	毎年4月の各24日ならびに償還期限
担　保	無担保
取得格付	株式会社格付投資情報センター　BBB 株式会社日本格付研究所　　　　BBB

以上

　上記債券をB生命保険が全額購入したとする。B生命保険の投資利回りは何％になるだろうか。逆に上記社債を発行する株式会社A工業は「金利何％で借り入れした」ことになるだろうか。

◆◆ 数 値 例

> ① 額　　面：500億円
> ② 残存年数：3年
> ③ クーポン：年6％（年1回）
> ④ 発行価格：額面100円当り105円

発行利回りは何％になるか。

債券の利回りの計算といえば公式で解説されることが多いが、公式を記憶することは不要だと筆者は考える。以下のSTEP1～5で債券を発行する立場から考えてみよう。

【考え方】
STEP1　いくら借りるか
STEP2　いくら返すか
STEP3　いくら金利を払ったか
STEP4　金利負担は全期で何％か
STEP5　1年当り平均金利は何％か

〈STEP1：いくら借りるか〉

このSTEPは簡単である。「いくら借りるか」は「社債をいくらで売るか」である。どんな金融商品でも「価格」と名のつく金額を受け取って売却する。この社債の場合、④債券価格が「額面100円当り105円」となっている。

なお「額面100円当り」というのは「豚肉100g当り」というのと同じである。「100g当り105円の豚肉を500億g売却するといくら受け取るのか」と同様である。「額面とは何か」についてはSTEP2を参照してほしい。

額面100円当り105円で額面500億円分売却するのだから受け取る額は以下のようになる。

$$500億円 \times \frac{105円}{100円} = 525億円$$

言い換えるとA工業はB生命保険から「525億円借り入れた」のである。

〈STEP 2：いくら返すか〉

債券の場合、①額面、②残存年数、③クーポンの三つの条件が「いつ、いくら返済するか」を表している。よってクーポンの％は④価格に対する％ではなく、①額面に対する％である。クーポン年6％とは毎年額面500億円の6％、30億円になる。すなわち、償還日までの3年間、毎年30億円ずつ支払うことになる。額面とは償還期日に発行側が社債購入者に支払う金額を意味する。上記社債の場合、3年後に額面500億円を支払う。結局、3年間の支払総額は590億円となる。

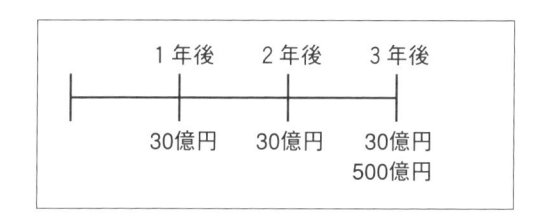

```
        1年後    2年後    3年後
  ├──────┼──────┼──────┤
        30億円   30億円   30億円
                         500億円
```

STEP 3以後は簡単だ。

〈STEP 3：いくら金利を払ったか〉

借りたのはSTEP 1の金額で、元利合計STEP 2だけ支払ったのだから金利は両者の差額になる。

　　金利＝支払額－受取額＝525億円－590億円＝▲65億円

〈STEP 4：金利負担は全期で何％か〉

525億円を借りて65億円の金利払いだから、負担額は以下のようになる。

$$金利 = \frac{65億円}{525億円} ≒ 12.38\%$$

〈STEP 5：1年当り平均金利は何％か〉

3年間の金利負担が12.38％だから1年当りの平均金利は以下のようになる。

　　12.38％÷3年 ≒ 4.13％

第1章　債券の利回り計算の基礎

この企業は上記社債発行により、金利4.13%で525億円を借りて3年間で元利合計590億円を返済することになる。

◆◆ 多い誤解

　知識のない人は「額面とは貸付金元本のことで、クーポンは支払利息に対応する」という誤った印象をもつことが多い。上記の例でいえば「500億円を金利6％で借りた」と誤解するのだ。正しくは「525億円を金利4.13％で借りた」のである。クーポンも額面も「元本と利息が入り交じって」おり、分離できないのである。

(2) 購入側からみた発行利回り

　今度は債券購入者の立場から、すなわち投資利回りの観点から計算しよう。こちらの計算も公式を記憶することは不要だ。以下のSTEP1〜5で債券を購入する立場から投資利回りの計算を行えばよい。発行側の支払・受取りが逆になるだけである。

◆◆ 数 値 例

> ① 額　　面：500億円
> ② 残存年数：3年
> ③ クーポン：年6％（年1回）
> ④ 発行価格：額面100円当り105円

〈STEP1：いくら払うか（いくら貸すか）〉

　額面100円当り105円の債券を額面500億円分購入するのだから、以下のようになる。

$$500億円 \times \frac{105円}{100円} = 525億円$$

　言い換えるとB生命保険はA工業に「525億円貸し付けた」のである。

〈STEP 2 : いくらもらえるか〉

償還日までの 3 年間、毎年30億円ずつ受け取ることになる。そして償還日には額面の500億円を受け取る。額面とは償還期日に発行側が社債購入者に支払う金額を意味する。3 年間の受取総額は590億円となる。言い換えるとＡ工業から「元利合計590億円返済してもらう」。

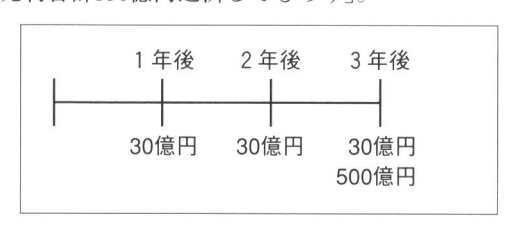

```
        1年後    2年後    3年後
         |       |       |
       30億円   30億円   30億円
                        500億円
```

〈STEP 3 : いくら得するか〉

利益＝受取額－支払額＝590億円－525億円＝65億円

〈STEP 4 : 利回りは全期で何％か〉

525億円を元手に65億円の利益を得たのだから以下のようになる。

投資利回り＝$\frac{65億円}{525億円}$≒12.38％

〈STEP 5 : 1 年当り平均利回りは〉

3 年間の投資利回りが12.38％だから 1 年当りの平均利回りは以下のようになる。

12.38％÷ 3 年≒4.13％

この4.13％（年率）がこの債券の投資利回りである。投資利回りの意味は投資家が105万円支払って債券を購入する（額面100万円分）と105万円が 3 年間で4.13％× 3 年≒12.38％儲かる。すなわち利益は105万円×12.38％≒約13万円になる。

◆◆ 同じ数値例を額面当りで計算する

上記の解説は社債発行総額500億円を念頭に利回りを計算したが、通常は額面100円当りで計算される。額面100円当りで計算しよう。

第 1 章　債券の利回り計算の基礎　191

〈STEP 1：いくら払うか〉

（額面100円分購入するのだから）価格105円を支払う。

〈STEP 2：いくらもらえるか〉

クーポンの受取りは100円×6％＝6円、償還日までの3年間毎年6円ずつ受け取り、償還日には額面の100円を受け取る。3年間の受取総額は118円となる。

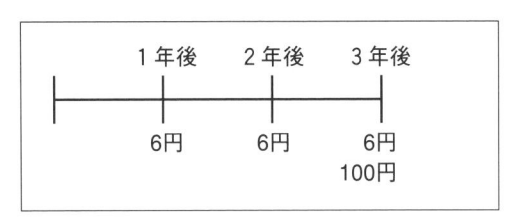

```
          1年後    2年後    3年後
  ├───────┼───────┼───────┤
          6円      6円      6円
                          100円
```

〈STEP 3：いくら得するか〉

　　利益＝受取額－支払額＝118円－105円＝13円

〈STEP 4：利回りは全期で何％か〉

105円を元手に13円の利益を得たのだから以下のようになる。

$$\text{投資利回り} = \frac{13\text{円}}{105\text{円}} \fallingdotseq 12.38\%$$

〈STEP 5：1年当り平均利回りは〉

3年間の投資利回りが12.38％だから1年当りの平均利回りは以下のようになる。

　　12.38％÷3年≒4.13％

◆◆ 公式の確認

STEP 1～5のプロセスをさかのぼると公式が現れる。

$$\text{発行利回り} = 12.38\% \div 3\text{年} \fallingdotseq \frac{13\text{円}}{105\text{円}} \div 3\text{年}$$

$$= \frac{118\text{円} - 105\text{円}}{105\text{円}} \div 3\text{年}$$

$$= \frac{(6\text{円} \times 3\text{年} + 100\text{円}) - 105\text{円}}{105\text{円}} \div 3\text{年}$$

$$= \frac{6\text{円} \times 3\text{年} + (100\text{円} - 105\text{円})}{105\text{円}} \div 3\text{年}$$

$$= \frac{6\text{円} + \dfrac{100\text{円} - 105\text{円}}{3\text{年}}}{105\text{円}} = \frac{\text{クーポン} + \dfrac{\text{額面} - \text{発行価格}}{3\text{年}}}{\text{発行価格}}$$

3　オーバー・パー、アンダー・パー

　発行価格が借入金額に、発行利回りが借入金利に相当することは前述した。するとクーポンとは何を意味するのだろうか。

　以下の3種の債券はクーポン・レートが10％、3％、2％、0％と異なっているが、いずれも発行利回りは3％である。すなわち借入金利は同じである。

	債券甲	債券乙	債券丙	債券丁
額　　面	100円	100円	100円	100円
残　　存	3年	3年	3年	3年
クーポン	10％	3％	2％	0％
発行価格	119.27円	100.00円	97.25円	91.74円
発行利回り	3.00％	3.00％	3.00％	3.00％

　発行側からみればクーポン・レートが高いことは早い時期に多く返済しなければならないことを意味し、クーポン・レートが低いことは早い時期の返済額が少ないことを意味する。クーポン・レートが0％（割引債）の場合、期日（3年後）に元利一括返済することを意味する。

　債券甲のようにクーポン・レートが発行利回りを上回る場合、発行価格は額面100円よりも高くなる。これを打歩（うちぶ）発行と呼ぶ。発行以後債券市場で流通する段階でも債券価格が額面を上回る場合をオーバー・パーと称する。

　債券乙のようにクーポン・レートが発行利回りと一致する場合、発行価格は額面100円と一致する。これを額面発行と呼ぶ。発行以後債券市場で流通

する段階でも債券価格が額面と一致する場合をパーと称する。

債券丙、丁のようにクーポン・レートが発行利回りを下回る場合、発行価格は額面100円よりも低くなる。これを割引発行と呼ぶ。発行以後債券市場で流通する段階でも債券価格が額面を下回る場合をアンダー・パーと称する。

4　最終利回り（流通利回り）と所有期間利回り

前述の債券を発行時に全額取得したＢ生命保険が１年後（X2年4月24日）に、額面100円当り107円でＣ社に全額売却した。Ｃ社は下記の条件で購入したことになる。

◆◆　数　値　例

① 額　　面：100円
② 残存年数：2年
③ クーポン：年6％（年1回）
④ 債券価格：額面100円当り107円

発行後１年経過しているので残存年数が２年になっていること、クーポン年６％に変化はないこと、債券価格は債券市場の需給で決まることに注意してほしい。

◆◆　最終利回りの計算

Ｃ社が上記の条件で償還期日まで保有した場合の利回りは何％になるだろうか。これまでと同じ考え方で計算しよう。

〈STEP1：いくら払うか〉

（額面100円分購入するのだから）価格107円を支払う。

〈STEP2：いくらもらえるか〉

クーポンの受取りは100円×6％＝6円、償還日までの2年間毎年6円ず

つ受け取り、償還日には額面の100円を受け取る。3年間の受取総額は112円となる。

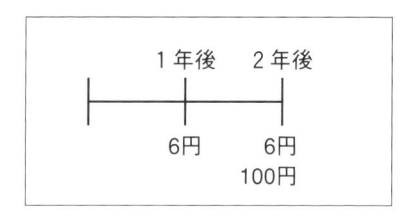

```
        1年後   2年後
    ├─────┼─────┤
        6円    6円
              100円
```

〈STEP 3 : いくら得するか〉
　利益＝受取額－支払額＝112円－107円＝5円

〈STEP 4 : 利回りは全期で何％か〉
107円を元手に5円の利益を得たのだから以下のようになる。

　投資利回り ＝ $\dfrac{5\text{円}}{107\text{円}} ≒ 4.67\%$

〈STEP 5 : 1年当り平均利回りは〉
　2年間の投資利回りが4.67％だから1年当りの平均利回りは以下のようになる。

　4.67％ ÷ 2年 ≒ 2.24％

　これは上記債券の最終利回り（あるいは流通利回り）である。最終利回りは市場参加者にとっては償還まで保有すれば実現できる共通の利回りであるので、市場情報として公表される。発行利回りは「債券発行時の最終利回り」とも表現できる。

　最終利回り（流通利回り）は債券市場で成立する債券価格に応じて変動するが、発行体であるＡ工業にとって影響はない（金利4.13％で525億円を借りて3年間で元利合計590億円を返済することにかわりはない）ことに注意してほしい。Ａ工業にとって意味があるのは発行利回りだけでその後の変動はない。

◆◆ 所有期間利回りの計算
　次に債券を売却したＢ生命保険の投資利回りを計算しよう。

第1章　債券の利回り計算の基礎　195

	購入時 X1年	売却時 X2年
額　　面	100円	100円
残　　存	3年	2年
クーポン	6％	6％
債券価格	105円	107円
発行利回り	4.13％	2.34％

〈STEP1：いくら払ったか〉

発行価格105円を支払った。

〈STEP2：いくらもらえるか〉

1年間保有したのでクーポン6円を受け取っている。また債券売却により売却代金107円を受け取った。保有期間（1年間）の受取総額は113円となる。

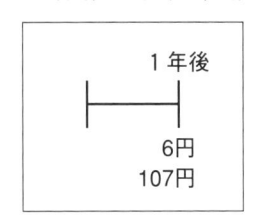

```
        1年後
 ┠────────┤
        6円
       107円
```

〈STEP3：いくら得するか〉

利益＝受取額－支払額＝113円－105円＝8円

〈STEP4：利回りは全期で何％か〉

105円を元手に8円の利益を得たのだから以下のようになる。

$$投資利回り = \frac{8円}{105円} ≒ 7.62\%$$

〈STEP5：1年当り平均利回りは〉

1年間の投資利回りが7.62％だから1年当りの平均利回りは、

7.62％÷1年＝7.62％[※1]

（※1）　所有期間利回りが債券購入時の最終利回りを上回っていることに注目してほしい。その理由は第3章で詳述する。

B生命保険のように償還まで保有せず途中で売却したときの投資利回りを所有期間利回りと称する。所有期間利回りはいつ購入していつ売却したかによって異なり、市場参加者で共有できるものではなく、市場情報として公表されることはない。

◆ 各種利回りの整理

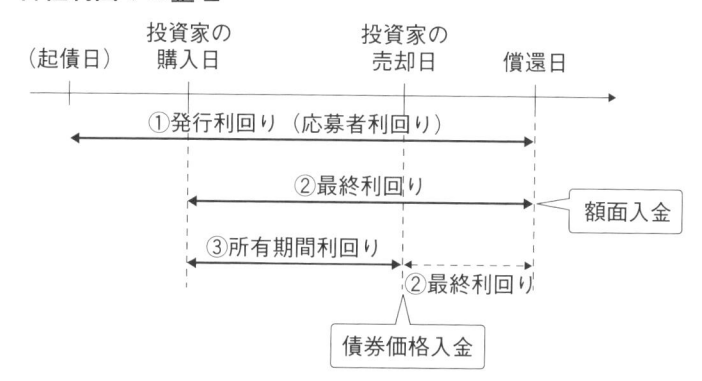

```
（起債日）  投資家の      投資家の       償還日
           購入日        売却日
    |———————|————————————|—————————|
           ①発行利回り（応募者利回り）
           ←——————————————————————→
                 ②最終利回り
                ←———————————————→        額面入金
               ③所有期間利回り
                ←——————————→
                             ②最終利回り
                            ←—————→
                         債券価格入金
```

① 発行利回り（応募者利回り）：発行時に購入して償還日まで所有した場合の利回り

$$\text{最終利回り（単利）} = \frac{\text{受取利息} + \dfrac{\text{額面} - \text{発行価格}}{\text{償還年数}}}{\text{発行価格}}$$

② 最終利回り：償還日まで所有した場合の利回り

$$\text{最終利回り（単利）} = \frac{\text{受取利息} + \dfrac{\text{額面} - \text{債券価格}}{\text{残存年数}}}{\text{債券価格}}$$

③ 所有期間利回り：償還日まで保有せず、償還日以前に売却したときの利回り

$$\text{所有期間利回り（単利）} = \frac{\text{受取利息} + \dfrac{\text{売却価額} - \text{債券価格}}{\text{保有年数}}}{\text{債券価格}}$$

> **参考** 直 利
>
> 直利はクーポンだけ対象とし、債券価格から生ずる償還差損益を無視したもので、債券投資全体の利回りを表さない。日本の会計制度が未整備のとき、この指標が重視されたことがあった。
>
> $$直利 = \frac{受取利息}{債券の購入価格}$$

5　複利概念

これまでの発行利回り・最終利回り・所有期間利回りはすべて「単利」で計算したものであるが、実務では複利が重視される。複利は下記の式で計算される。

$$回収額 = (1+利回り)^{年数} \times 投資額$$

複利では「利息が再投資され利息を生む」と想定される。前述の債券の最終利回りを複利で計算してみよう。

◆◆ 数 値 例

> ① 額　　　面：100円
> ② 残存年数：3年
> ③ クーポン：年6％（年1回）
> ④ 発行価格：額面100円当り105円

〈STEP 1：いくら払ったか〉

発行価格105円を支払った。

〈STEP 2：いくら回収できるか〉

最終利回りを r とする。すなわち利息も運用利回り r で増加すると考える。よって最初に受け取ったクーポン6円は2年間 r で運用されるので3年後の回収額は「6円 $\times (1+r)^2$」となる。2年後に受け取ったクーポン6円は1

年間rで運用されると考えるので3年後の回収額は「6円×(1＋r)」となる。

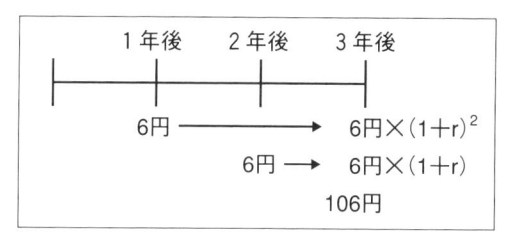

```
          1年後   2年後   3年後
    ├──────┼──────┼──────┤
        6円 ──────────→ 6円×(1＋r)²
                6円 ──→ 6円×(1＋r)
                        106円
```

よって3年後の回収額は総額で以下のようになる。

　　6円×(1＋r)² ＋ 6円×(1＋r) ＋ 106円

〈STEP3：複利の公式に代入する〉

　　　　　　回　収　額　　　　＝(1＋利回り)^{年数}×投資額
　　6円×(1＋r)² ＋ 6円×(1＋r) ＋ 106円 ＝ (1＋r)³ ×105円

この式を解くとrは4.19％と求められる。

一般的には各期のキャッシュフロー（入金金額）の現在価値合計が債券価額になると考えて下記の式を解く。

$$\frac{6円}{(1＋r)} + \frac{6円}{(1＋r)^{2年}} + \frac{106円}{(1＋r)^{3年}} = 105円$$

これは前述の式の両辺を(1＋r)³で割ったものと一致する。

第2章 デュレーション

本章のテーマ

　債券価格の変化は株価とまったく異なる面がある。それは債券価格は「時間の経過とともに（残存期間が短くなるとともに）価格変動幅（リスク）が小さくなる」ことである。
　この価格変動リスクの大きさを表したものがデュレーションと呼ばれる数値であるが、名称や定義式ほど複雑なものではない。単に割引債の残存期間にすぎないのだ。どうして残存期間が債券の投資リスクになるのか、それは前章で解説したSTEP別の債券の利回り計算さえできれば納得できるはずだ。
　デュレーションは個人投資家にとっても公社債投信を購入する際には重要な判断要素となるので学習する価値のある概念である。

1　金利変動リスクの意味

　投資家が下記債券の最終利回りを1ポイントアップさせて年5.13％にしたいと考えた。この債券をいくらで購入すればよいか考えよう。

◆◆ 数 値 例

① 額　　面：100円
② 残存年数：3年
③ クーポン：年6％（年1回）
④ 発行価格：額面100円当り105円
⑤ 最終利回り：4.13％

> 【考え方】
> ① 1年当り平均利回りは5.13%（1ポイントアップさせたい）
> ② 3年間では5.13%×残存3年＝15.39%（3ポイントアップさせたい）
> ③ いくらで買っても、もらえる金額は一定。
>   クーポン：年6％×額面100円×3年＝6円×3年
>   額　　面：期日に償還100円
>   合　　計：6円×3年＋100円＝118円
> ④ $\dfrac{118円}{債券価格} - 100\% = 15.39\%$
>
> ∴債券価格は102.26円

定性的に表現すると以下のようになる。
① 1年当り年利回りを1％高めたい。
② 残存3年債なので3年間で3％利回りを向上させなくてはならない。
③ いくらで買ってももらえる金額は118円で一定だから利回りを3％向上させるためには、債券購入価格を3％安くするしかない[※1]。

（※1） 正確には105円から102.26円に下落しているので下落幅は2.6％であり、3％よりも若干少ない。その理由は次節の「利付債のデュレーション」を参照。

これは「最終利回りが1％上昇すると、債券価格は約3％下落する」と書き換えられる。デュレーションは債券の実質的な残存期間を示すものだが、その効果として「最終利回りが1％上昇すると、その何倍債券価格が下落するか」を表すものである。残存年数3年の債券のデュレーションは約3年であることは上記の数値例から想像できるだろう。

デュレーションが大きい債券は、最終利回り（金利）が上昇すると大きく債券価格が下がる。これを「金利変動リスクが大きい」と称する。デュレーションは金利変動リスクの大きさを表すものと表現される。

たとえば「公社債投信の平均デュレーションが6年」とは、市中金利が1％上昇すると公社債投信の基準価額が約6％下落することを意味する。

ならば「デュレーションは小さいほどよい」のだろうか。「デュレーションが小さい」ことは「残存年数が短い」ということを意味する。短期債で運用するとたしかにデュレーションは小さくなるが、同時に最終利回りも低くなる。ハイリターンをねらうならば長期債で運用する必要があり、それはデュレーションが大きくなること、すなわち金利変動リスクが大きくなることを意味する[※2]。債券運用においても「ハイリスクならばハイリターン、ローリスクならローリターン」が成立する。

(※2) 「第3章 イールド・カーブ」で解説するが、通常は「短期債の最終利回り＜長期債の最終利回り」である。

2　利付債のデュレーション

(1)　デュレーションの定義式

割引債の場合、完全に「残存年数＝デュレーション」が成立する。問題は利付債である。利付債の場合、「残存年数＞デュレーション」となる。すなわち、クーポンレートが高いほど、金利変動リスクは小さくなる。その理由をイメージで理解できるよう説明するとともに、数値例を使って定義式による計算結果と照合する。

デュレーションの定義式は正確には以下で定義される[※3]。

$$D = \frac{\sum_{t=1}^{n} t C_t (1+r)^{-t}}{\sum_{t=1}^{n} C_t (1+r)^{-t}}$$

n：残存年数、r：最終利回り、C_t：t年の現金流入

(※3)　なぜこの式になるかについては「第4章　コンベクシティ概念の導入」を参照。

(2)　割引債のデュレーション

いかめしい式にみえるかもしれないが、直感的な解釈ができるわかりやすい式である。まず割引債を例に計算しよう。

残存3年、割引債、満期利回り6％のデュレーションを求める。

上記の定義式は以下の表計算に展開できる。

(A) 年	(B) 現金流入	(C) 現在価値	(D) (C)の構成比	(E) (A)×(D)
1年	0円	0円	0%	0年
2年	0円	0円	0%	0年
3年	100円	83.962円	100%	3年
合計		83.962円	100%	3年

割引債は償還期日にしか入金がないから…　　(債券価格)　　いつでもここが100%　　これがデュレーション 残存年数と一致する

【基本ルール】
　割引債の場合、デュレーションは定義式どおりに計算しても残存年数と一致する。

　3年物の割引債のデュレーションは3年である。つまり「最終利回りが1%上昇すると、債券価格は3%下落する」といえる。

(3) 利付債のデュレーション

次に利付債のデュレーションについて考えよう。その準備として債券ファンドAと債券ファンドBを用意する。債券ファンドAは1枚の利付債だけで構成されている。

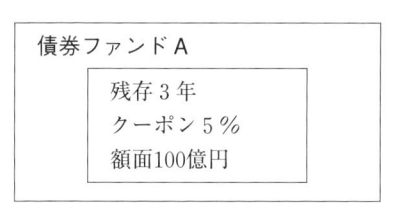

債券ファンドA
　残存3年
　クーポン5%
　額面100億円

債券ファンドAを購入すると以下のタイミングで入金が生ずる。

第2章　デュレーション　203

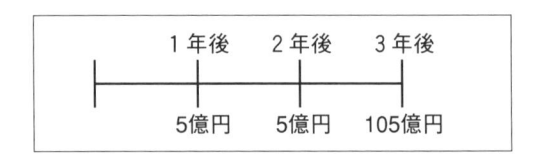

```
     1年後  2年後  3年後
  ├────┼────┼────┤
     5億円  5億円 105億円
```

次に債券ファンドBをつくろう。債券ファンドBは3枚の割引債から構成されている。

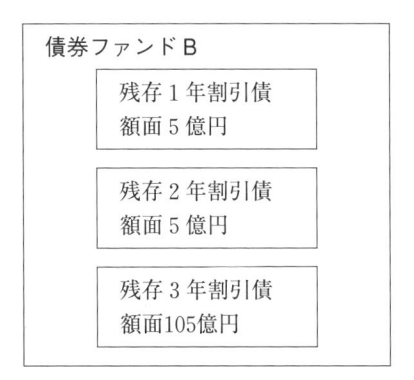

```
債券ファンドB
  ┌──────────────┐
  │ 残存1年割引債    │
  │ 額面5億円       │
  └──────────────┘
  ┌──────────────┐
  │ 残存2年割引債    │
  │ 額面5億円       │
  └──────────────┘
  ┌──────────────┐
  │ 残存3年割引債    │
  │ 額面105億円     │
  └──────────────┘
```

債券ファンドBを購入すると債券ファンドAと同じタイミングで同じ額だけ入金される（同じになるように割引債で債券ファンドBを構成している）。

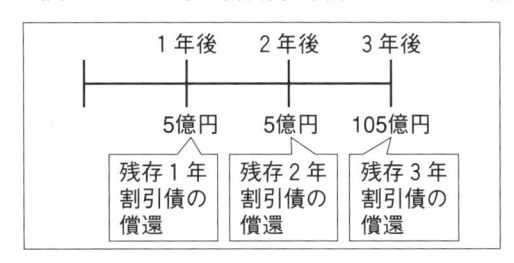

```
     1年後   2年後    3年後
  ├────┼─────┼─────┤
     5億円   5億円   105億円
    残存1年  残存2年  残存3年
    割引債の 割引債の 割引債の
    償還    償還    償還
```

このような債券ファンドAと債券ファンドBの時価（債券価格の合計）は一致する。もし、一致しなければ裁定取引が可能になり、その裁定取引の売買圧力によって両者が一致するのである。

仮に債券ファンドAの時価（債券価格の合計）が110億円、債券ファンドBの時価（債券価格の合計）が109億円だったとしよう。この場合、債券ファンドAを空売りし、同時に債券ファンドBを現物買いすることで裁定利益が得られる。

	現時点	１年後	２年後	３年後
債券ファンドＡを空売り	＋110億円	▲５億円	▲５億円	▲105億円
債券ファンドＢを現物買い	▲109億円	＋５億円	＋５億円	＋105億円
合　計	＋１億円	±０億円	±０億円	±０億円

↑ 裁定利益

　現時点で債券ファンドＡを空売りすることで110億円が入金され、債券ファンドＢを現物買いすることで109億円支払う。１年後、債券ファンドＢで５億円入金があるのでこれを債券ファンドＡの５億円の支払に充当する。２年後・３年後も同様に債券ファンドＢの入金を債券ファンドＡの支払に回すことで、購入時点での差額１億円が残る。これは手元資金０で確実に残る利益、すなわち裁定利益となる。

　裁定利益が得られるのであれば、「債券ファンドＡの空売り」と「債券ファンドＢの現物買い」は殺到するだろう。この裁定取引の売買圧力により債券ファンドＡの時価（110億円）は下落し、債券ファンドＢの時価（109億円）は上昇するだろう。そして両者の時価が一致すると裁定利益が得られなくなるので取引がなくなる。結果、両者の時価は一致した状況になる。

　金利（最終利回り）が１％上昇した場合に債券ファンドＢの時価（債券価格の合計）がどうなるか考えよう。利付債のデュレーションの計算は複雑だが、割引債のデュレーションは簡単である。残存年数と一致するのである。

　三つの割引債の最終利回りがすべて６％であったとすると１年債は4.72億円、２年債は4.45億円、３年債は88.16億円だから、債券ファンドＢの時価は97.32億円となる。最終利回りが１％上昇（６％から７％に上昇）した場合、各々１％、２％、３％下落するので全体では2.78億円下落となる。

	割引債の 債券価格	デュレーション	最終利回り1％上昇時の 債券価格の下落額
残存1年割引債 額面5億円	4.72億円	1年	4.72億円×1％≒0.047億円
残存2年割引債 額面5億円	4.45億円	2年	4.45億円×2％≒0.089億円
残存3年割引債 額面105億円	88.16億円	3年	88.16億円×3％≒2.645億円
債券ファンドB	97.33億円		2.781億円

よって債券ファンドBの下落幅は以下のようになる。

2.781億円÷97.33億円＝2.86％

つまり、債券ファンドB全体のデュレーションは2.86年といえる。

前述したように債券ファンドAと債券ファンドBの時価は最終利回りが6％の時も7％の時も常に一致する。債券ファンドBが2.86％下落するのだから債券ファンドAも2.86％下落する。つまり、債券ファンドAのデュレーションも2.86年である。

ここで、残存3年、5％利付債、満期利回り6％のデュレーションを求める。

定義式どおりに計算すると以下のようになる。

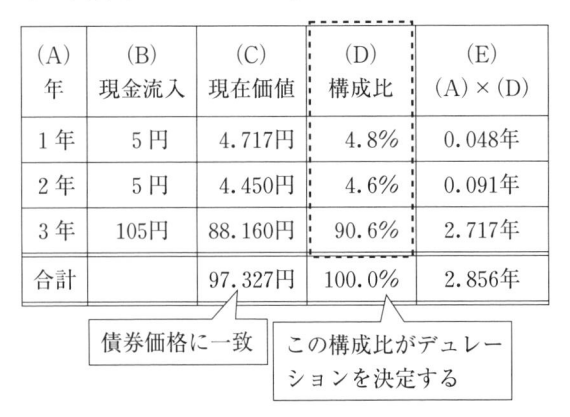

(A) 年	(B) 現金流入	(C) 現在価値	(D) 構成比	(E) (A)×(D)
1年	5円	4.717円	4.8％	0.048年
2年	5円	4.450円	4.6％	0.091年
3年	105円	88.160円	90.6％	2.717年
合計		97.327円	100.0％	2.856年

（C合計）債券価格に一致
（D）この構成比がデュレーションを決定する

つまり、利付債のデュレーションとは「利付債を割引債に分解して割引債

の残存年数を（債券価格で）加重平均したもの」と解釈できる。

> 残存年数が同じならばハイ・クーポン債ほどデュレーションは短い。

これは利付債を割引債に分解することで直感的に理解できる^(※4)。

(※4)「利付債を割引債に分解する」という発想はデュレーションを理解するときだけでなく、債券投資理論全体を通じて重要な発想である。「第3章 イールド・カーブ」でもカギになる。

	割 引 債	ロー・クーポン債	ハイ・クーポン債
	残存3年 クーポン0%	残存3年 クーポン2%	残存3年 クーポン50%
割引債に分解すると……	1年割引債　0円 2年割引債　0円 3年割引債100円	1年割引債　2円 2年割引債　2円 3年割引債100円	1年割引債　50円 2年割引債　50円 3年割引債100円
デュレーション （残存年数の加重平均）	3年ちょうど	ほとんど3年だが、わずかに3年よりも小さい	1年物、2年物の構成比が大きいため3年よりかなり小さい

よって「ハイ・クーポン債ほど金利変動リスクは小さい」「ハイ・クーポン債ほど金利上昇時の債券価格下落幅は小さい」ことになる。

3　株式と債券の価格変動の違い

　金利変動リスク（デュレーション）が残存年数とクーポン・レートの影響を受けることをこれまで解説してきた。クーポン・レートは債券発行後も一定だが、残存年数は時間の経過とともに減少していく。つまり、金利変動リスク（デュレーション）は時間の経過とともに減少していき最終的にはゼロになることを意味する。これを横軸に時間、縦軸に債券価格をとって説明すると株式の価格変動との相違が明確になる。

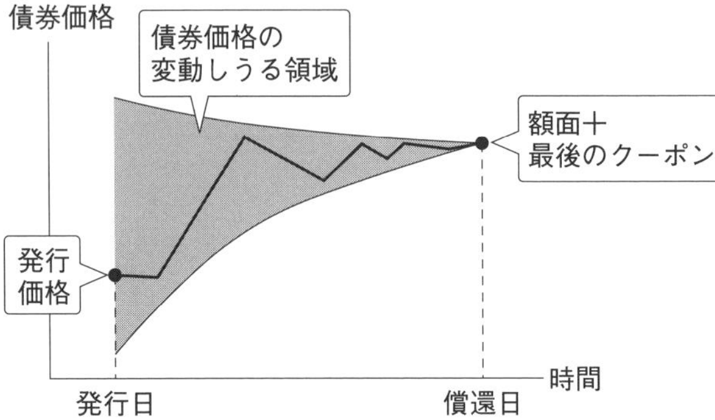

グラフをみればわかるように償還日に近づくにつれて債券価格の変動幅は縮小していき、償還日当日には「額面＋最後に受け取るクーポン」に収束する。株式が時間の経過と主にとりうる株価の範囲が広がるのと対照的である。

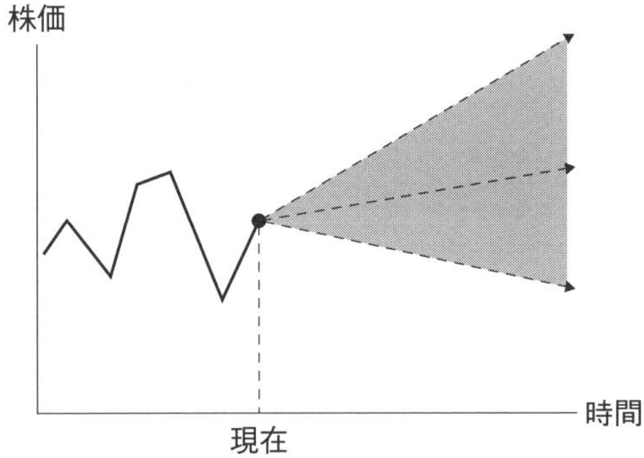

この違いは株式を原資産としたオプションのブラック・ショールズ＝モデルが債券オプションには適用できない根拠でもある。

第3章　イールド・カーブ

本章のテーマ

　株式運用のテクニカル・アナリストにとってチャート（株価の時系列変化）が最も重要であるのと同様に、債券運用担当者にとってイールド・カーブの形状は債券運用にとって最も重要なものである。
　債券運用担当者がイールド・カーブから何を読み取り、どう運用に活かそうとしているのかを解説する。
　第4部の第3章以後は運用専門機関で仕事をする方以外は読み飛ばしていただいても問題ない。

1　イールド・カーブの意味

(1)　債券運用の常識

　債券運用では初歩的なテーマなのであるが、初学者がとまどいがちなのが次の問題である。

> 質問1　10年物長期国債の最終利回りが2％、イールド・カーブは順イールドでかつ将来3年間変動がないとする。この状況で、残存期間10年以下の国債だけで3年間資産運用した場合、運用利回りは最大で年何％にできるか。下記の三つのうちから選べ。
> ①　年率2％超
> ②　年率2％ちょうど
> ③　年率2％未満
>
> 質問2　イールド・カーブは傾きが大きくなりすぎると水平に戻ろ

うとする。水平になりすぎると右上がりに傾こうとする。その理由を述べよ。

質問1の正解は①である。③を選択された読者が多いのではないだろうか。実際の債券運用では③の結果しか残せないのであるが、それは質問1に非現実的な仮定があるからだ。

質問2は債券運用にとっては最も基本的な知識であり、これがイメージできるようになったら債券運用の基礎が学習できていると判定できる。

上記の質問に答えるためには「イールド・カーブ」の理解が不可欠である。本章はイールド・カーブの基礎概念を理解することがテーマである。

(2) イールド・カーブとは

下図は横軸に残存年数、縦軸に債券の最終利回りをとった平面に点A〜Cがあてはめられている。点A〜Cは各々債券を表している。点Aは、残存年数が1年、最終利回りが2％の債券である。

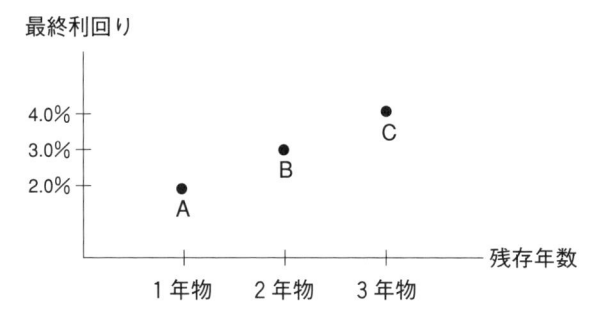

```
最終利回り
  4.0%              ● C
  3.0%        ● B
  2.0%   ● A
                              残存年数
       1年物  2年物  3年物
```

クーポン・レートは表示されていないが、イールド・カーブと称されるものは割引債の最終利回りを結んだラインである(※1)。第2章でも解説したが、利付債は割引債に分解できる。すなわち割引債こそが債券の最小構成単位であり、割引債の最終利回りが決まれば利付債の最終利回りも自動的に決定される。

(※1) もう一つ前提がある。「デフォルト・リスクのない債券」である。

債券A〜Cの属性は以下のとおりである。

	債券A	債券B	債券C
残存年数	1年	2年	3年
クーポン	0.0%	0.0%	0.0%
最終利回り	2.0%	3.0%	4.0%

点A～Cを結んだ曲線はイールド・カーブと称される（この数値例では直線になっているが、実際のイールド・カーブは上方に凸の曲線である）。

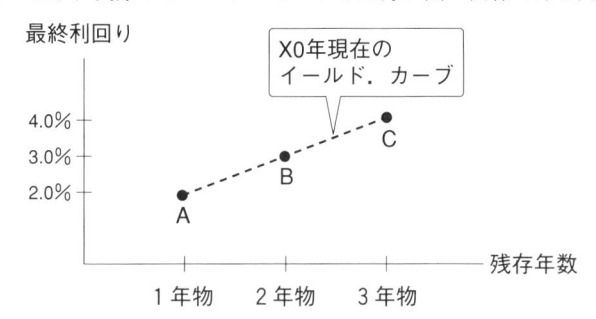

注意してほしいのは「イールド・カーブが右上がり」なのは「金利が上昇していく」ことを意味するわけではないことだ。現在（X0年）の金利が2％で、来年は3％、再来年は4％と上昇していくことを意味しているのではない。預金でいえば「3カ月定期の預金金利は0.5％、6カ月定期の預金金利は1.0％、1年定期の預金金利は1.5％」と設定されていることに対応する。「預入期間が長いものほど金利が高い」ように「残存期間の長い債券ほど最終利回りが高い」ことを表している[※2]。

（※2） なぜ「残存期間の長い債券ほど最終利回りが高い」のかは本章3において検討する。

以後の解説をわかりやすくするために債券A～Cの額面100円当りの債券価格を計算しておこう。なお、この節においては利回りを複利で計算する。

	債券 A	債券 B	債券 C
残存年数	1 年	2 年	3 年
クーポン	0.0%	0.0%	0.0%
最終利回り	2.0%	3.0%	4.0%
額面100円当りの債券価格	100円÷$(1+2\%)^{1年}$≒98.04円	100円÷$(1+3\%)^{2年}$≒94.26円	100円÷$(1+4\%)^{3年}$≒88.90円

これで準備はできた。さあ債券運用を始めよう。

2 ローリング・イールド

金利水準が変動しない（イールド・カーブが変動しない）ことを前提に、債券Cを購入して3年間保有した場合、1年目、2年目、3年目の投資利回りが何%になるか考えてみよう。

X0年に債券Cを購入しよう。債券価格は前節で計算したように額面100円当り88.90円である。1年後（X1年）には購入した債券の残存年数は2年になる。「金利水準が変動しない（イールド・カーブが変動しない）」とは残存年数が2年の債券の最終利回りは3%、すなわち債券Bの債券価格94.26円と一致することを意味する。2年後（X2年）には残存年数が1年なので2%、債券価格は98.04円、3年後（X3年）には償還日を迎えるので額面100円と一致する。

これに基づいて債券価格の上昇率（割引債の投資収益率）を計算しよう。

	X0年	X1年	X2年	X3年
残存年数	3 年	2 年	1 年	0 年
債券価格	88.90円	94.26円	98.04円	100円
所有期間利回り	—	(94.26÷88.90)−100%≒6.00%	(98.04÷94.26)−100%≒4.00%	(100÷98.04)−100%≒2.00%

初年度の収益率は6.00%、2年次は4.00%、3年次は2.00%であることがわかる。ここが重要なポイントである。

債券Cの最終利回りは4.00％だ。しかし、それは毎年の収益率が4.00％であることを意味しない。イールド・カーブが右上がりの場合（順イールドという）、初年度が最も高く、徐々に収益率が低下していく。最終利回りはあくまで3年間の収益率の平均値（(6.00％＋4.00％＋2.00％)÷3年＝4.00％）にすぎない。

　この毎年の収益率（初年度6.00％、2年次4.00％、3年次2.00％）をローリング・イールドと呼ぶ。ローリング・イールドとは、「イールド・カーブの形状が変化しない場合の所有期間利回り」のことである。

　さて、上記の債券A～Cを使って3年間100万円（元本）を運用しよう。イールド・カーブが将来も変動しないと仮定した場合、運用利回りは最大何％にできるだろうか。

◆◆ 運用方法1

　債券Cを購入、償還日まで保有するとする。

　額面100円当り価格88.90円の債券Cを100万円支払って購入する（額面112.49万円だけ購入する(※3)）。投資金額100万円は債券価格の上昇率に応じて増加していく。

> (※3) 額面と価格がまぎらわしいと感じる読者は、100g当り価格88.90円の豚肉を100万円分購入したと考えればよい。現金100万円で購入できる豚肉は100万円÷(88.90円／100g)×100g≒1,124,859gと計算できるだろう。この1,124,859gが債券額面に相当する。

	X0年	X1年	X2年	X3年
債券価格	88.90円	94.26円	98.04円	100円
時　価	100万円	100万円×(1＋6％)＝106万円	106万円×(1＋4％)＝110.24万円	110.24万円×(1＋2％)≒112.44万円

　償還日には額面112.44万円が償還される。当然であるが3年間の投資利回りは最終利回り4％に一致する。

◆◆ 運用方法 2

3年債を購入、1年後売却する。売却代金で再び3年債を購入、1年後売却する。3年間これを繰り返す。

額面100円当り価格88.90円の債券Cを100万円支払って購入、1年後これを売却し現金化する。売却代金は以下のようになる。

100万円 × (1 + 6 %) = 106万円

この106万円で再び3年債を購入する。これを1年間保有した後、売却する。売却代金は以下のようになる。

106万円 × (1 + 6 %) = 112.36万円

これをもう1年繰り返す。最終的には投資額は119.10万円になる。

結局、毎年6%で運用できる。これは運用方法1よりも運用利回りが高い。

	X 0 年	X 1 年		X 2 年		X 3 年
債券価格	3年債を購入 88.90円	売却 94.26円	3年債を購入 88.90円	売却 94.26円	3年債を購入 88.90円	売却 94.26円
時価	100万円	100万円 ×(1+6%) =106万円	106万円	106万円 ×(1+6%)= 112.36万円	112.36万円	112.36万円 ×(1+6%) ≒119.10万円

◆◆ あらためて、債券運用の常識

ここで本章冒頭の質問1の解答が得られる。いま一度質問1をみよう。

質問1　10年物長期国債の最終利回りが2%、イールド・カーブは順イールドでかつ将来3年間変動がないとする。この状況で、残存期間10年以下の国債だけで3年間資産運用した場合、運用利回りは最大で年何%にできるか。下記の三つのうちから選べ。

① 年率2%超

② 年率2%ちょうど

③ 年率2%未満

イールド・カーブが順イールドならば、10年物長期国債の最初の1年間の所有期間利回り（残存10年から9年にかけてのローリング・イールド）は最終利回り2％よりも高い。よって「10年債を購入し1年後に売却、再び10年物を購入する」を繰り返せば運用利回りは2％よりも高くなる。

　このような運用方法が質問2の前半の問いへの解答になる。質問2の前半は以下のとおりだった。

> 質問2　イールド・カーブは傾きが大きくなりすぎると水平に戻ろうとする。

　順イールドの場合、3年物を購入し、2年物を売却すると運用利回りが高くなる。債券市場参加者はこぞって3年物を購入したがり、2年物を売却するだろう。この売買圧力によって3年物の債券価格は上昇し、2年物の債券価格は下落するだろう。

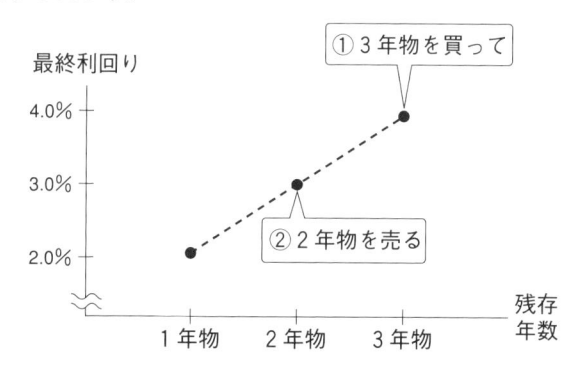

　3年債の価格上昇は3年債の最終利回りの低下を意味し、2年債の価格下落は2年債の最終利回り上昇を意味する。この変化はイールド・カーブの右上がりの傾きを小さくする。

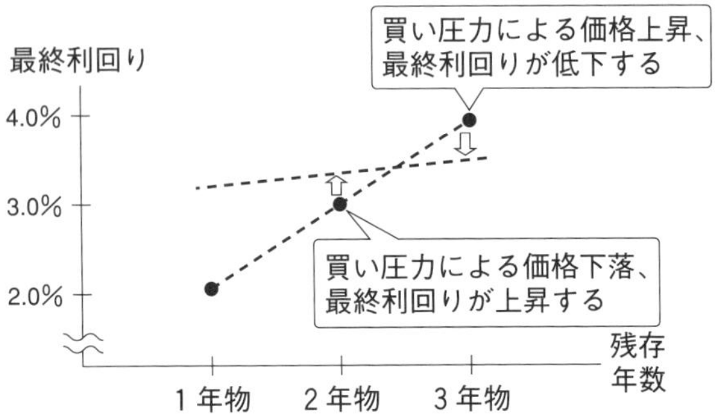

最終利回り
4.0%
3.0%
2.0%
買い圧力による価格上昇、
最終利回りが低下する
買い圧力による価格下落、
最終利回りが上昇する
残存
年数
1年物
2年物
3年物

実務でも上記のような運用手法を実現できるのであれば、公社債投信の運用利回りは長期金利（10年国債の最終利回り）を大きく上回るはずだ。しかし、実際の運用利回りは長期金利を下回っている。

それは「イールド・カーブに変動がなければ」という前提が非現実的だからだ。イールド・カーブが変動する場合に何が起こるか検討しよう。

まず、金利が上昇する局面を考えてみよう。「金利が上昇する」とは各期間の最終利回りが上昇すること、すなわちイールド・カーブが上方にシフトすることを意味する。「各期間の金利が１％上昇」した場合、イールド・カーブは上方に幅１％だけ平行移動すると表現される。これをパラレル・シフト、あるいは単にシフトと称する。

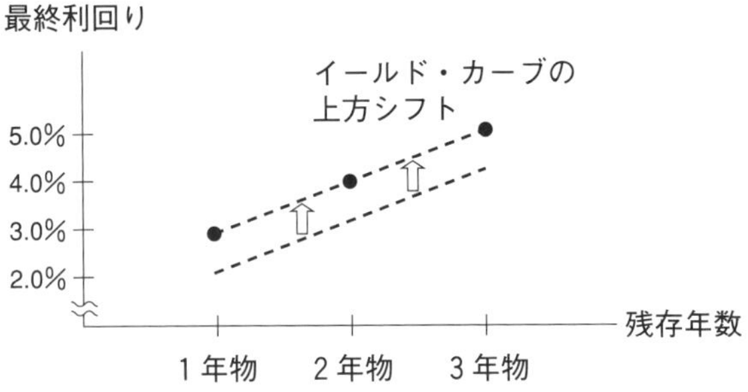

最終利回り
イールド・カーブの
上方シフト
5.0%
4.0%
3.0%
2.0%
残存年数
1年物
2年物
3年物

この場合、各々の期間の債券価格はどのように変化するだろうか。

		1年債	2年債	3年債
クーポン		0.0%	0.0%	0.0%
金利上昇前	最終利回り	2.0%	3.0%	4.0%
	価格	100円÷(1+2%)^{1年} =98.04円	100円÷(1+3%)^{2年} =94.26円	100円÷(1+4%)^{3年} =88.90円
金利上昇後	最終利回り	3.0%	4.0%	5.0%
	価格	100円÷(1+3%)^{1年} =97.09円	100円÷(1+4%)^{2年} =92.46円	100円÷(1+5%)^{3年} =86.38円
価格変化率		▲0.97%	▲1.91%	▲2.83%

1年債は約1%の下落、2年債は約2%の下落、3年債は約3%の下落になる[※4]。3年物の下落幅が最も大きい。

(※4) この変化率は前述のデュレーションの大きさからも説明できる。割引債のデュレーションは残存年数と一致する。金利(最終利回り)が1%上昇すると債券価格はおおよそデュレーション×1%だけ下落する。逆に金利が低下する局面では長期債の上昇幅が最も大きくなる。長期債はハイリスクでハイリターンであるといえる。

これで本章冒頭の質問2の後半への解答の準備ができた。質問2の後半は以下のとおりだった。

> 質問2　水平になりすぎると右上がりに傾こうとする。

当初、順イールド(イールド・カーブの右上がりの状態)であったが、3年債買い・2年債売りの売買圧力により傾きが小さくなり、最終的には最終利回り3.5%の水準で完全に水平になったとする。

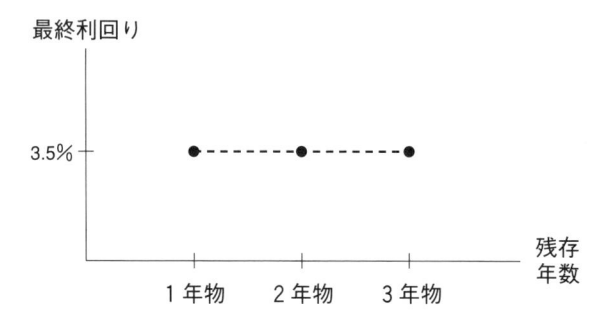

```
最終利回り

3.5% ●------●------●
     1年物  2年物  3年物    残存年数
```

	1年債	2年債	3年債
クーポン	0.0%	0.0%	0.0%
最終利回り	3.5%	3.5%	3.5%
額面100円当りの債券価格	100円÷$(1+3.5\%)^{1年}$≒96.62円	100円÷$(1+3.5\%)^{2年}$≒93.35円	100円÷$(1+3.5\%)^{3年}$≒90.19円

このとき、ローリング・イールドは以下のようになる。

	X0年	X1年	X2年	X3年
残存年数	3年	2年	1年	0年
債券価格	90.19円	93.35円	96.62円	100円
所有期間利回り	—	(93.35÷90.19)−100%≒3.5%	(96.62÷93.35)−100%≒3.5%	(100÷96.62)−100%≒3.5%

つまりどの債券を使っても運用利回りは3.5%になる。利回り(リターン)が同じならばリスクの小さい運用方法を採用するだろう。すなわち金利変動リスクの大きい長期債を避けて短期債を選択するはずである。

短期債に人気が集まると短期債の価格が上昇し、最終利回りが低下するだろう。逆に長期債は敬遠されるので価格は下落し、最終利回りが上昇するだろう。

最終利回り

金利変動リスクの小さい
短期債の価格が上昇

3.5%

金利変動リスクの大きい
長期債の価格が下落

1年物　2年物　3年物　残存年数

　このようにイールド・カーブの傾きは、傾きが大きくなりすぎると水平に戻ろうとし、水平になりすぎると右上がりなろうとする性質がある。

3　なぜイールド・カーブは右上がりか

　前節での解説で用いた数値例のようにイールド・カーブは通常右上がりである。すなわち「短期金利＜長期金利」が成立している。実際の市場でも短期金利が長期金利より高くなると「長短金利逆転現象」と称し、珍現象として位置づけている。

　本節ではあらためて「なぜイールド・カーブは右上がりか」について考える。その理由を説明しようとする代表的な三つの仮説、純粋期待仮説、流動性プレミアム仮説、市場分断仮説（期間選好説）を紹介する。

(1)　純粋期待仮説

　「なぜイールド・カーブは右上がりか」という問いに、純粋期待仮説はこう答える。

　「どの債券で運用・調達しても結果は同じになるから」

　なぜ、結果は同じになるのだろうか。2年間の運用例で検証しよう。前節のイールド・カーブの状況を前提に、2年間資金運用するケースを考えよう。

```
最終利回り
                    X0年現在の
                    イールド・カーブ
4.0%                        •C
3.0%           •B
2.0%    •
        A
                              残存年数
     1年物   2年物   3年物
```

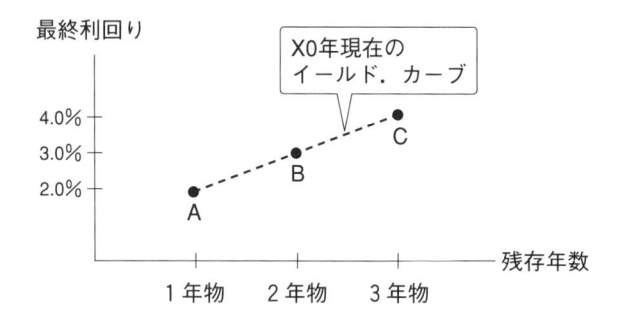

2年間の運用に際して、以下の二つの方法を比較しよう。

　方法1　X0年に1年債を購入し償還まで保有、X1年に再び1年債を購入、償還まで保有

　方法2　X0年に2年債を購入し償還（X2年）まで保有

純粋期待仮説は方法1、方法2の運用結果は同じになると考える。方法1と方法2の運用結果を計算しよう。

◆◆ 方法 1

X0年に1年債を購入し償還まで保有、X1年に再び1年債を購入、償還まで保有したとする。

1年後（X1年）には2％増加するが、X1年に購入する1年債の利回りは何％になるだろうか。この利回りはX1年のイールド・カーブ次第なのでここではf％とでもしておこう。

　　方法1の元利合計＝当初元本×（1＋2％）×（1＋f％）

◆◆ 方法 2

X0年に2年債を購入し償還（X2年）まで保有したとする。

最終利回り3％の債券で償還まで運用するのだから、方法2の元利合計は以下のようになる。

　　方法2の元利合計＝当初元本×（1＋3％）^{2年}

純粋期待仮説は「方法1でも方法2でも結果は同じ」と考えるので、

　　方法1の元利合計＝方法2の元利合計

当初元本×(1＋2％)×(1＋f％)＝当初元本×(1＋3％)²年
∴ f％≒4％

X1年の1年債の最終利回りは4％ということになる。つまり、純粋期待仮説は「1年後（X1年）には1年債の最終利回りが4％に上昇するから、現在（X0年）の1年債が2％・2年債が3％で取引されるのだ」と主張しているのだ。

市場で観測されるX0年時現在の最終利回りをスポット・レート、純粋期待仮説による1年後の予想金利（1年物4％）をフォワード・レートと呼ぶ。フォワード・レートはあくまで予想レートなので、将来に実現する保証はない。

次に1年後（X1年）の2年債のフォワード・レートを計算しよう。3年間の運用を想定した以下の二つの方法から計算できる。

◆◆ 方法 3

X0年現在に3年債を購入し償還まで保有したとする。
　方法3の元利合計＝当初元本×(1＋4％)³年

◆◆ 方法 4

X0年現在に1年債を購入、1年後（X1年）に2年債を購入、償還まで保有したとする。
　1年後の2年物のフォワード・レートをf％とすると
　方法3の元利合計＝方法4の元利合計
　当初元本×(1＋4％)³年＝(1＋3％)×(1＋f)²年
　∴ f ≒ 5％

◆◆ グラフによる比較

スポット・レートとフォワード・レートをグラフにすると以下のようになる。

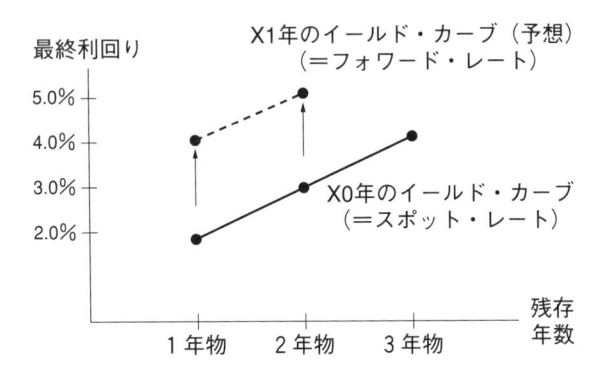

```
最終利回り
5.0%         X1年のイールド・カーブ（予想）
             （＝フォワード・レート）
4.0%
3.0%         X0年のイールド・カーブ
2.0%         （＝スポット・レート）
                                    残存
                                    年数
  1年物  2年物  3年物
```

　純粋期待仮説によれば、1年後のイールド・カーブは全体に上へシフトすると市場全体が想定していることになる。そして1年後にフォワード・レートが実現したとき、どの債券で運用しても結果は同じになる。逆にいえば、フォワード・レートが実現しなかったときには、選択した債券により運用成績が異なる。

　逆に金利低下の予想時にはイールド・カーブはどうなるだろうか。1年債のスポット・レートが5％で、1年後には3％に低下すると予想されているとしよう。このとき、現時点の2年債の最終利回り（スポット・レート）はいくらになっているだろうか。これまで同様に2年間運用したケースで考えればよい。

　　2年物スポット・レート＝1年物のスポット×1年物のフォワード
　　当初元本×$(1+r)^{2年}$＝当初元本×$(1+5\%)\times(1+3\%)$
　　∴r≒4％

　1年物よりも金利が低くなっている。純粋期待仮説によれば、将来の金利低下が予想される場合、イールド・カーブは右下がりになる。これは長短逆転現象（長期金利＜短期金利）である。

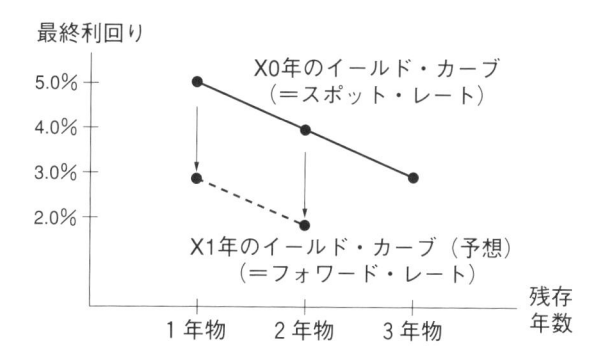

```
最終利回り
5.0% ●──── X0年のイールド・カーブ
              (＝スポット・レート)
4.0%      ●
3.0% ●
2.0%      ●── X1年のイールド・カーブ（予想）
              (＝フォワード・レート)
                                  残存
                                  年数
   1年物  2年物  3年物
```

　金利変動がないと予想される場合にはどうなるだろうか。1年債のスポット・レートが5％で、1年後も5％のままと予想されるとしよう。このとき、2年債のスポット・レートはいくらになっているだろうか。

　　2年債スポット・レート＝1年債のスポット×1年債のフォワード
　　当初元本×$(1+r)^{2年}$＝当初元本×$(1+5\%)×(1+5\%)$
　　∴r＝5％

1年物と同じ利回り、つまりイールド・カーブは水平である。

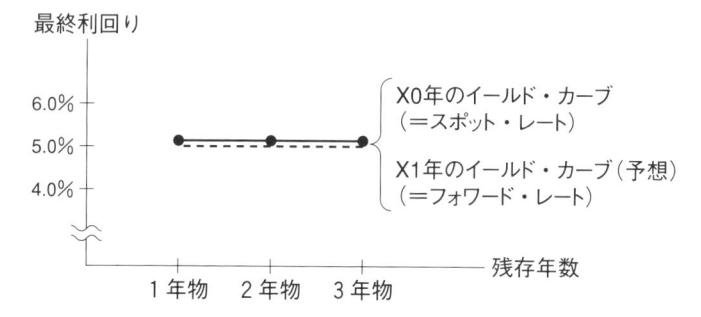

```
最終利回り
6.0%
5.0% ●───●───●  ┐ X0年のイールド・カーブ
                 │ (＝スポット・レート)
4.0%             ┘
                   X1年のイールド・カーブ（予想）
                   (＝フォワード・レート)
                                  残存年数
   1年物  2年物  3年物
```

◆◆ 純粋期待仮説の問題点

　純粋期待仮説で現実が説明し尽くせるなら他の理論は不要だが、残念ながら問題がある。

　金利上昇が予想されるときに「短期金利＜長期金利」となるということは、下落が予想されると「短期金利＞長期金利」になるはずだ。

第3章　イールド・カーブ　223

純粋期待仮説のイールド・カーブ

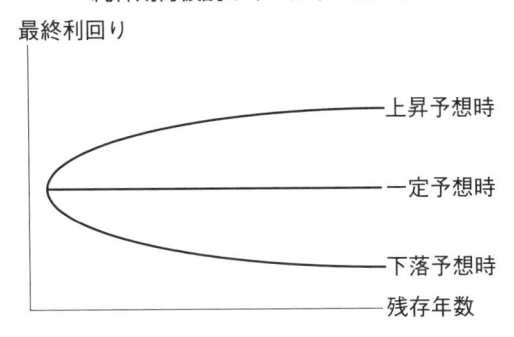

最終利回り
上昇予想時
一定予想時
下落予想時
残存年数

　市場金利は上昇・下落が繰り返されているので、「短期金利＜長期金利」の状況と「短期金利＞長期金利」の状況はほぼ同じ頻度で現れるはずだ。ところが冒頭で述べたように「短期金利＞長期金利」の状況は稀にしかみられず、金利下落局面でも「短期金利＜長期金利」である場合が多い。つまり、「なぜイールド・カーブは右上がりか」を説明しきれていないのだ。

(2) 流動性プレミアム仮説

　純粋期待仮説の欠点を補うために、修正が加えられたのが流動性プレミアム仮説である。したがって純粋期待仮説の「将来の金利予想が長短金利格差を生む」という発想は継承されている。

　投資家は金利予想だけでなく「長期間支払手段たる現金を手放す不便さ」に見合う金利の上乗せ（プレミアム）がなければ長期投資は行わないだろうと流動性プレミアム仮説は考える[※5]。

　（※5）　この「不便さ」にデフォルト・リスクは含まれていない。なぜならイールド・カーブはデフォルト・リスクのない債券の利回りを前提にしているからだ。

　金利の上乗せ（プレミアム）は、投資期間が長いほど大きくなる。上乗せ分だけグラフに表すと、下図のようになる。これが「流動性プレミアム」と呼ばれるものである。

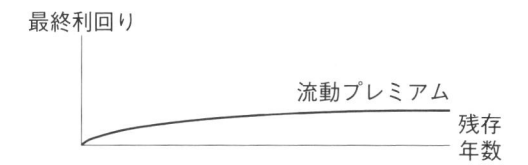

[図: 最終利回り／流動プレミアム／残存年数]

　この流動性プレミアムを、純粋期待仮説のイールド・カーブに上乗せしたのが下図である。

[図: 流動プレミアム仮説（実線）と純粋期待仮説（点線）　最終利回り／上昇予想時／一定予想時／下落予想時／残存年数]

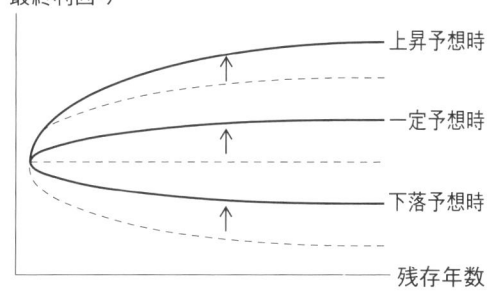

　変動がないと予想される場合でもイールド・カーブは流動性プレミアム分だけ右上がりになる。下落予想時も流動性プレミアムを上回る下落でないと右下がりにはならない。このようにして純粋期待仮説の問題点であった「なぜイールド・カーブが右上がりか」を説明できた。

◆◆ 流動性プレミアム仮説の欠点

　残念ながら流動性プレミアム仮説にも問題がある。それは「流動性プレミアム部分が測定できない」ことである。スポット・レートの金利格差のうち、何％が流動性プレミアムなのか測定できないと金利予想（フォワード・レートの計算）ができない。

(3) 市場分断仮説（期間選好仮説）

　この仮説は、前述の二つの仮説とまったく無関係の仮説である。イールド・カーブは短期債市場と長期債市場が連続している、すなわち債券市場を一とみなしているが、それらが分断された異なる市場であるという仮説だ。

市場参加者は各々固有の運用期間の投資政策があり、各々の事情により短期と長期は異なる需給バランスを形成しているというのだ。たとえば損害保険会社の保険商品は短期中心なので運用も短期指向となるが、生命保険会社の商品は長期なので運用も長期指向だろう。

これも実際の債券市場の抱える要因の一つだろうが、「なぜイールド・カーブが右上がりか」を説明できないし、市場分断仮説単独で金利予想ができないため応用性は低い。

4　利付債最終利回りとイールド・カーブ（スポット・レート）の関係

イールド・カーブは割引債の最終利回りである。イールド・カーブが決まると自動的に利付債の最終利回りが決定される。イールド・カーブから利付債の最終利回りを計算する方法を解説する。

◆◆ **数値例1**

イールド・カーブが下記の場合、残存2年の6％利付債の最終利回りは何％になるだろうか。

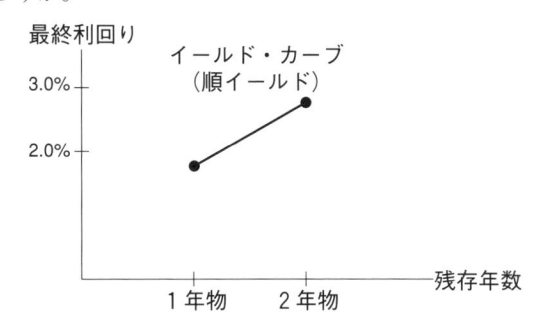

最初に指摘しておこう。2年物利付債の利回りはイールド・カーブ（3.0％）と一致しない。一致しない理由、一致しない場合に何が起こるのかについては後述する。

この数値例は2段階に分けて計算される。

STEP 1　イールド・カーブから利付債の債券価格を計算する。
STEP 2　利付債の債券価格から最終利回りを計算する。

〈STEP 1〉

イールド・カーブから利付債の債券価格を計算する。

「額面100円残存2年6％利付債」は2本の割引債、①額面6円残存1年割引債、②額面106円残存2年割引債、に分解できる[※6]。この発想は第2章2でも紹介した。イールド・カーブから利付債の債券価格を計算する局面においても利用できる。

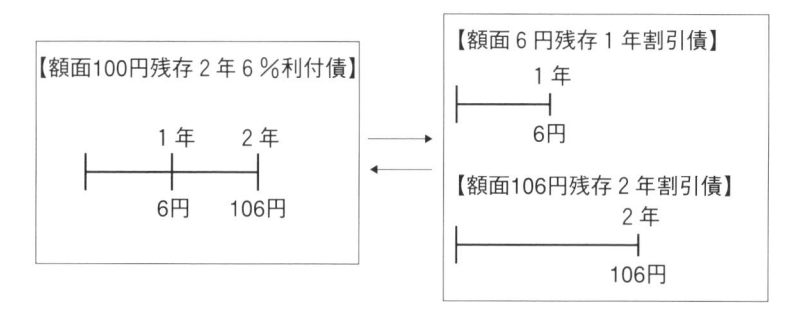

【額面100円残存2年6％利付債】
　　　1年　2年
　　　6円　106円

【額面6円残存1年割引債】
　　　1年
　　　6円

【額面106円残存2年割引債】
　　　2年
　　　106円

(※6)　「額面6円の割引債なんかあるのか」と納得できない読者は、分解の対象となる利付債の額面の単位を上げればよい。「額面100億円残存2年6％利付債」は①額面6億円残存1年割引債と、②額面106億円残存2年割引債に分解できるだろう。

そして割引債の最終利回りはイールド・カーブに従う。つまり①の割引債の最終利回りはイールド・カーブから2.0％、②の割引債の最終利回りはイールド・カーブから3.0％であるので、各々の割引債の債券価格が計算できる。

額面　　6円残存1年割引債の価格＝　　6円／$(1+2.0\%)^{1年}$ ≒　5.882円
額面106円残存2年割引債の価格＝106円／$(1+3.0\%)^{2年}$ ≒ 99.915円
　　　　　　　　　　　合　計　　　　　　　　　　　　105.797円

この合計金額が「額面100円残存2年6％利付債」の債券価格になる。105.797円でなければ裁定利益を得ることができる（詳細は後述する）。

〈STEP 2〉

利付債の債券価格から最終利回りを計算する。

利付債の債券価格が求められたので、利付債の最終利回りが計算できる。最終利回りをrとすると、以下のようになる。

$$\frac{6円}{(1+r)} + \frac{106円}{(1+r)^2} = 105.797円$$

この式を解くとr（最終利回り）は2.97%と求められる。ごくわずかだが、イールド・カーブ（3.0%）を少しだけ下回る利回りになった。

以上の計算は、次のように直感的に理解することもできる。2年物利付債は1年物割引債と2年物割引債で構成される債券ポートフォリオに等しい。よって1年物割引債と2年物割引債の最終利回りの加重平均が利付債の最終利回りに等しくなる。

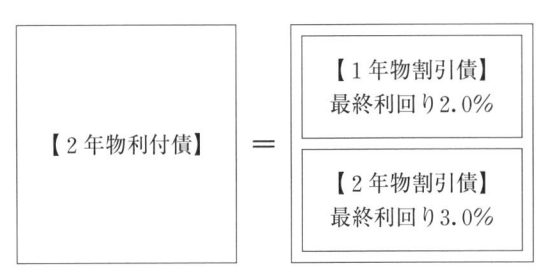

【2年物利付債】 ＝ 【1年物割引債】最終利回り2.0% / 【2年物割引債】最終利回り3.0%

利付債の利回りは2.0%と3.0%の加重平均だから、2.0%より大きく3.0%より小さくなる。このことは上記数値例をみても理解できる。

利付債 ＝ 1年物割引債 ＋ 2年物割引債

$$\frac{6円}{(1+2.97\%)^{1年}} + \frac{106円}{(1+2.97\%)^{2年}} = \frac{6円}{(1+2.0\%)^{1年}} + \frac{106円}{(1+3.0\%)^{2年}}$$

左辺2.97%：2年物利付債最終利回り

　　右辺第1項の2.0%：1年物割引債の最終利回り

　　右辺第2項の3.0%：2年物割引債の最終利回り

よって「順イールドならば、クーポン・レートが高いほど最終利回りが低くなる」ことがわかるだろう。

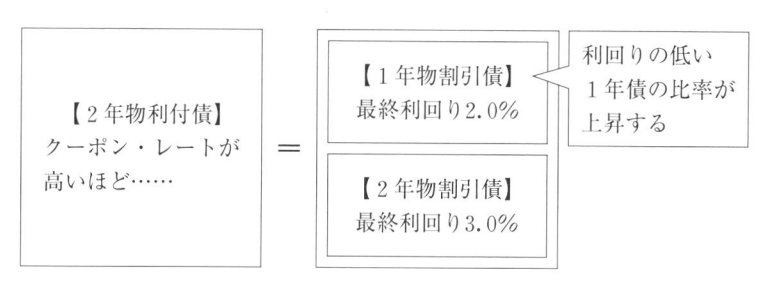

```
┌─────────────────┐     ┌─────────────────┐  ╲ 利回りの低い
│ 【2年物利付債】  │     │ 【1年物割引債】  │   ╲ 1年債の比率が
│ クーポン・レートが│  =  │ 最終利回り2.0%  │    上昇する
│ 高いほど……     │     └─────────────────┘   ╱
│                 │     ┌─────────────────┐  ╱
│                 │     │ 【2年物割引債】  │
│                 │     │ 最終利回り3.0%  │
└─────────────────┘     └─────────────────┘
```

念のため数値例で確認しておこう。

◆◆ 数値例2

前掲のイールド・カーブの場合、残存2年の20%利付債の最終利回りは何%になるだろうか。

〈STEP 1〉

イールド・カーブから利付債の債券価格を計算する。

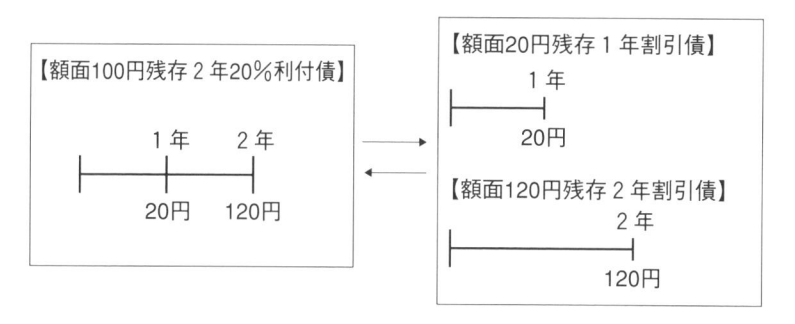

「額面100円残存2年20%利付債」は、①額面20円残存1年割引債と②額面120円残存2年割引債に分解できる。

$$額面\ 20円残存1年割引債の価格 = 20円/(1+2.0\%)^{1年} ≒ 19.608円$$
$$額面120円残存2年割引債の価格 = 120円/(1+3.0\%)^{2年} ≒ 113.112円$$

合　計　　　　　132.720円

この合計金額132.720円が「額面100円残存2年20%利付債」の債券価格になる。

ここで6%利付債との違いをまとめておこう。1年物割引債の構成比が3倍近くになっていることがわかるだろう。

	6％利付債	20%利付債
1年物割引債	5.882円　5.6%	19.608円　14.8%
2年物割引債	99.915円　94.4%	113.112円　85.2%
合計（債券価額）	105.797円　100.0%	132.720円　100.0%

〈STEP 2〉

利付債の債券価格から最終利回りを計算する。

利付債の債券価格が求められたので、利付債の最終利回りが計算できる。最終利回りをrとすると、

$$\frac{20円}{(1+r)} + \frac{120円}{(1+r)^2} = 132.720円$$

この式を解くと最終利回りは2.92%と求められる。6％利付債の最終利回り2.97%よりも低くなっている。

イールド・カーブの平面にあてはめると下図のようになる。

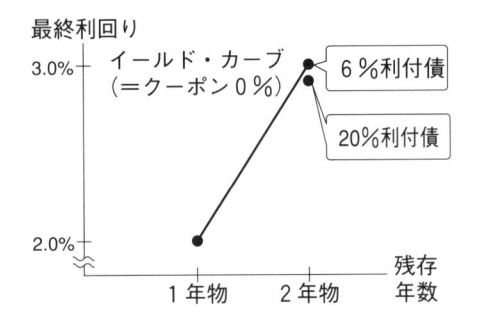

これまでの数値例は順イールド（イールド・カーブが右上がり、短期金利＜長期金利）のケースを前提にしてきた。もし、逆イールド（イールド・カーブが右下がり、短期金利＞長期金利）の場合、スポット・レートと利付債の関係がどうなるかを計算しよう。

◆◆ **数値例3**

イールド・カーブが下記の場合、残存2年の20%利付債の最終利回りは何%になるだろうか。

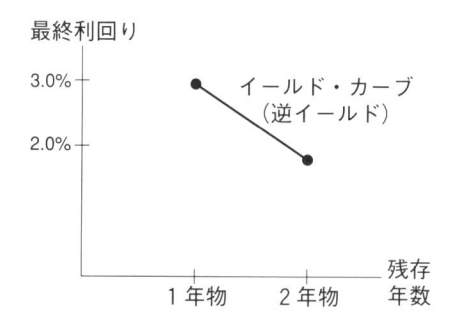

〈STEP 1〉

イールド・カーブから利付債の債券価格を計算する。

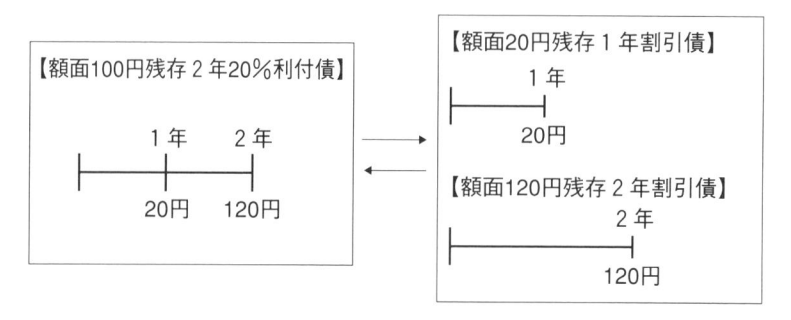

額面 20円残存1年割引債の価額 ＝ 20円／$(1+3.0\%)^{1年}$ ≒ 19.417円
額面120円残存2年割引債の価額 ＝ 120円／$(1+2.0\%)^{2年}$ ≒ 115.340円

合　　計　　　　　　134.757円

（注）計算結果はいずれも小数点以下第4位四捨五入。

この134.757円が「額面100円残存2年20％利付債」の債券価額になる。

〈STEP 2〉

利付債の債券価格から最終利回りを計算する。

利付債の債券価格が求まったので、利付債の最終利回りが計算できる。最終利回りをrとすると、以下のようになる。

$$\frac{20円}{(1+r)} + \frac{120円}{(1+r)^2} = 134.757円$$

この式を解くと最終利回りは2.08％と求められる。ごくわずかだが、イールド・カーブ（2.0％）を少しだけ上回った。それは1年物割引債が組み込

まれているため、利回りが向上するからだ。

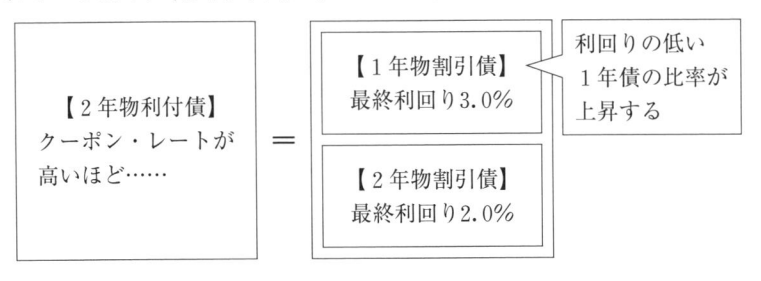

```
┌─────────────────┐     ┌─────────────────┐    利回りの低い
│【2年物利付債】   │     │【1年物割引債】   │    1年債の比率が
│クーポン・レートが│  =  │最終利回り3.0%   │    上昇する
│高いほど……      │     └─────────────────┘
│                 │     ┌─────────────────┐
│                 │     │【2年物割引債】   │
└─────────────────┘     │最終利回り2.0%   │
                        └─────────────────┘
```

イールド・カーブの平面にあてはめると下図のようになる。

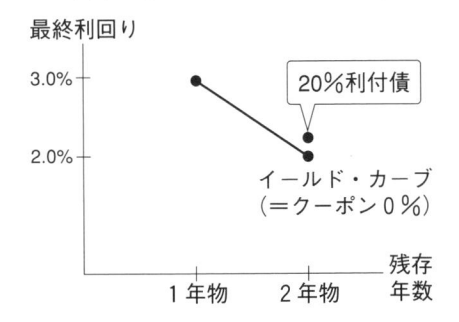

最終利回り

3.0% ●
          ＼ 20%利付債
2.0%   ●
           イールド・カーブ
           （＝クーポン0％）

          1年物 2年物   残存年数

よって、「逆イールドの場合、利付債の最終利回りはイールド・カーブよりも高くなる」といえる。

> **参 考** もしイールド・カーブを利付債最終利回りとすると
> 何が起こるか

利付債の最終利回りがイールド・カーブ（3.0%）と一致したらどうなるかを解説しよう。

イールド・カーブにある3.0%を利付債最終利回りとすると債券価格は以下のようになる。

$$\frac{6円}{(1+3.0\%)} + \frac{106円}{(1+3.0\%)^2} = 105.740円$$

一方、割引債価格はイールド・カーブに従うから以下のようになる。

額面　6円残存1年割引債の価格＝　6円／（1＋2.0%）≒　5.882円
額面106円残存2年割引債の価格＝106円／（1＋3.0%）²≒99.915円
―――――――――――――――――――――――――――――――
　　　　　　　　合　　計　　　　　　　　　　　　105.797円

「額面6億円残存1年の割引債と額面106億円残存2年の割引債」を空売りして、同時に利付債を買うことで裁定利益が得られる。裁定取引の詳細は以下のとおり。

	額面100億円残存 2年6％利付債	額面6億円残存1年割引債＋ 額面106億円残存2年割引債	合　計
現　在	105.740億円出金	105.797億円入金	0.057億円入金
1年後	6億円入金	6億円出金	0円
2年後	106億円入金	106億円出金	0円

最初の債券価格の差0.057億円が裁定利益になる。裁定利益が得られるので、裁定利益が出なくなるまで安い利付債に買い圧力が生じて価格が上昇し、両者が一致する105.797円で裁定利益が消失することで価格が落ち着くことになる。

第4章 コンベクシティ概念の導入

本章のテーマ

　第2章で解説したデュレーションは誤差が大きいという弱点がある。本章で登場するコンベクシティはデュレーションの誤差を小さくするものである。
　しかし現代では金利変化による債券ファンドの価格変化はデュレーションやコンベクシティを利用せずとも1円の誤差もなく正確に計算できる。コンベクシティを計算する今日的意義は次章で解説するダンベル＝ブレット戦略にある。

1　デュレーションの限界

(1)　利回り価格曲線

　第2章でその基礎概念を解説したデュレーションについてもう少し詳細に検討しよう。そのために利回り価格曲線を登場させる。利回り価格曲線とは横軸に最終利回り、縦軸に債券価格をとったグラフである。

◆◆ 数 値 例

　残存3年の割引債の利回り価格曲線を描くことにしよう。
　最終利回り0％から1％ずつ増加させ、それに応じて割引債の債券価格を計算しよう。

最終利回り	債券価格
0 %	100円 ÷ (100% + 0%)^{3年} ≒ 100円
1 %	100円 ÷ (100% + 1%)^{3年} ≒ 97.06円
2 %	100円 ÷ (100% + 2%)^{3年} ≒ 94.23円
3 %	100円 ÷ (100% + 3%)^{3年} ≒ 91.51円
4 %	100円 ÷ (100% + 4%)^{3年} ≒ 88.90円
5 %	100円 ÷ (100% + 5%)^{3年} ≒ 86.38円

　この計算結果を横軸に最終利回り、縦軸に債券価格をとった平面にあてはめると以下のようになる。この点を結んでできる曲線が利回り価格曲線である(※1)。

（※1）　債券価格＝100円÷(1＋最終利回り)^{残存年数}で表される曲線になる。

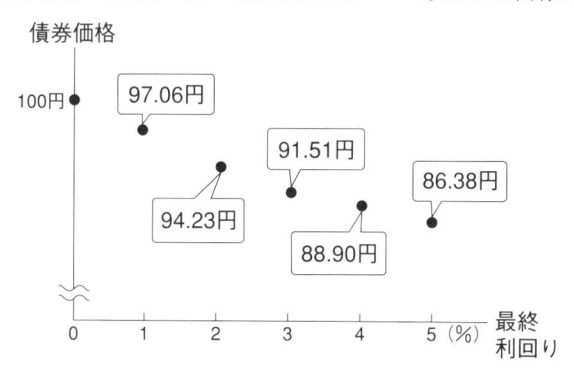

　利回り価格曲線から金利変動リスクの大きさが読み取れる。最終利回り3％債券価格91.51円をスタート点として、金利変動リスクを読み取ろう。

　最終利回りが3％から4％に上昇したとき（金利上昇）、債券価格は91.51円から88.90円に低下する。この下落傾向（傾き）が金利変動リスクの大きさである。もちろん、最終利回りが3％から2％に低下したとき（金利下落）、債券価格は91.51円から94.23円に上昇する。この上昇傾向（傾き）も金利変動リスクである。

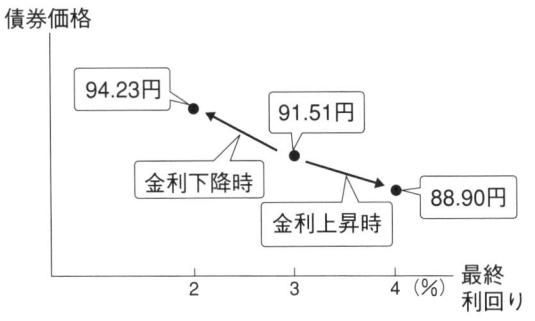

残存年数による金利変動リスクの大きさを理解するために、7年物割引債の利回り価格曲線を同じグラフに表示してみよう。

最終利回り	3年債の債券価格	7年債の債券価格
0 %	100円 ÷ (100% + 0%)^{3年} = 100円	100円 ÷ (100% + 0%)^{7年} = 100円
1 %	100円 ÷ (100% + 1%)^{3年} ≒ 97.06円	100円 ÷ (100% + 1%)^{7年} ≒ 93.27円
2 %	100円 ÷ (100% + 2%)^{3年} ≒ 94.23円	100円 ÷ (100% + 2%)^{7年} ≒ 87.06円
3 %	100円 ÷ (100% + 3%)^{3年} ≒ 91.51円	100円 ÷ (100% + 3%)^{7年} ≒ 81.31円
4 %	100円 ÷ (100% + 4%)^{3年} ≒ 88.90円	100円 ÷ (100% + 4%)^{7年} ≒ 75.99円
5 %	100円 ÷ (100% + 5%)^{3年} ≒ 86.38円	100円 ÷ (100% + 5%)^{7年} ≒ 71.07円

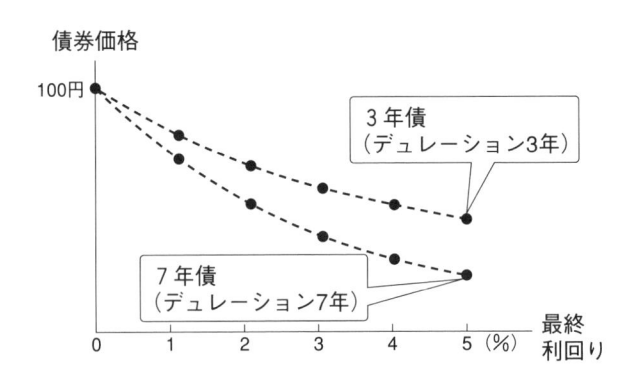

利回り価格曲線の傾き（右下がりの傾向）が、3年債よりも7年債のほうが大きいことが読み取れるだろう。この傾きの大きさをデュレーションは表しているのである。

(2) マコーレーの公式

最終利回りに応じて債券価格が変動することは第2章で解説した。デュレーションを用いて債券価格の変化率を計算するのがマコーレーの公式である。

マコーレーの公式

　　債券価格変化率 ＝ －（デュレーション）× 市中金利変化率

　　債券価格変化率 ＝ $\dfrac{\text{債券値上がり額}}{\text{元の債券価格}}$

　　市中金利変化率 ＝ $\dfrac{\text{金利上昇分}}{100\% + \text{元の金利}}$

分母が「100％＋元の金利」になっているのは元利合計だからである。分子に100％がないのは「100％＋元の金利」と「100％＋変化後の金利」の差額だからである。

実務上、マコーレーの公式は以下のように表現される。

　　債券価格変化率 ＝ $-\dfrac{\text{デュレーション}}{1 + \text{元の金利}} \times \text{金利上昇分}$

　　　　　　　　＝ －（修正デュレーション）× 金利上昇分

金利が1％上昇すると修正デュレーション倍だけ債券価格が減少すると簡単に計算できるからだ。

◆◆ 数 値 例

2年物割引債の最終利回り（複利）が4％から5％に上昇したとき、債券価格は何％下落するか。マコーレーの公式を用いて計算しよう。

2年物割引債のデュレーションは2年だから[※2]、マコーレーの公式により以下のようになる。

$$\blacktriangle(2\text{年}) \times \dfrac{1\%}{100\% + 4\%} = \blacktriangle 1.92\%$$

（※2）　割引債のデュレーションが残存年数と一致することに関しては第2章の解説を参照。

(3) マコーレーの公式は正確ではない

最終利回り4％のときの残存2年の割引債の債券価格は以下のようになる。

　債券価格＝額面100円÷(1＋4％)^{2年}≒92.46円

価格が1.92％下落するのだから92.46円×1.92％≒1.78円だけ値下がりし、90.68円になると示している。

しかし、マコーレーの式を使わなくても最終利回りが5％になったときの債券価格を正確に計算できる。

　債券価格＝額面100円÷(1＋5％)^{2年}≒90.70円

したがって債券価額下落額は以下のようになる。

　90.70－92.46＝▲1.76円

正確に計算できており、こちらの数値のほうが正しい。マコーレーの公式では正確な値は計算できないのである。マコーレーの公式による債券価格と正確な複利計算による債券価格の関係は次のグラフのようになる。

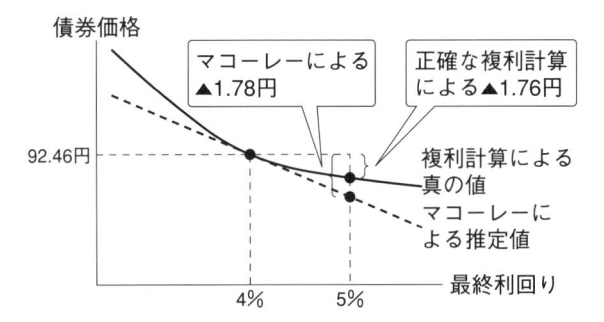

マコーレーの公式をみればわかるように、金利変動幅に比例して債券価格が直線的に変化することを前提にしている式である。4％から金利変化が小さいときには真の値（曲線）とマコーレーの推定値（点線で示された直線）に大きなズレは生じないが、金利変化が大きいとズレが大きくなる。

デュレーションは金利（最終利回り）上昇時には債券価格を下落させるが、金利（最終利回り）下落時には債券価格を上昇させるので、大きいほうがよいか小さいほうがよいかは金利変化の予測次第である。当り前のようだが、これは後述するコンベクシティとの大きな違いであるので留意してほしい。

2 コンベクシティの導入

(1) コンベクシティ

デュレーションの推定値の誤差を小さくするためにコンベクシティという数値を導入する。

残存3年、5％利付債、最終利回り6％のコンベクシティ

(A) 年	(B) 現金流入	(C) 現在価値	(D) 構成比	(E) A×(A+1)×D
1年	5円	4.717円	4.8%	0.096年^2
2年	5円	4.450円	4.6%	0.276年^2
3年	105円	88.160円	90.6%	10.872年^2
合計		97.327円	100.0%	11.244年^2

コンベクシティは11.244年^{2}になる。デュレーションと異なるのは、(E)列の「年×(年+1)の加重平均」だけだ。

デュレーションと同様に、割引債のコンベクシティは償還時のキャッシュフローの構成比が100％になるので、割引債のコンベクシティはいつでも残存年×(残存年+1)となる。

残存2年、最終利回り4％の割引債のコンベクシティ

(A) 年	(B) 現金流入	(C) 現在価値	(D) 構成比	(E) A×(A+1)×D
1年	0円	0.00円	0.0%	0年^2
2年	100円	92.4556円	10.0%	6年^2
合計		92.4556円	100.0%	6年^2

> 割引債のデュレーションは、残存年数
>   コンベクシティは、残存年数×(残存年数+1)

第4章 コンベクシティ概念の導入

コンベクシティは以下のように使う。

$$債券価格の変化率 = -(デュレーション) \times \frac{金利上昇分}{100\% + 元の金利}$$
$$+ \frac{1}{2} \times (コンベクシティ) \times \left(\frac{金利上昇分}{100\% + 元の金利}\right)^2$$

前述の残存2年の割引債にあてはめて、最終利回りが4％から5％へ変化したときの価格変化を計算してみよう。残存2年の割引債のデュレーションは2年、コンベクシティは2×（2＋1）＝6年^{2}だから、

$$債券価格の変化率 = ▲2年 \times \frac{1\%}{100\% + 4\%} + \frac{1}{2} \times 6年^2 \times \left(\frac{1\%}{100\% + 4\%}\right)^2$$
$$\fallingdotseq ▲1.8953\%$$

最終利回りが4％のときの債券価格が92.4556円で、1.8953％だけ下落するのだから90.7032円になると推定していることになる。正確な最終利回り5％のときの債券価格は90.7029円だから、差額が0.0003円と小さくなった。ただし相変わらず誤差が伴っていることには注意してほしい。

コンベクシティは、金利変化分を2乗するので金利変化がプラス（金利上昇時）でもマイナス（金利低下時）でも債券価格を上昇させる方向に作用する。したがって金利変化の方向にかかわらず（他の条件が同じならば）コンベクシティは大きいほうがよいことになる。

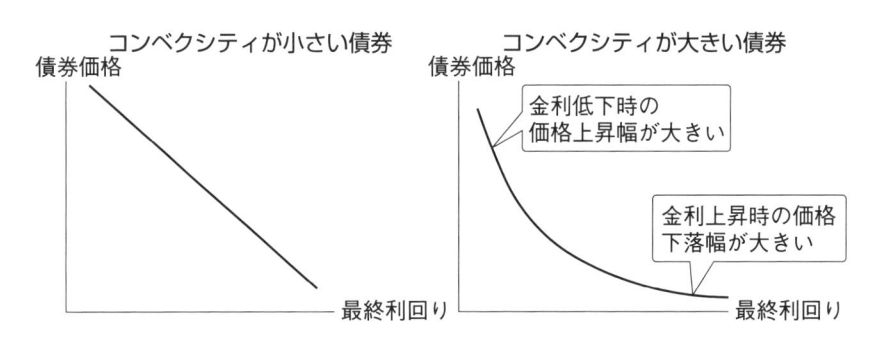

参考 デュレーションとコンベクシティの数学的な意味

関数 f(x) が a≦x≦a+h で n 階まで連続な導関数をもち、a<x<a+h で n＋1階微分可能ならば、ある点 c (a<c<a+h) が存在して、以下が成立する。

$$f(a+h) = f(a) + hf'(a) + \frac{h^2}{2!}f''(a) + \cdots + \frac{h^n}{n!}f^{(n)}(a)$$

$$= \sum_{n=0}^{\infty} \frac{h^n}{n!} f^{(n)}(a)$$

これをテーラーの定理という。上式の1階微分の項だけ取り出すと

$$f(a+h) \fallingdotseq f(a) + h \cdot f'(a)$$

$$\therefore f(a+h) - f(a) \fallingdotseq h \cdot f'(a)$$

この式を、最終利回りと債券価格の関係式に応用したのがマコーレーの公式である。最終利回り r と債券価格 f(r) は、t 期のキャッシュフロー C_t から以下のように定義できる。

1階微分の f'(r) は

$$f(r) = \sum_{t=0}^{\infty} C_t (1+r)^{-t}$$

$$f'(r) = \sum_{t=0}^{\infty} (-t) C_t (1+r)^{-(t+1)} = -\frac{\sum_{t=0}^{\infty} t C_t (1+r)^{-t}}{1+r}$$

テーラーの定理より、以下が成立する。

$$f(r+\Delta r) - f(r) \fallingdotseq \Delta r \cdot f'(r)$$

左辺は最終利回りが △r だけ上昇した場合の債券価格の増加額を意味するので、両辺を f(r) で割ると債券価格の変化率になる。

$$\frac{f(r+\Delta r) - f(r)}{f(r)} = \frac{\Delta r \cdot f'(r)}{f(r)}$$

この式の1階微分を前式に置き換えると以下のようになる。

$$\frac{f(r+\Delta r) - f(r)}{f(r)} = -\frac{\sum_{t=0}^{\infty} t C_t (1+r)^{-t}}{f(r)} \cdot \frac{\Delta r}{1+r}$$

右辺の前半部分はデュレーションの定義そのものだからこれはマコーレーの式である。つまりマコーレーの式とは、テーラーの定理の1階微分までを採用した近似式である。より正確に近似しようとしたら2階微分まで採用すればよいことになる。この2階微分の部分がコンベクシティである。

$$\therefore f(a+h) - f(a) \fallingdotseq h \cdot f'(a) + (1/2) h^2 \cdot f''(a)$$

$$\frac{f(r+\Delta r) - f(r)}{f(r)} = \frac{\Delta r \cdot f'(r)}{f(r)} + \frac{1}{2} \cdot \frac{\Delta r^2 \cdot f''(r)}{f(r)}$$

(2) デュレーションは何に使うか

これまで解説してきたように、デュレーションでは正確な債券価格の変化は計算できない。一方、正確な数値は通常の複利計算式によって求めることができる。それではデュレーションは何に使うのだろうか。

◆◆ 利用法１：ファンド全体の平均デュレーションを把握する

昔コンピュータが身近なものでなかった頃、債券ファンド運用担当者は、金利変化による債券ファンドの時価総額の変化を知ることが大変困難だった。そこでファンドを構成する個々の債券のデュレーションを構成比で加重平均して、ファンド全体のデュレーションを計測しておくことで金利変化がもたらす影響額を簡便に求めることができる。

債券ファンド

	債券価格	最終利回り	修正デュレーション
債券 A	100億円	1.0%	0.9年
債券 B	300億円	2.0%	1.8年
債券 C	300億円	3.0%	4.8年
債券 D	300億円	3.5%	7.0年
合計	1,000億円	2.7%	4.2年

上記の債券ファンドの場合、ファンド全体の平均修正デュレーション4.2年を計算しておけば、金利が１％上昇するとファンド全体で１％×4.2年＝4.2%だけ時価総額が下落し、995.8億円になると推定できる。

債券ファンド

	最終利回り	債券価格
債券A	1.0%＋1％→2.0%	
債券B	2.0%＋1％→3.0%	
債券C	3.0%＋1％→4.0%	
債券D	3.5%＋1％→4.5%	
合計	2.7%＋1％→3.7%	1,000億円→995.8億円

　ただし、このような推定が実際の時価と整合性が保たれるのは、各期間の金利が同じ幅だけ変化したときだけである。すなわちイールド・カーブが上方に平行移動する場合のみ、ファンド全体の平均デュレーションから時価総額の変動を良好に推定できる。

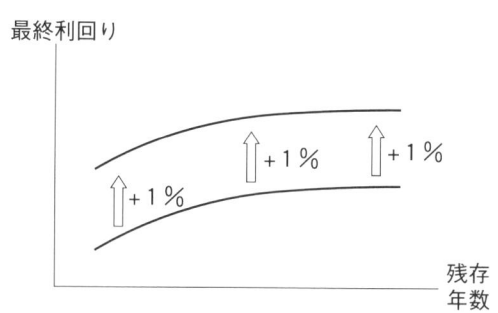

◆◆ 利用法2：イミュニゼーション戦略

　イミュニゼーション（Immunization）とは免疫を意味する。免疫とは本来病原体が人体に進入してきても発病しない防衛機構を意味する。債券運用におけるイミュニゼーション戦略とは、「金利が変動しても回収額を一定にする戦略」である。具体的には以下のような簡単なものだ。
　「債券購入後、デュレーション年経過時に債券を売却する」
　割引債の場合、デュレーションは残存年数と一致するから償還まで保有することを意味する。割引債を償還まで保有すれば、途中で金利が変動しても回収額は一定（額面が回収されるだけ）である。

利付債でも「債券購入後、デュレーション年経過時に債券を売却」すれば回収金額を一定にできるだろうか。ここでは途中で受け取ったクーポンを再投資することまで想定する。

〈利付債を償還時まで保有した場合〉

利付債は償還時まで保有すると、債券本体の部分については額面金額が入金されるので一定だが、期日前に受け取った利息の再投資利回りが市中金利の影響を受けるため、回収額全体（額面償還と受取利息合計）は一定になるわけではない。金利が上昇すると回収額は増加し、下落すると減少する。

〈利付債を償還前に売却した場合〉

償還前に売却した場合、債券本体の売却金額は売却時の市中金利で決まる。金利が上昇すると売却金額は下落し、金利が下落すると売却金額は上昇する。これはクーポンの再投資とは逆方向に影響する。デュレーション経過時に売却するとこの増加額・減少額が一致する。

このメカニズムを残存3年、5％利付債、満期利回り6％、デュレーション2.856年の債券で確かめてみよう。

金利に変化がなく（6％のまま）、2.856年経過した時に売却すると、以下のようになる。

債券売却額：$100 + 5 = (1 + 6\%)^{0.144年(※3)} \times 売却額$

∴売却額 ≒ 104.12円

受取利息：$5 \times (1 + 6\%)^{1.856年} + 5 \times (1 + 6\%)^{0.856年} ≒ 10.83$円

回収額 = 104.12円 + 10.83円 = 114.95円

（※3） 0.144年は満期までの残存年数。

金利が上昇し（6％→7％）、2.856年経過した時に売却すると、以下のようになる。

債券売却額：$100 + 5 = (1 + 7\%)^{0.144年} \times 売却額$

∴売却額 ≒ 103.98円

受取利息：$5 \times (1 + 7\%)^{1.856年} + 5 \times (1 + 7\%)^{0.856年} ≒ 10.97$円

回収額 = 103.98円 + 10.97円 = 114.95円

金利が下落し（6％→5％）、2.856年経過した時に売却すると、以下のよ

うになる。

　債券売却額：$100 + 5 = (1 + 5\%)^{0.144} \times 売却額$

　∴売却額 ≒ 104.27円

　受取利息：$5 \times (1 + 5\%)^{1.856} + 5 \times (1 + 5\%)^{0.856} ≒ 10.68$円

　回収額 = 104.27円 + 10.68円 = 114.95円

計算結果を表にまとめると回収額が一定であることがわかる。

	5％に下落	6％のまま	7％に上昇
債券売却額	104.27円↑	104.12円	103.98円↓
受 取 利 息	10.68円↓	10.83円	10.97円↑
合　　　計	114.95円	114.95円	114.95円

　上記の計算例では回収額がほぼ一定であるが、いつでもイミュニゼーション戦略が成立するわけではない。デュレーションを前提にしているので、イールド・カーブが平行移動するような金利変動時でなければ成立しない。

◆◆ 利用法3：ダンベル＝ブレット戦略

　最も積極的なデュレーション（とコンベクシティ）の利用法で、債券のアクティブ運用の戦略である。ダンベル＝ブレット戦略に関しては次章で詳解する。

第5章 債券ポートフォリオ

本章のテーマ

これまで解説してきたイールド・カーブ、デュレーションやコンベクシティを使った債券独特の投資戦略というものがある。その古典的な戦略の一つがダンベル＝ブレット戦略である。

債券運用の総まとめとしてダンベル＝ブレット戦略を解説する。

1 ブレット型、ダンベル（バーベル）型、ラダー型

債券ポートフォリオにもさまざまな運用手法・分類方法があるが、そのなかで残存年数の構成比でブレット型、ダンベル（バーベル）型、ラダー型に分類する方法がある。

ブレット型（bullet、銃弾）は特定の残存年数に集中して投資する。ブレット型だけではポートフォリオ（分散投資）とはいえないが、後述するダンベル＝ブレット戦略で重要な役割を果たす。

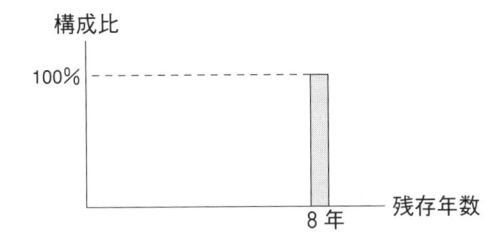

どの年数に集中投資するかは金利予測次第である。金利が下落あるいは現状の水準にとどまると予測するならば、長期債に集中投資することで収益率を高めることができるだろう。逆に金利が下落すると予測するならば、長期債は避けることになるだろう。上図は金利上昇はないものとして8年債に集

中投資した例である。

　債券ファンドは1年経過すると、ファンドを構成する債券の残存年数が1年短くなる。上図の債券ファンドは1年後には7年債中心で運用することになる。このまま放置すると毎年残存年数が短くなっていく。

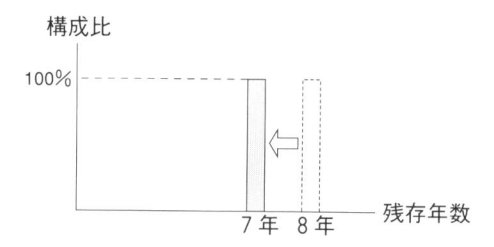

```
構成比
100% ┆      ┌─┐ ┌┈┐
     ┆      │ │←│ ┆
     ┆      │ │ │ ┆
     └──────┴─┴─┴─┴──── 残存年数
            7年 8年
```

　8年債で運用し続けようとしたら、1年経過後には7年債をすべて売却して8年債を購入し直す必要がある。つまりブレット型が当初の構成（100％8年債で運用）を維持するためには毎年ファンド全体を売却し購入し直さねばならない。これには売買手数料というコストが発生する。

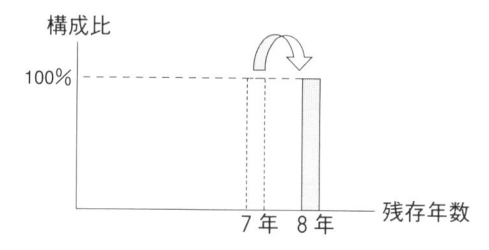

```
構成比            ⤵
100% ┆      ┌┈┐ ┌─┐
     ┆      ┆ ┆ │ │
     ┆      ┆ ┆ │ │
     └──────┴─┴─┴─┴──── 残存年数
            7年 8年
```

　さらにファンド解約や突然の資金需要が生じた場合、長期債を売却しなければならなくなる。その場合、金利状況いかんでは（保有し続ければ回避できたかもしれない）売却損を被る可能性がある。これを「流動性確保の観点に難がある」と表現する。

　ダンベル型（dumbbell、バーベルともいう）は短期債と長期債で構成され、中期債を組み入れないポートフォリオである。短期債で流動性を確保しつつ長期債で収益性を追求する。

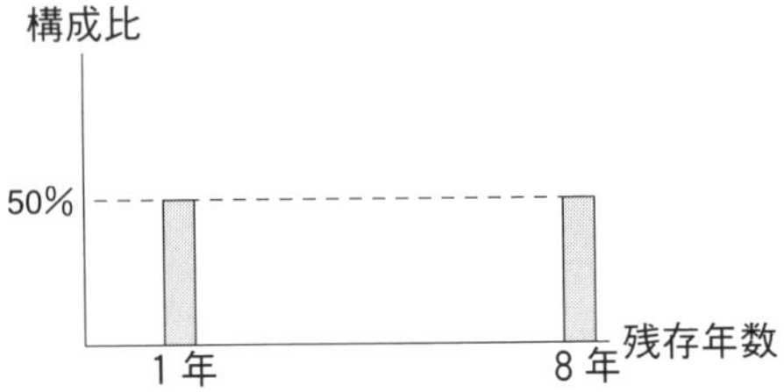
構成比
50%
1年
8年
残存年数

図のように、短期債と長期債に投資され中間がない形状が、重量挙げのダンベル（バーベル）に似ているのでこのような名称が付された（上図では短期債と長期債が50%ずつになっているが、構成比は自由に設定できる）。ブレット型の流動性の難点を改良したものである。また短期債に関しては売却の必要はなく1年後には自動的に現金化される。維持コストもブレット型に比較すると少ないといえる。収益性に関しては短期債を取り入れることで低下してしまうことは避けられない。

ラダー型（ladder、はしご）は各期間に均等に保有しようとする運用である。ラダー型の最大の長所は維持コストの低さである。

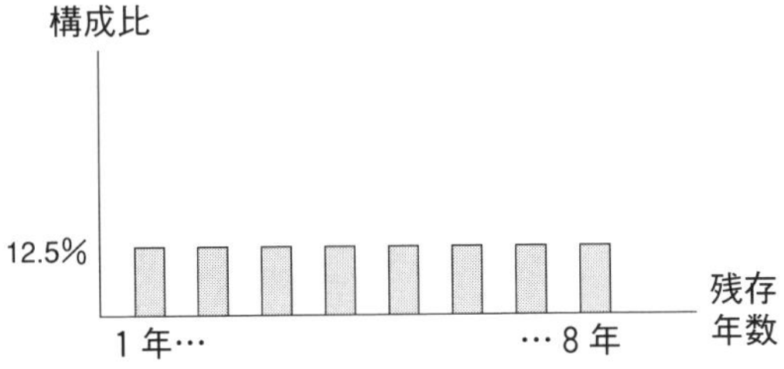
構成比
12.5%
1年…
…8年
残存
年数

1年経過後には構成債券の残存年数が1年ずつ短縮する。下図でいえば8年債が失われ、1年債が償還を迎え現金化される。

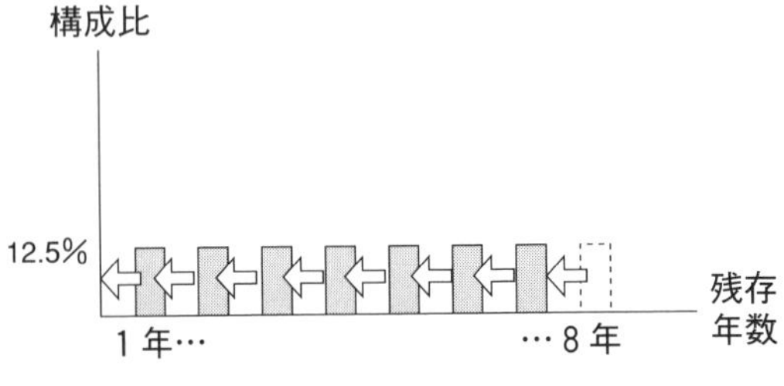
構成比
12.5%
1年…
…8年
残存
年数

そこで償還で得られた現金で8年債を購入すれば当初のポートフォリオの構成に戻る。ブレットの数分の1のコストで済む。

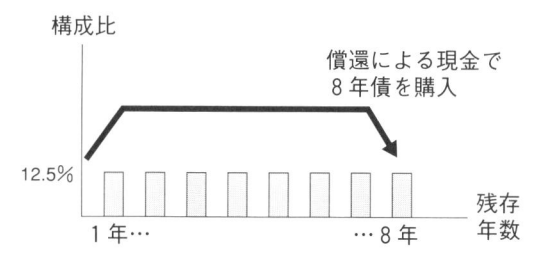

収益性に関しては毎年長期債を購入して償還まで保有することになるため、平均的な長期債の最終利回りが実現することになる。ローリング・イールドから考えると、この手法は収益性は低い、あるいは市場平均と一致することになり、アクティブ運用の有効な手法にはなりにくい。

以上の三つの型について、収益性、維持コスト、手元流動性確保の観点から比較すると以下のようになる。

	ブレット型	ダンベル型	ラダー型
収益性	○ アクティブ運用に適している。	○	△ 市場平均と一致する。
維持コスト (売買手数料)	× 1年ごとに全銘柄を入れ替えなければ、目標の残存年数が維持できない。	△	○ 短期債の償還で得られた資金で最長期物に再投資すればポートフォリオの形状が維持できる。
手元流動性の確保	× 債券の売却が必要。	○ 短期債で確保。	○

2　ダンベル＝ブレット戦略

◆◆ 数値例

	3年債	5年債	7年債
クーポン	0.0%	0.0%	0.0%
最終利回り	2.0%	3.0%	3.5%
デュレーション	3年	5年	7年
修正デュレーション	2.94年	4.85年	6.76年
コンベクシティ	12年^2	30年^2	56年^2

上記の三つの債券からダンベル＝ブレット戦略を組み立てよう。

〈STEP 1〉

中期債（5年債）をブレット・ポートフォリオと想定する。

〈STEP 2〉

ブレット・ポートフォリオ（5年債）に合わせてダンベル・ポートフォリオを3年債と7年債から作成する。組入比率は「修正デュレーションがブレットに等しくなる」ように設定する。この場合、50%：50%の比率で組み合わせることになる。

ダンベル・ポートフォリオ（3年債と7年債の組合せ）の特性

最終利回り	2.0%×50%＋ 3.5%×50%＝2.75%
修正デュレーション	2.94年×50%＋6.76年×50%＝4.85年
コンベクシティ	12年^2×50%＋ 56年^2×50%＝34年^2

◆◆ ダンベルとブレットの特性

このように作成したブレット・ポートフォリオ（5年債）とダンベル・ポートフォリオ（3年債と7年債の組合せ）は以下のような特性を有している。

　① 最終利回りはブレット・ポートフォリオ（5年債）が有利

　　通常、イールド・カーブは上に凸である。したがって、短期債と長期債の組合せであるダンベル（3年債と7年債の組合せ）の利回りはブ

レット（5年債）よりも下になる。

ダンベルとブレットの最終利回り

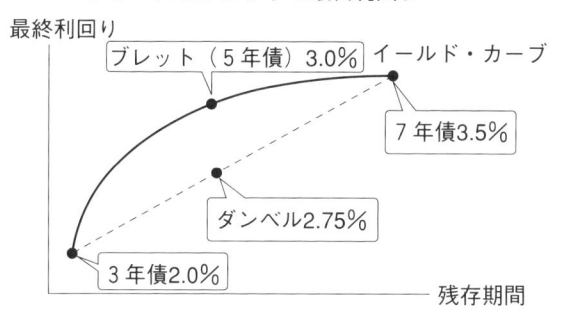

最終利回り
- ブレット（5年債）3.0%
- イールド・カーブ
- 7年債3.5%
- ダンベル2.75%
- 3年債2.0%
- 残存期間

② コンベクシティはダンベルが有利

コンベクシティは、割引債だから「残存年数×（残存年数＋1）」に等しい。縦軸にコンベクシティ、横軸に残存年数のグラフを描いて比較してみよう。グラフは「$Y = X(X+1)$」という下に凸の曲線になる。図からわかるようにダンベル（3年債と7年債の組合せ）のコンベクシティはブレット（5年債）よりも大きい。

ダンベルとブレットのコンベクシティ

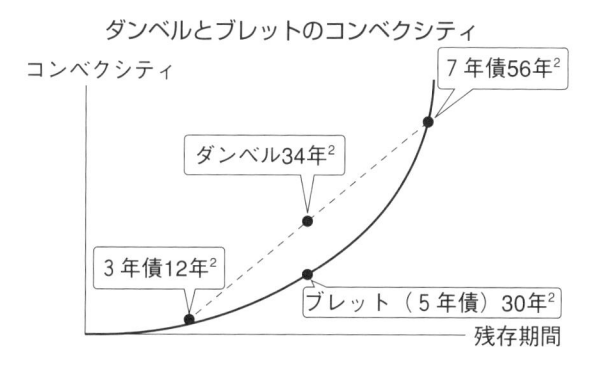

コンベクシティ
- 7年債56年^2
- ダンベル34年^2
- 3年債12年^2
- ブレット（5年債）30年^2
- 残存期間

まとめると以下のようになる。

	ブレット	ダンベル（バーベル）
最終利回り	○有利	×不利
修正デュレーション	\(同じになるように設定する\)	
コンベクシティ	×不利	○有利

第5章 債券ポートフォリオ

金利の変動が小さいときには、最終利回りの優位性によりブレット（5年債）が有利である。金利の変動が大きいときには、コンベクシティの優位性によりダンベル（3年債と7年債の組合せ）が有利である。コンベクシティの大きいことは金利上昇時にも下落時にも有利に働くことがポイントである（第4章2を参照）。

　ただ、金利上昇時にダンベルが有利といっても、ダンベル・ポートフォリオの値下がり幅が小さいだけで損失が生ずることに変わりはない。そこで、この考察結果をもっと積極的に活用する方法がある。ブレット、ダンベルのいずれかでだけ運用するのではなく、両方を同時に組み合わせるのだ。

◆◆ 二つの方法の組合せ

〈運用方法1：金利の変動が小さいと予測する場合「ダンベルの空売り＋ブレットの現物買い」〉

　ダンベルの空売りによりブレットよりも低金利で資金調達でき、その資金をダンベルよりも高金利で運用すると両者の金利差（最終利回り格差）を利益として獲得できる(※1)。ただし、これは裁定利益ではない。あくまで「金利の変動が小さい」という予測が当たったときだけ成功する運用方法である。もし、金利が大きく変動した場合、損失が生ずる。

　（※1）　オプションの合成ポジションである「ストラドルの売り」に相当するポジションである。

〈運用方法2：金利の変動が大きいと予測する場合「ダンベルの現物買い＋ブレットの空売り」〉

　金利が大幅に上昇した場合、両者のデュレーションは同じなので同じ程度債券価格が下落するが、コンベクシティの格差により（ごくわずかであるが）ブレットの下落幅が大きい（ダンベルの下落幅が小さい）。

　金利が大幅に下落した場合、両者のデュレーションは同じなので同じ程度債券価格が上昇するが、コンベクシティの格差により（ごくわずかであるが）ダンベルの上昇幅が大きい（ブレットの上昇幅が小さい）。

ブレット（コンベクシティが小さい）

債券価格／最終利回り

ダンベル（コンベクシティが大きい）

債券価格／最終利回り

金利低下時の上昇幅が大きい

金利低下時の下落幅が小さい

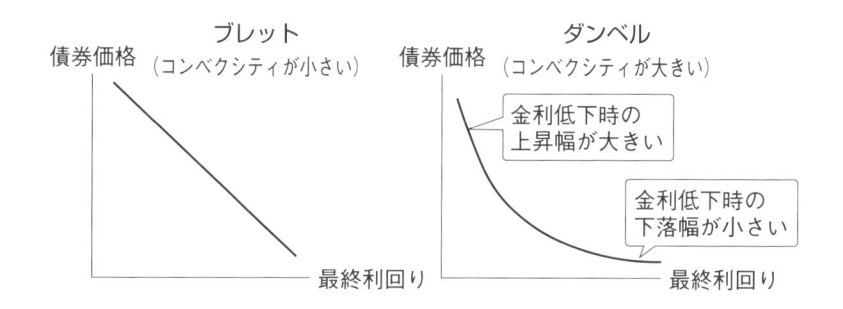

よって「ダンベルの現物買い＋ブレットの空売り」により、金利上昇局面でも下落局面でも両者の価格変動差を利益として獲得できる(※2)。これも「金利の変動が大きい」という予測が当たったときだけ成功する運用方法である。

（※2） これもオプションの合成ポジションである「ストラドルの買い」に相当するポジションである。

このダンベル・ブレット戦略はイールド・カーブの形状に影響を与える。その影響を解説する前にイールド・カーブの形状変化の名称を整理しておこう。

◆◆ イールド・カーブの形状変化の名称

〈パラレルシフト〉

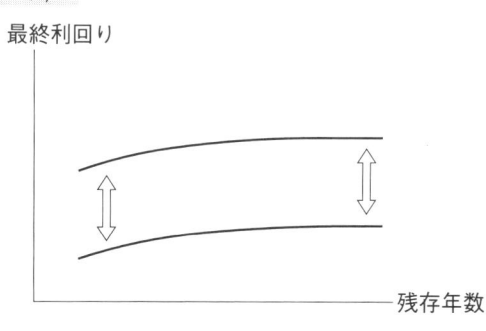

最終利回り／残存年数

各期間の金利（最終利回り）が同じ幅で変動することをパラレルシフト（平行移動）、略してシフトと称する。景気の動向に応じて変動する。好景気時には債券投資から株式投資にシフトするので債券安、すなわちイールド・

カーブは上方にシフトする。逆に景気停滞期には株式から債券にシフトするので債券高、イールド・カーブは下方にシフトする。

〈ツイスト〉

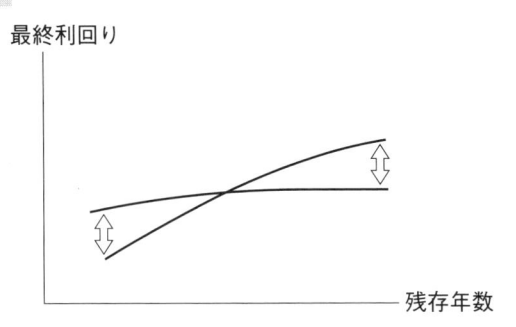

現状は不景気だが、長期的には景気回復が期待される場合に、短期金利は低いまま長期金利が上昇する。つまりイールド・カーブの傾きが大きくなる。景気回復が実現するにつれ、短期金利も上昇するので傾きは小さくなる。この傾きの変化をツイスト（ねじれ）と称する。

また、ローリング・イールドをねらった運用が、結果的にはイールド・カーブの傾きを小さくすること、傾きが小さくなりすぎると金利変動リスクに対する回避傾向から、イールド・カーブの傾きが大きくなることもツイストの要因である。

〈カーベチャー〉

カーベチャーはイールド・カーブの上方へのふくらみの変化を表す。この変化がダンベル＝ブレット戦略の根拠であり、かつダンベル＝ブレット戦略の影響を受けて変化する。

金利の変動が小さいと予測される場合「ダンベル（長期債と短期債）の空売り＋ブレット（中期債）の現物買い」が有利なポジションになる。よって長期債と短期債の価格が低下し最終利回りが上昇する。逆に中期債の価格は上昇するので最終利回りは低下する。よってイールド・カーブの形状は上方へのふくらみが小さくなる方向に変化する。

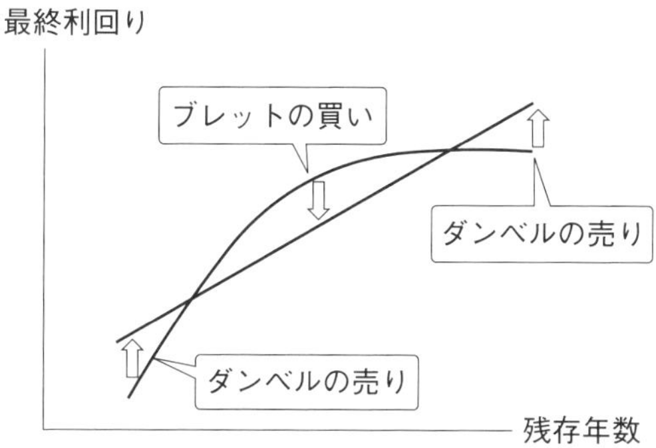
最終利回り
ブレットの買い
ダンベルの売り
ダンベルの売り
残存年数

金利の変動が大きいと予測される場合「ダンベル（長期債と短期債）の現物買い＋ブレット（中期債）の空売り」が有利なポジションになる。よって長期債と短期債の価格が上昇し最終利回りが低下する。逆に中期債の価格は下落するので最終利回りは上昇する。よってイールド・カーブの形状は上方へのふくらみが大きくなる方向に変化する。

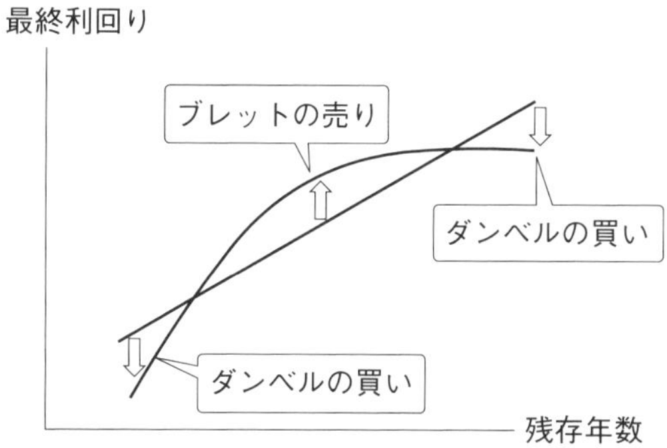
最終利回り
ブレットの売り
ダンベルの買い
ダンベルの買い
残存年数

実際のイールド・カーブの形状変化は上記三つの変化が組み合わさった複合的な変化になる。しかし、その変動の大部分はシフトであり、それにツイスト要因が加わり、ごくわずかだけカーベチャー要因がみてとれる程度である。

# 第5部

パフォーマンス評価

第1章 なぜパフォーマンス評価をするのか

本章のテーマ

第1〜4部まで紹介してきた理論やモデルは、いわば運用を担当する（任される）側にとって重要なものであった。しかし、第5部パフォーマンス評価は運用を委託する側にとって重要な理論である。一般の個人投資家にとっても重要な考え方であり、オープン型の投資信託を選ぶということはまさにパフォーマンス評価そのものにほかならない。

これまではリターンといえば期待収益率、すなわち予想収益率の平均値であったが、第5部では事後収益率が中心になる。期待収益率と事後収益率の違いは第1部第1章で解説している。本章から読み始める読者はぜひ参照してほしい。

1 運用を他人に任せる

パフォーマンス評価とは「過去の投資実績を省みる」ことである。過去をふりかえって何かよいことがある（将来の資産利回りの向上につながる）だろうか。自分の資産を自分自身で運用する場合、効果は低いだろう。

しかし、運用を他人（専門家）に任せる場合、パフォーマンス評価をする（過去の投資実績をふりかえる）と将来の資産利回りの向上につながる可能性がある(※1)。

(※1) 本当に効果があるかどうかは批判もあるが、少なくともパフォーマンス評価をする人々の目的は「将来の資産利回りの向上」である。

◆◆ 数値例

ある資産家が総額300億円の資産運用を3人の専門家に委託した結果、1

年後の運用結果が下表のとおりだったとする。

運用委託先	1年目	
	期首	期末
A 社	100億円	120億円
B 社	100億円	90億円
C 社	100億円	105億円
合 計	300億円	315億円

　この結果をみて資産家は考えた。「A 社は好成績を残したのに対して、B 社は期待はずれだった。運用2年目は A 社に委託する額を増やし、B 社に委託する額を減らそう」

運用委託先	1年目		配分変更	2年目	
	期首	期末		期首	期末
A 社	100億円	120億円	＋50億円	170億円	
B 社	100億円	90億円	▲50億円	40億円	
C 社	100億円	105億円	0 億円	105億円	
合 計	300億円	315億円	0 億円	315億円	

　このようにパフォーマンス評価をして、運用委託先の配分を変更することにより将来の資産利回りの向上を目指すのである。

　受託する専門家は、運用開始前にどのような方法で評価されるかを委託者に尋ねるだろう。そして運用開始後も評価値が向上するように運用するはずである。つまり委託者が設定するパフォーマンス評価が間接的に運用成績に影響を及ぼすといえる。

2　パフォーマンス評価におけるリターン

　第1部第1章の冒頭で、事後収益率と予想収益率の違いについて解説した。本章で中心になるのは事後収益率である。これまで扱ってきた予想収益率との違いを再確認しておこう。

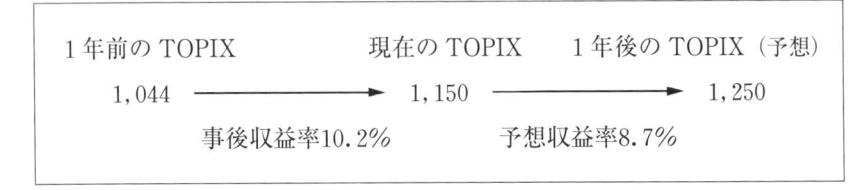

```
1年前のTOPIX         現在のTOPIX      1年後のTOPIX（予想）
   1,044     ─────▶    1,150    ─────▶    1,250
           事後収益率10.2%      予想収益率8.7%
```

　事後収益率も予想収益率も大差ないように思えるかもしれないが、現在のTOPIXの価格変動に対する反応が重要である。現在のTOPIXがその日のうちに1,150から1,200に上昇したとする。事後収益率および予想収益率はどうなるだろうか。

```
1年前のTOPIX         現在のTOPIX      1年後のTOPIX（予想）
   1,044     ─────▶    1,200    ─────▶    1,250
           事後収益率14.9%      予想収益率4.2%
```

　事後収益率は10.2%から14.9%に上昇するが、予想収益率は8.7%から4.2%にまで低下する。

　　現在の株価が上昇すると事後収益率は上昇し、予想収益率は低下する。

　事後収益率とは、投資家が過去に購入し現在保有している株式の収益率である。保有している株式の株価は上昇すればするほど利益が大きくなる。予想収益率とはまだ保有しておらず、これから購入しようと考えている株式の収益率である。なるべく安く購入できたほうが儲けは多くなる。
　現代ポートフォリオ理論で登場した、横軸にリスク（標準偏差やβ）を、縦軸にリターンをとった平面がパフォーマンス評価でも登場するが、縦軸のリターンが事後収益率なので、株価との関連が反対になる。

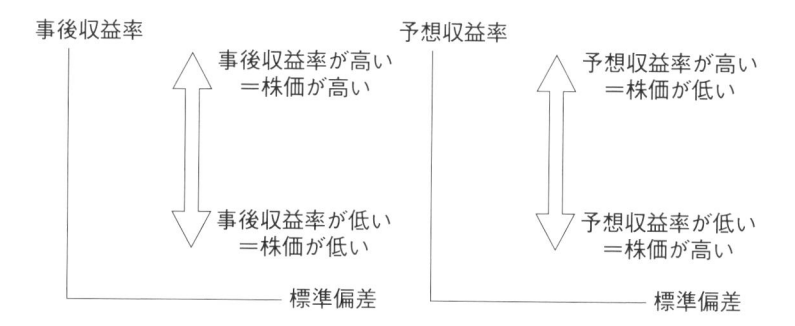

事後収益率		予想収益率	
↑	事後収益率が高い ＝株価が高い	↑	予想収益率が高い ＝株価が低い
↓	事後収益率が低い ＝株価が低い	↓	予想収益率が低い ＝株価が高い
— 標準偏差		— 標準偏差	

第2章 リターンの計測

本章のテーマ

　第1部第1章ではリターンを簡単に計算したが、現実の資産運用ではそれほど簡単ではない。特に委託・受託関係がある場合、目的に応じて金額加重収益率と時間加重収益率という異なる二つの収益率（リターン）を使い分ける必要がある。本章ではその目的と収益率の組合せに関して解説する。

1　2種類の収益率とその使い分け

　これまでリターンの計測に関しては詳細な解説をしてこなかったが、追加型（オープン型）投資信託の場合、リターンには金額加重収益率と時間加重収益率の二つがあり、その使い分けが重要である。

◆◆ 数 値 例

　投資家AはファンドXを100万円購入した。一方、投資家BはファンドYを100万円購入した。1年後、AもBも保有するファンドが120万円になった。

	1年目	
	期首	期末
ファンドX	100万円	120万円
ファンドY	100万円	120万円

　1年目が終了した段階でAはファンドXを20万円だけ解約し、BはファンドYを20万円追加購入した。2年目のファンド運用結果、ファンドXは

95万円になり、ファンドYは133万円になった。

	1年目		追加購入・解約	2年目	
	期首	期末		期首	期末
ファンドX	100万円	120万円	▲20万円	100万円	95万円
ファンドY	100万円	120万円	+20万円	140万円	133万円

2 時間加重収益率

まず、ファンドXとYの2年間のリターンを計測しよう。ファンドXとファンドYの運用担当者(ファンド・マネジャー)にとって、部分解約や追加購入による投資元本の増減は責任がない。そこで運用元本の増減の影響を排除して計算する。

	1年目の収益率	2年目の収益率
ファンドX	$\frac{120万円}{100万円} - 100\% = 20\%$	$\frac{95万円}{100万円} - 100\% = ▲5\%$
ファンドY	$\frac{120万円}{100万円} - 100\% = 20\%$	$\frac{133万円}{140万円} - 100\% = ▲5\%$

両ファンドとも1年目は+20%、2年目は▲5%だった。さて、2年間の平均利回りはどう計算するべきだろうか。算術平均と幾何平均の2通りがある。幾何平均は複利の考えそのものである。

算術平均(単利):$(20\% + ▲5\%) \div 2$年$= 7.50\%$

幾何平均(複利):$(1 + 20\%) \times (1 + ▲5\%) = (1 + r)^{2年}$

$$\therefore r ≒ 6.77\%$$

さて、どちらが正しい(あるいは有用)だろうか。途中解約・追加購入なしで100万円を2年間運用した場合を考えてみよう。

	1年目		追加購入	2年目	
	期首	期末	・解　約	期首	期末
ファンドX	100万円	（＋20%）120万円	0万円	120万円	（▲5%）114万円
ファンドY	100万円	（＋20%）120万円	0万円	120万円	（▲5%）114万円

100万円を6.77%で複利運用すると100万円×（1＋6.77%)^{2年}≒114万円と求められることからも幾何平均が正しい（有用である）ことがわかるだろう。

> 時間加重収益率とは、元本変動の影響を排除して計算した年間収益率の幾何平均のことである。ファンド自体の収益率の比較（あるいはファンド・マネジャーの能力評価）に用いられる。
>
> $$(1+r)^n = \frac{V_1}{V_0} \times \frac{V_2}{V_1+C_1} \times \cdots \times \frac{V_n}{V_{n-1}+C_{n-1}}$$
>
> r：時間加重収益率
> V_0：期首の元本　　C_j：期中のキャッシュフロー
> V_n：期末の評価額

3　金額加重収益率

前掲の数値例では、ファンドXとファンドYの運用成績に差はなかった。しかし、投資家AとBの運用成績には差が生じた。

	投資額	回収額	利益額
A	1年目に100万円	1年目に20万円 2年目に95万円	＋15万円
B	1年目に100万円 1年目に20万円	2年目に133万円	＋13万円

同じ成績のファンドを購入したのに差が生じたのは、2年目が始まる前に投資元本を増やしたこと、減らしたことが原因である。2年目は不幸にして運用成績がマイナスになったため元本を減らしたAの損失額は少なく、元

本を増やしたBの損失は大きくなったのだ。

　このような途中解約・追加購入の影響も含めた収益率を金額加重収益率（内部収益率）という。債券の最終利回りを複利で計算する式そのものである。当初投資額100万円が債券価格、解約はクーポンの受取り、追加購入はマイナスのクーポンの受取りと考える。

$$A：100万円 = \frac{20万円}{(1+r)} + \frac{95万円}{(1+r)^2} \quad \therefore r ≒ 7.98\%$$

$$B：100万円 = \frac{-20万円}{(1+r)} + \frac{133万円}{(1+r)^2} \quad \therefore r ≒ 5.76\%$$

金額加重収益率で計測するとAの収益率が高いことがわかる。

　金額加重収益率とは、元本変動の影響を含めて計算した収益率のことである。個々の投資家にとっての資産運用結果である

$$V_0(1+r)^n + C_1(1+r)^{n-1} + \cdots C_{n-1}(1+r) = V_n$$

　V_0：期首の元本　　r：金額加重収益率

　C_j：期中のキャッシュフロー　　V_n：期末の評価額

第3章 リスクとリターンからの評価

本章のテーマ

　自分の資産を自分で運用する場合には運用プロセスを重視する必要もなく「結果がすべて」とすることも可能だ。しかし、他人から資産を預かって運用する場合、「結果がすべて」というわけにはいかずプロセスが問われる。すなわちリターンが同じならばより低いリスクで運用することが求められるのである。資産運用の外部委託が進むと同時にリスク調整後測度という評価基準の重要性が増してきたのである。

1　低リスクが求められる理由

　現代ポートフォリオ理論が議論の出発点として置いた「投資家はリスクを嫌う」（リスク回避型の投資家しかいない）とする前提は仮説にすぎず、現実の投資家が全員そう考えるかどうかはわからない。しかし、たしかに「リスクを嫌う投資家」も存在する。その代表格が年金基金である。特に確定給付型の年金制度においては予定利回りを長期的・安定的に上回ることが最重要課題であって、すでに利回りを上回っている場合には過大なリスクをおかしてまでリターンを追求する必要はないという志向が存在する。

　年金資産の運用を外部の運用専門機関に委託する場合、パフォーマンス評価の基準はリターンのみならず、リスクが重要な評価対象となる。

2　リスク調整後測度の発想

　年金資産組織のようなリスク回避型投資家にとってパフォーマンス評価の基準は二つある。

> 【優劣の基準】
> 基準1　リターンは高いほうがよい。
> 基準2　リスクは低いほうがよい。

しかし、評価基準が二つあると実用上困ったケースが生ずる。以下の数値例で考えてみよう。

◆◆ 数 値 例

	リターン （事後収益率の 平均値）	リスク （事後収益率の 標準偏差）	β
ファンドA	5％	18％	0.85
ファンドB	9％	40％	1.30

市場ポートフォリオ	6％	20％	(1.0)
無リスク資産	1％	(0％)	(0.0)

（注）（　）内の数値は常に一定である。

ファンドAとファンドBを比較しよう。基準1で比較するとファンドBのほうが優位であり、基準2で比較するとファンドAのほうが優位、両者とも一長一短である。結局、どちらのファンドのほうが優秀だと判断すべきであろうか。

そこで二つの基準を一つにまとめよう。リターンをリスクで割ればよいのだ。そうすれば基準を一本化できる[※1]。

> リターンは大きいほうがよい　　　　$\dfrac{リターン}{リスク}$ が大きいほうがよい
> リスクは小さいほうがよい

（※1）　リターンをリスクで割る本来の意味は後に解説する。

第3章　リスクとリターンからの評価　267

ただし、単純にリターンをリスクで割り算するわけにはいかない。超過収益率という概念の導入が必要になる。

	①ある株式ファンドのリターン	②無リスク資産のリターン
高度成長期	＋5％	＋7％
景気低迷期	＋3％	＋1％

　上表のような高度成長期の株式ファンドと景気低迷期の株式ファンドのリターンを比較するときに単純にリターンの大きさだけで比較すると、高度成長期の株式ファンドのほうが優秀だったということになってしまう。しかし、同時代の無リスク資産（安全資産ともいう。国債を連想してほしい）と比較すると、高度成長期のある株式ファンドは無リスク資産を下回っていることに気がつくだろう。「リスクを覚悟してまで投資したのに無リスク資産を下回った」というのはマイナス評価すべき点であろう。

　一方、景気低迷期の株式ファンドはリターンは高度成長期と比較すると低いものの同時代の無リスク資産を上回っている。「リスクを覚悟してまで投資した」だけのことはあるとみなされるべきである。

　そこで株式ファンドのリターンを評価する際には同時代の無リスク資産のリターンをどれだけ上回ったかで評価すべきだろう。この「無リスク資産を上回ったリターン」を超過収益率、あるいはリスク・プレミアムという。

	①ある株式ファンドのリターン	②無リスク資産のリターン	超過収益率（リスク・プレミアム）①－②
高度成長期	＋5％	＋7％	▲2％
景気低迷期	＋3％	＋1％	＋2％

　よってパフォーマンス評価もリターン全体ではなく超過収益率部分で評価すべきだろう。もちろん、リスクも無リスク資産のリスクをどれだけ上回っているかで評価すべきなのだが、そもそも無リスク資産のリスクは常にゼロだからリスク資産のリスクそのものになる。

3　シャープの測度

シャープの測度はシャープ比、シャープ・レシオとも称される。次式で定義される代表的なリスク調整後測度である。

$$シャープの測度 = \frac{収益率 - 無リスク資産利子率}{標準偏差}$$

前述の数値例の場合、シャープの測度は以下のように計算される。ファンドAのほうが大きいのでファンドAのほうが優位であるという結論になる。

◆◆ 数 値 例

	リターン (事後収益率の平均値)	リスク (事後収益率の標準偏差)
ファンドA	5％	18％
ファンドB	9％	40％
無リスク資産	1％	(0％)

	シャープの測度
ファンドA	$\frac{5\% - 1\%}{18\%} \fallingdotseq 0.22$
ファンドB	$\frac{9\% - 1\%}{40\%} = 0.20$

このシャープの測度をグラフ化すると、各ファンドと無リスク資産を結んだ直線の傾きとして表される。

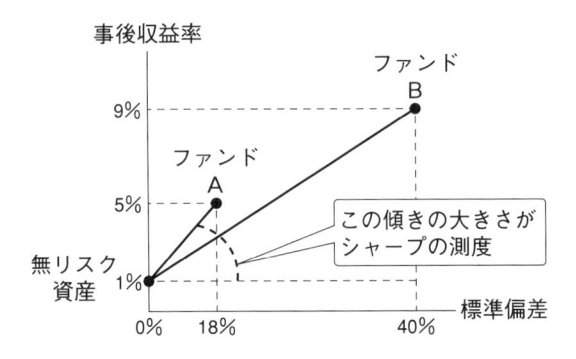

図中ラベル:
- 事後収益率
- ファンド B 9%
- ファンド A 5%
- 無リスク資産 1%
- この傾きの大きさがシャープの測度
- 標準偏差 0% 18% 40%

> **参考** シャープの測度の「本当の意味」

シャープの測度を通して、以下の疑問をもたれた読者も多いはずだ。

「いくらシャープの測度が大きいといってもファンドＡのリターンはしょせん５％止まりではないか。その点、ファンドＢは９％という高い利回りを実現した。高いリターンを望む場合、ファンドＢを選択せざるをえないのではないか」

これに対してシャープの測度は「ファンドＡと無リスク資産を使えば、同じリスク（標準偏差）でファンドＢよりも高いリターンが得られたはず」と主張しているのだ。

自己資金100万円の資産運用を考えよう。ファンドＢを購入した場合、収益率９％だから１年後には109万円になったはずだ。標準偏差は40％だが、ここでは簡便的に期中±40万円（100万円×±40％）変動があったと解釈しよう。

次にファンドＡと無リスク資産の組合せを考えよう。自己資金100万円に、無リスク資産利子率１％で122.22万円を借入れ（あるいは無リスク資産を122.22万円空売り）して、合計222.22万円だけファンドＡを購入する。

標準偏差は18％だが、期中には±40万円（222.22万円×±18％）変動があったはず。これは100万円の自己資金からみればファンドＢを購入した場合のリスクと同じになることを意味する（同じになるように無リスク資産利子率での借入額を決めた）。

ファンドＡの収益率５％だから１年後には233.33万円（222.22万円×(100％＋５％)）になる。ただし、１年後には借入金を利子をつけて返済しなければならない。その額は123.44万円（122.22万円×(100％＋１％)）である。結局、手元には109.89万円（233.33万円－123.44万円）だけ残る。利回りは9.89％でファンドＢを購入するよりも高くなった。

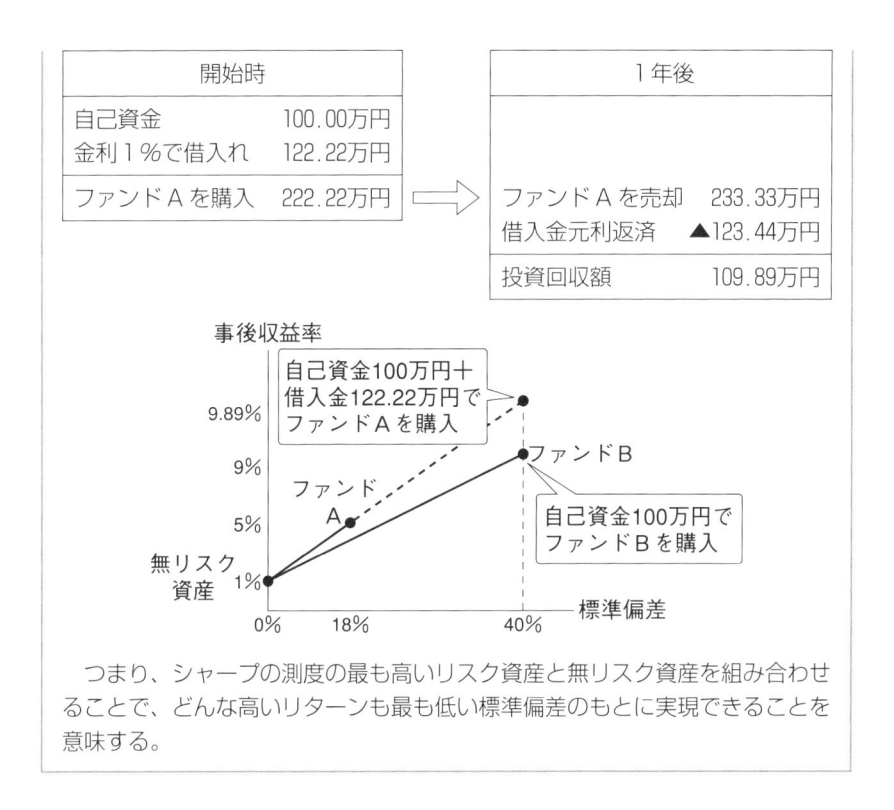

開始時	
自己資金	100.00万円
金利1％で借入れ	122.22万円
ファンドAを購入	222.22万円

1年後	
ファンドAを売却	233.33万円
借入金元利返済	▲123.44万円
投資回収額	109.89万円

事後収益率

9.89%　自己資金100万円＋借入金122.22万円でファンドAを購入

9%　ファンドB

5%　ファンドA

自己資金100万円でファンドBを購入

無リスク資産　1%

0%　18%　40%　標準偏差

　つまり、シャープの測度の最も高いリスク資産と無リスク資産を組み合わせることで、どんな高いリターンも最も低い標準偏差のもとに実現できることを意味する。

4　トレーナーの測度

　トレーナーの測度はトレーナー比、トレーナー・レシオとも称される。次式で定義される。

$$\text{トレーナーの測度} = \frac{\text{収益率} - \text{無リスクリターン}}{\beta}$$

　前述の数値例の場合、トレーナーの測度は以下のように計算される。ファンドBのほうが大きいのでファンドBのほうが優位という結論になる。

	トレーナーの測度
ファンドA	$\dfrac{5\% - 1\%}{0.85} = 4.71\%$
ファンドB	$\dfrac{9\% - 1\%}{1.30} = 6.15\%$

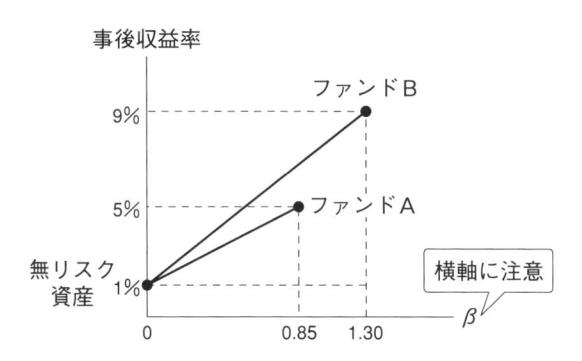

 この数値例の場合、シャープの測度で評価するとファンドAが優位、トレーナーの測度で評価するとファンドBが優位になり、結論が一致しない。シャープの測度とトレーナーの測度、いずれの結論を採用すべきであろうか。
 原則はシャープの測度で評価すべきである。なぜならβは運用上被ったリスク全体を表示しないからである（β概念の詳細については第2部第2章を参照）。βがいかに小さくとも投資リスクが小さいことは意味しない。

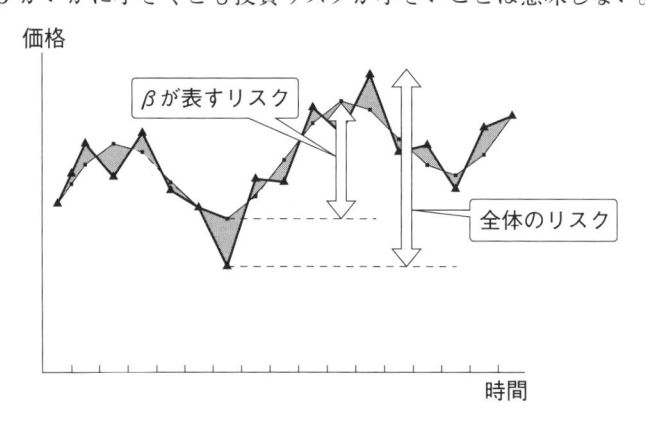

 トレーナーの測度は、シャープの測度が使えない特殊な状況下で使用され

る。それは「1人（1社）の資産を複数の専門機関で分担して運用している場合」である。実際の年金資産の運用でも、複数の専門機関が運用に携わるのが通例である。

(R：事後収益率、σ：標準偏差、β：CAPM の β)

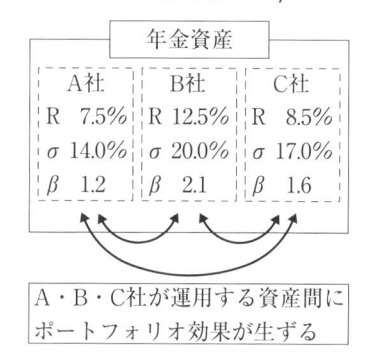

```
┌─────────── 年金資産 ───────────┐
│ ┌──────┐ ┌──────┐ ┌──────┐ │
│ │ A社  │ │ B社  │ │ C社  │ │
│ │R 7.5%│ │R12.5%│ │R 8.5%│ │
│ │σ14.0%│ │σ20.0%│ │σ17.0%│ │
│ │β 1.2 │ │β 2.1 │ │β 1.6 │ │
│ └──────┘ └──────┘ └──────┘ │
└───────────────────────────────┘
```

A・B・C社が運用する資産間にポートフォリオ効果が生ずる

このような場合、A・B・C社が各々担当している部分の標準偏差を加重平均しても年金資産全体の標準偏差にはならない。なぜならA・B・C社の資産間でポートフォリオ効果が発生するからだ。しかもこのポートフォリオ効果は、A・B・C社のいずれもがコントロール不能であり、どちらの責任でもない（コントロールするためにはA・B・C社が絶えず投資情報を交換しなければならない）。このような状況では、各部分のパフォーマンス評価をシャープの測度でしても、全体の測度にはならない。

一方、各社担当部分の β は加重平均すると全体の β と一致する（なぜならシステマティック・リスクの相関係数は常に1だから）。よってこのような状況ではトレーナーの測度のほうが有効であろう。

5　ジェンセンの α

ジェンセンの α は、CAPMによる理論値を実績がどれだけ上回っているかを測定したものである。

◆◆ 数 値 例

	リターン (事後収益率 の平均値)	β
ファンド A	5％	0.85
ファンド B	9％	1.30
市場ポートフォリオ	6％	(1.0)
無リスク資産	1％	(0.0)

ファンド A の「β に基づいた理論収益率」を計算しよう[※2]。

ファンド A の理論超過収益率 ＝ β ×(市場ポートフォリオの超過収益率)

$= 0.85 \times (6％ － 1％) = 4.25％$

∴ ファンド A の理論収益率 ＝ 4.25％ ＋ 1％ ＝ 5.25％

[※2] この式については第2部第2章を参照。

この理論収益率5.25％は「自己資金100万円で、株式インデックス・ファンド85万円と国債（無リスク資産）15万円を購入する」ことを想定している。

	配 分	リターン	β
株式インデックス・ファンド (＝市場ポートフォリオ)	85万円	85万円×6％ ＝5.1万円	1.00
国 債 (＝無リスク資産)	15万円	15万円×1％ ＝0.15万円	0.00
合 計	100万円	5.25万円	0.85

このポートフォリオ全体の β は0.85であり、この投資をすればだれが投資しても獲得できる収益率である。逆にいえば、株式インデックス・ファンド（市場ポートフォリオ）と国債（無リスク資産）の組合せによる投資では理論値どおりの実績しか得られず、理論値以上の利益は得られない。

A社の実際の事後収益率は5％なので理論値を0.25％下回っている。これがジェンセンの α と呼ばれるものである。

ジェンセンの α ＝（実際の収益率）－（理論収益率）
　　　　　　＝ 5 ％－5.25％＝▲0.25％

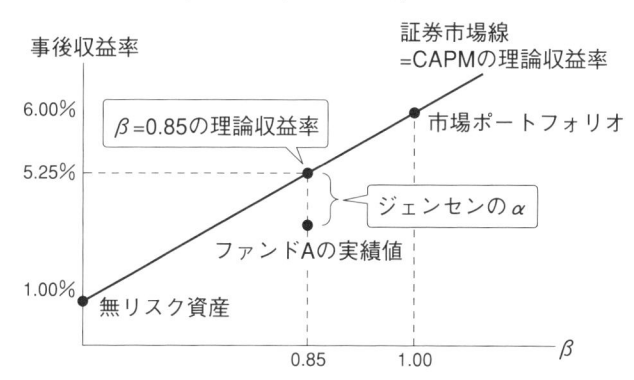

```
事後収益率                          証券市場線
                                   ＝CAPMの理論収益率
6.00% ─────────────────────────── 市場ポートフォリオ
        β=0.85の理論収益率
5.25% ──────────●
                         } ジェンセンのα
              ファンドAの実績値
1.00% ●
    無リスク資産
                      0.85    1.00           β
```

事後収益率が理論値を下回ったということは、ファンド時価総額が理論値よりも低かったことを意味する。よってファンドAは運用成績が劣っていると評価される。

ファンドBのジェンセンの α も計算してみよう。

ファンドBの理論超過収益率＝β ×（市場ポートフォリオの超過収益率）
　　　　　　　　　　　　＝1.30×（ 6 ％－ 1 ％）＝6.50％

∴ファンドBの理論収益率＝6.50％＋1.00％＝7.50％

ジェンセンの α ＝（実際の収益率）－（理論収益率）
　　　　　　＝9.00％－7.50％＝＋1.50％

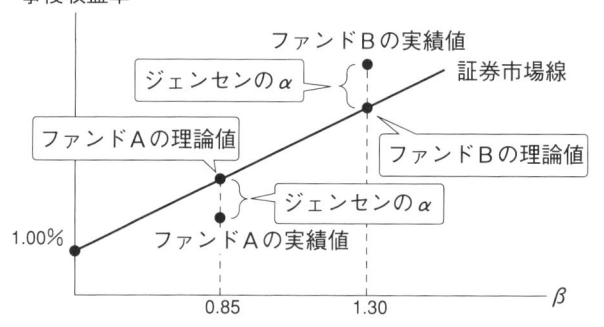

```
事後収益率
                    ファンドBの実績値
          ジェンセンのα ─●
                            証券市場線
      ファンドAの理論値 ●
                          ファンドBの理論値
                  } ジェンセンのα
1.00% ●           ● ファンドAの実績値
                0.85    1.30           β
```

ジェンセンの α で比較するとファンドBのほうがファンドAよりも優位なことになる。ファンドAはファンドBと比較して劣っているだけでなく、

CAPMの理論値を下回っていることからもパフォーマンスが悪かったと判断される。

◆◆ ジェンセンの α の問題点

ジェンセンの α は「β を根拠に計算される」ことから「非システマティック・リスクを無視している」ことになる。ジェンセンの α を計算するプロセスで気がついたと思うが、ファンドのリスク（標準偏差）を用いなかった。したがって標準偏差が大きくても β が小さいと低リスクとみなされてしまう。

第4章　リスク調整後測度への批判と改良

本章のテーマ

　前章のリスク調整後測度においてもトレーナーの測度やジェンセンの α には CAPM の β が用いられる。しかし、第2部第2章で解説したように β には安定性の欠如という問題点があり、β に対する批判からトレーナーの測度やジェンセンの α は用いられなくなった。

　リスク調整後測度のかわりに登場したのがユニバース比較とベンチマーク比較である。両者ともリターンしか計算しないが、その比較対象の設定においてリスクを考慮した評価方法であることに着目してほしい。

1　CAPM への批判

　CAPM にはさまざまな批判があるが、実務上最も大きな問題点は「β が時間的に安定していない」ことである（第2部第3章参照）。そこで β に依存せずにリスクを評価しながらパフォーマンス評価をする手法が求められた。現在ではユニバース比較、ベンチマーク比較、情報比（Information Ratio）の三つが考案されている。

2　ユニバース比較

　ユニバース比較は、類似したファンドを集めて（ユニバースを構成するという）そのなかでの順位でもって評価する方法である。類似のファンドと比較することで同程度のリスクをもっているとみなし、リターンだけで比較しようという発想である。

　ユニバース比較が最も応用されているのは年金資金であろう。年金資産を

複数の専門機関に委託し、運用成績を相互比較して委託配分を見直すという手続はまさにユニバース比較そのものである。

　ユニバース比較には「類似性をどこまで厳密にみるか」という問題がある。類似基準を厳密にするとユニバースを構成するファンド数が少なくなり、評価に妥当性が期待できなくなる。類似ファンドを三つ集めて上から2番目だったとしてもよいとも悪いとも判断できないだろう。基準を緩和しすぎるとファンド数は確保できるが意味のない比較を行っている可能性が出てくる。

3　ベンチマーク比較

　現在のパフォーマンス評価の主流はベンチマーク比較である。資産運用を専門機関に委託する局面に沿って解説しよう。

　委託者は「なんでもいいから運用してくれ」というようには依頼しない。また、受託する専門機関としても、「なるべくリスクは低くしてくれ」と要望されてもどの程度のリスクなら容認されるのかわからない。そこで委託者はポリシー・アセット・アロケーション（戦略的アセット・アロケーション）を提示する。ポリシー・アセット・アロケーションとは、運用開始前に委託側が提示する各市場への投資配分比率である[※1]。

　　（※1）　分散投資（Diversification）は大きく二つに分類される。どの市場に分散するかを市場分散、各々の市場でどの銘柄に分散するかを銘柄分散という。狭義にはアセット・アロケーション（Asset Allocation）は市場分散を、ポートフォリオ（Portfolio）は銘柄分散を意味する。

　　　　　投資パフォーマンスにとって市場分散が重要で、各市場への資産配分が決定された段階で投資パフォーマンスの大勢が決まり、銘柄分散の投資パフォーマンスに与える影響は限定的といわれている。

　下記の数値例のポリシー・アセット・アロケーションが示されると、受託する専門機関はこれを尊重しつつ、しかしあらかじめ許容された範囲内で自らの判断で配分を変更できる。

◆◆ 数値例

	株式	債券
ポリシー・アセット・アロケーション	40%	60%

(注) アロケーション変更の許容範囲は±10％とする。

1年後、運用実績は以下のとおりだった。アロケーションは市況に応じて増減されたので年間の平均値が示されている。株式市場へのアロケーションがポリシー・アセット・アロケーションよりも5％大きくなっている。これは受託した専門機関が「株式市場は好調」と予測したことに基づくアロケーションの変更である。

	株式 平均アロケーション	株式 利回り	債券 平均アロケーション	債券 利回り	全体の利回り
ファンド実績	45%	19.00%	55%	1.60%	9.43%

ファンド全体の利回りは以下の式で計算できる。

　45%×19.00%＋55%×1.60%＝9.43%

要は「各資産の収益率を組入比率で加重平均したもの」になる。しかし、後述するベンチマーク比較の要因分析のためには「自己資金100万円を投資した」場合の金額で考えたほうが理解しやすい。

株式と債券のアロケーションが45%：55%とは、自己資金100万円で株式を45万円、債券を55万円購入するのと同じである。各々に投資された額は利回りだけ増加する。

	開始時	1年後の利益
株　式	45万円	45万円×19.00％＝8.55万円
債　券	55万円	55万円× 1.60％＝0.88万円
合　計	100万円	9.43万円

全体では9.43万円の利益が得られる。100万円を元手に9.43万円得られた

から、全体の利回りは9.43%になる。

　上記は専門家に委託した結果であるが、もし自分で運用した場合にはどうなっていただろうか。アロケーションはポリシー・アセット・アロケーションどおりになる。また、各資産の利回りはインデックス・ファンドを購入することにより市場平均と一致させることができるだろう。

	株式 ポリシー・アセット・アロケーション	市場平均利回り	債券 ポリシー・アセット・アロケーション	市場平均利回り	全体の利回り
ベンチマーク	40%	20.00%	60%	2.00%	9.20%

　このようなポリシー・アセット・アロケーションと市場平均利回りを組み合わせた仮想ファンドをベンチマークと呼ぶ。この数値例の場合、ベンチマークの利回りは以下のようになる。

　　40%×20.00%+60%×2.00%=9.20%

投資額100万円を想定した場合の数値は以下のとおりである。

	開始時	1年後の利益
株式	40万円	40万円×20.00%=8.00万円
債券	60万円	60万円× 2.00%=1.20万円
合計	100万円	9.20万円

　結局、自分で運用した場合よりも0.23ポイント（9.43%−9.20%）だけ利回りを向上できたと判断できる。これがベンチマーク比較である。

　ファンド実績とベンチマークのリターンだけ比較しているのだが、各資産のアロケーションはほぼ同じだからリスクもほぼ同じである。これはユニバース比較と同じ発想である。

　ファンド全体の優劣は判断できたが、もう少し細かい分析を進めよう。株式市場のファンド利回りは19%で市場平均利回り20%を下回っている。これは銘柄選択（どの株式に投資すべきか）に失敗したとみなせる。しかし、株式の投資比率をポリシー・アセット・アロケーションより5%だけ引き上げた

ことが功を奏して利回りを向上できた。アロケーション変更の判断は適切だったとみなせる。

このような観点からファンド運用を請け負った専門機関の判断の巧拙を、銘柄選択要因とアロケーション要因に分けて評価しよう。

◆◆ 株式市場での判断の巧拙

ファンドの株式市場での運用結果だけベンチマークと比較しよう。

	アロケーション	各資産の利回り	ファンドの利回り
ファンド実績	45万円	19.00%	8.55万円
ベンチマーク	40万円	20.00%	8.00万円
		差	+0.55万円

銘柄選択要因の巧拙を抽出するために「アロケーションはポリシーと同じ」として利回り19.00%と20.00%の差による効果を計算しよう。

銘柄選択要因：40万円×(19.00% − 20.00%) = ▲0.40万円

アロケーション変更の巧拙を抽出するために「利回りは市場平均と同じ」としてアロケーション45万円と40万円の差による効果を計算しよう。

アロケーション要因：(45万円 − 40万円)×20.00% = +1.00万円

ファンド実績とベンチマークの差は+0.55万円だから上記の二つの要因以外に▲0.05万円だけある。これは銘柄選択要因とアロケーション要因の複合部分である[※2]。

複合要因：(45万円 − 40万円)×(19.00% − 20.00%) = ▲0.05万円

(※2) 複合要因を「その他の要因」と称することが多い。この名称だと銘柄選択要因とアロケーション要因以外の第3の要因があるのではないかという誤解を生じやすいのでここでは「複合要因」とした。

金額表示してきたアロケーションを%表示に戻して、以上の分析を縦軸に利回り、横軸にアロケーションをとったグラフに表現してみよう。内側の小さい四角の面積がベンチマークである。外側の大きい四角の面積がファンド

実績になる。両者の面積の差が分析の対象となる。利回りの軸に注意してほしい。19％が上に位置している。不自然な感じがするだろうが、要因を三つの部分に分けるプロセスで迷わないようにするために常に「外側にファンド実績、内側にベンチマーク」を描くようにしたい。

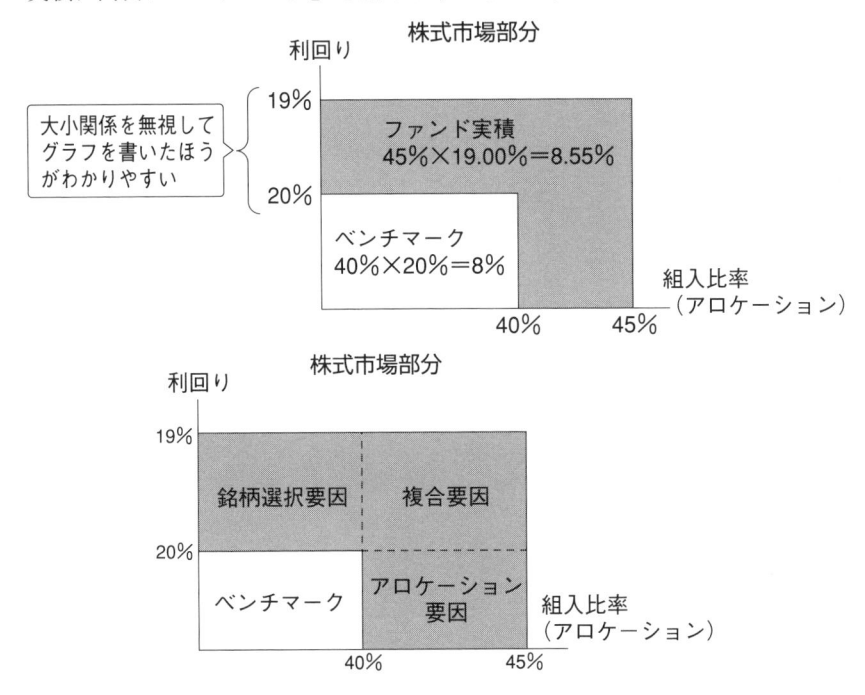

三つの部分の面積を計算すればよい。ただし、利回りの差に相当する長さは大小関係が逆転しているのでマイナスにする。

```
銘柄選択要因    ：   40%    ×(19.00％−20.00％)＝▲0.40％
アロケーション要因：(45％−40％)×    20.00％     ＝＋1.00％
複合要因      ：(45％−40％)×(19.00％−20.00％)＝▲0.05％
                             合　計　▲0.55％
```

◆◇ 債券市場での判断の巧拙

同様に債券市場の分析を行おう。

債券市場部分

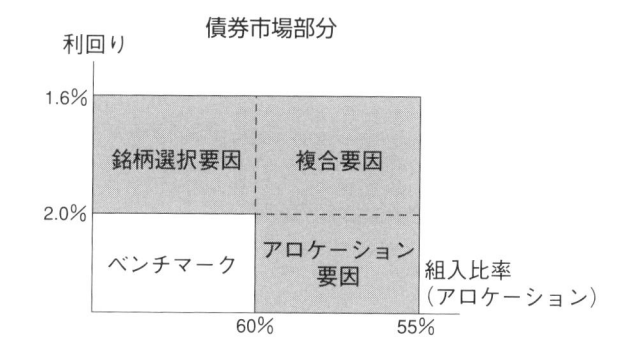

利回りの差に相当する長さとアロケーションの差に相当する長さがともに大小関係が逆転しているのでマイナスにすることに留意してほしい。

```
銘柄選択要因      ：   60%    ×(1.60%－2.00%) =▲0.24%
アロケーション要因：(55%－60%)×    2.00%      =▲0.10%
複合要因        ：(55%－60%)×(1.60%－2.00%) = +0.02%
                                    合　計  ▲0.32%
```

最後に株式市場部分と債券市場部分を合計する。

	株式市場部分	債券市場部分	合　計
銘柄選択要因	▲0.40%	▲0.24%	▲0.64%
アロケーション要因	1.00%	▲0.10%	0.90%
複合要因	▲0.05%	0.02%	▲0.03%
合　計	0.55%	▲0.32%	0.23%

◆◆ 要因分析の解釈

ベンチマーク比較した結果を要因分析することにより、運用を請け負った専門機関が何を得意とするかが判明する。

アロケーション変更のためには、マクロ経済（国全体、さらには世界全体の経済動向）から市場全体の動向を予測することが必要である。この数値例の場合、アロケーション要因がプラスなのでマクロ経済に関する予測が成功したといえる。逆に銘柄選択要因はマイナスだから、個々の企業に関する調

査・分析能力が劣っていると判定される。

4　IR（Information Ratio、情報比）

IRはジェンセンの α を改良したものである。ジェンセンの α を計算するとき、まず β（システマティック・リスクの大きさ）に基づいて理論収益率を計算する。理論収益率は「市場ポートフォリオと国債の組合せで実現できる利回り」のことだった。そしてジェンセンの α はこの理論収益率をどれだけ上回ったかを測定したものだった。

逆にいえば「市場ポートフォリオと国債の組合せ」では理論収益率どおりであり、これを上回ることはできない、システマティック・リスクはジェンセンの α を生まないのである。ジェンセンの α の源泉は非システマティック・リスクである。

第1部、第2部では非システマティック・リスクは「雑音のようなもの」「分散投資することで削減すべき対象」でしかなかった。しかし、アクティブ運用（理論収益率を上回ろうとする運用）においては非システマティック・リスクこそ重要な要素となる。過度に分散投資すると非システマティック・リスクが消失してしまい、ジェンセンの α も消失してしまう。第2部第1章の最後で説明した組入銘柄数とリスクの関係を示したグラフを再掲しよう。

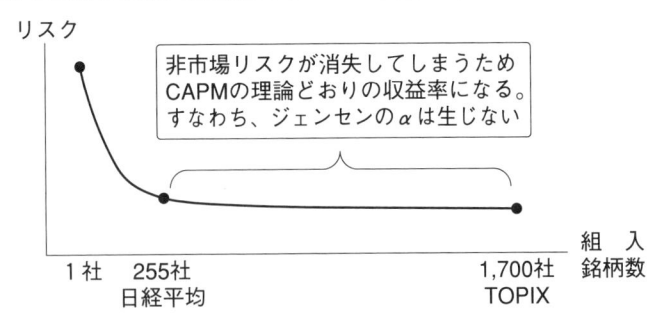

リスク

非市場リスクが消失してしまうためCAPMの理論どおりの収益率になる。すなわち、ジェンセンの α は生じない

1社　　255社　　　　　　　1,700社　　組入
　　　日経平均　　　　　　　TOPIX　　銘柄数

ジェンセンの α を生むといえども非システマティック・リスクもリスクである。「なるべく少ないリスクでなるべく多いリターンを」という基本に変わりはない。そこで以下のようにまとめられる。

$$\frac{ジェンセンの\alpha}{非システマティック・リスク}が大きいほうがよい$$

しかし、ジェンセンの α も非システマティック・リスクも β を根拠に算定される。β に頼らずジェンセンの α と非システマティック・リスクに相当するものを前提に上記の式を書き直そうとしたものがIR（情報比）である。

$$IR（情報比）=\frac{アクティブ・リターン}{アクティブ・リスク}$$

IRはファンド実績とベンチマークの各期間（たとえば月次）の収益率格差に注目する。アクティブ・リターンとは収益率格差の平均値、アクティブ・リスクとは収益率格差の標準偏差である。

数値例で計算概要を示そう。

◆◆ **数値例1**

	ベンチマーク	ファンドA	差
1月	5.00%	9.00%	4.00%
2月	6.00%	4.00%	-2.00%
3月	4.00%	8.00%	4.00%
4月	-2.00%	-3.00%	-1.00%
5月	-5.00%	-1.00%	4.00%
6月	-4.00%	-5.00%	-1.00%
7月	3.00%	8.00%	5.00%
8月	6.00%	10.00%	4.00%
9月	3.00%	7.00%	4.00%
10月	-2.00%	-3.00%	-1.00%
11月	-3.00%	3.00%	6.00%
12月	1.00%	-1.00%	-2.00%

差の平均値　2.00%
差の標準偏差　3.07%

$$\text{ファンドAのIR} = \frac{\text{アクティブ・リターン}}{\text{アクティブ・リスク}} = \frac{\text{差の平均値}}{\text{差の標準偏差}} = \frac{2.00\%}{3.07\%}$$

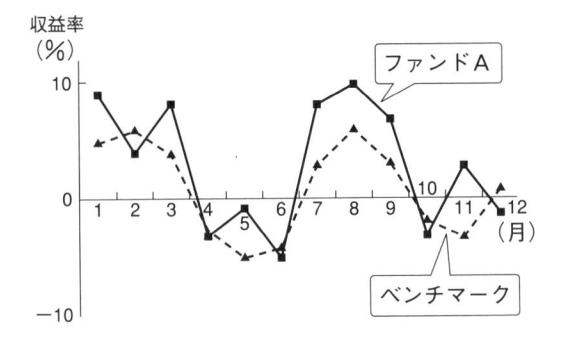

$$\fallingdotseq 0.7$$

◆◆ **数値例2**

情報比が大きくなる理想的な運用例を示そう。

	ベンチマーク	ファンドB	差
1月	5.00%	7.00%	2.00%
2月	6.00%	7.90%	1.90%
3月	4.00%	6.10%	2.10%
4月	−2.00%	−0.10%	1.90%
5月	−5.00%	−3.00%	2.00%
6月	−4.00%	−2.10%	1.90%
7月	3.00%	5.00%	2.00%
8月	6.00%	8.10%	2.10%
9月	3.00%	5.20%	2.20%
10月	−2.00%	−0.20%	1.80%
11月	−3.00%	−1.00%	2.00%
12月	1.00%	3.10%	2.10%

差の平均値　2.00%
差の標準偏差　0.11%

$$\text{ファンドBのIR} = \frac{\text{アクティブ・リターン}}{\text{アクティブ・リスク}} = \frac{\text{差の平均値}}{\text{差の標準偏差}} = \frac{2.00\%}{0.11\%}$$

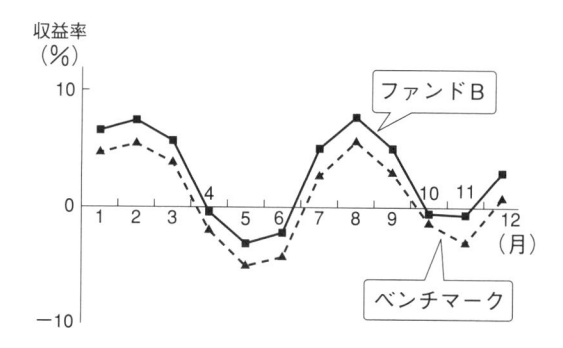

$$\fallingdotseq 18.2$$

アクティブ・リターンは数値例1と同じ2%である。しかし、アクティ

第4章　リスク調整後測度への批判と改良　287

ブ・リスクが小さいため情報比が大きくなっている。つまり「安定的にベンチマークの収益率を上回る」ことが情報比を大きくするのである。

第6部

結　論

1　効率的市場仮説

　読者には「金融知識を学習すれば利回りを向上させることができる」という期待が少なからずあるはずだ。これに対して筆者は「それは無理」と正直に告白しておかねばなるまい。

　では何のために学習したのか。

　第一に「リターンを高めたければリスク・テイクしなければならない」ことを覚悟してもらうためである。上場銘柄では「ローリスクでハイリターン」はありえないことを思い出してほしい。

　第二に「許容されるリスク（＝目標とするリターン）を実現するための方法」を理解するためである。現代ポートフォリオ理論の分離定理では「無リスク資産と市場ポートフォリオ」の組合せが最も効率がよいと結論している。具体的には「国債とインデックス・ファンド」の組合せになる。許容されるリスクに応じて両者の組入比率を決定する。低いリスクしか許容されなければ国債の比率を上げインデックス・ファンドの比率を下げる必要がある。その場合のリターンは当然に低くなる。高いリスクが許容される場合には国債の比率を下げインデックス・ファンドの比率を上げる。その場合のリターンは高くなる。もっとも単純でつまらない運用方法[※1]である。

　　（※1）　これをパッシブ運用という。ただ営業上はパッシブというと消極的というネガティブな印象を与えかねないので、インデックス運用と称される。

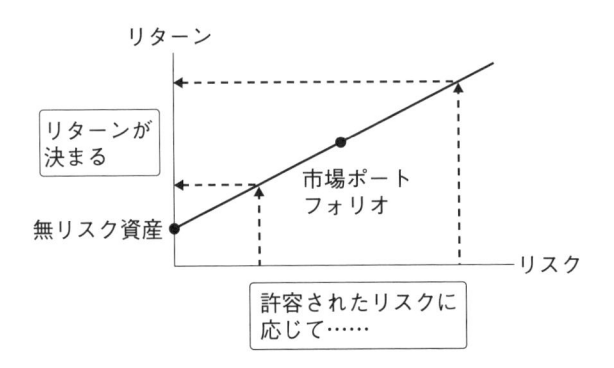

ただし、この運用方法が通用するのは年金資産運用担当者のような「リスク回避型の投資家」に対してだけであることは念頭に置いてほしい。激しい値動きの銘柄に魅力を感じる個人投資家にはあてはまらないどころか、顧客満足度を著しく引き下げることになる。

　筆者が「金融知識を学習しても利回りを向上させることは無理」と考える理由は、筆者が効率的市場仮説の支持者だからである。効率的市場仮説とは、投資家による競争の結果、株価は常に適正水準にあり（理論株価が実現している）、割安の銘柄も割高の銘柄も存在しないというものである。CAPMの応用であるジェンセンのαに注目した銘柄選択でいえば、αがプラスの銘柄もマイナスの銘柄も存在しないことを意味する。仮に「αがプラスの銘柄」が存在したとしよう。αは将来ゼロになる（期待収益率が下がる）ことを予想するので株価は将来値上がりが確実視される。投資家が先を争ってこのような銘柄を探し回っているとしたら「αがプラスの銘柄」は人気を集め買い圧力から株価が上昇してしまい、あっという間にαがゼロになってしまうだろう。投資家は常にあらゆる手段を講じて割安銘柄・割高銘柄を探し回っている。この活動自体があらゆる意味の割安銘柄・割高銘柄を消滅させているのである。

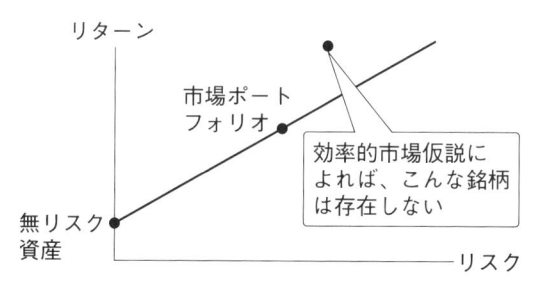

　効率的市場仮説は、一部の投資家だけが大儲けをしたり、ある特別な投資手法が好成績を残すことはないと主張しているのである。マーコウィッツ派の現代ポートフォリオ理論はまさにこの効率的市場仮説を前提に構築されているものである。「接点ポートフォリオは市場ポートフォリオである」という推論はまさに市場の効率性を前提にしている。効率的市場仮説によればすべての投資家は「リスクに応じた同じリターンしか得られない」ことになる。

しかし「現実には一部で大儲けしているではないか」という意見、「本当に現実の市場がそうなっているのか」という批判がある。そこでファーマ（Eugene F. Fama）は実際の市場の効率性を検証するために三つの効率性の段階を設定した。なぜなら完全に効率的ということもないだろうし、完全に非効率ということもないと予想したからだ。
　① ウィーク型（Weak Form）
　　現実の市場がウィーク型の効率性が成立していると、過去の株価情報を分析しても（分析しない）投資家よりも高い収益を得られないことになる。
　② セミ・ストロング型（Semi Strong Form）
　　現実の市場がセミ・ストロング型の効率性が成立していると、公開されている情報を分析しても（分析しない）投資家よりも高い収益を得られないことになる。
　③ ストロング型（Strong Form）
　　現実の市場がウィーク型の効率性が成立していると、公開情報のみならず未公開情報（いわゆるインサイダー情報）を入手しても（入手できない）投資家よりも高い収益を得られないことになる。
　ストロング型（Strong Form）が成立していないことには筆者も同意する。もし現実の市場においてストロング型（Strong Form）が成立しているならば、インサイダー取引規制が不要になるからだ。
　では、ウィーク型とセミ・ストロング型のいずれが市場において成立しているだろうか。この論争は次のパターンを繰り返している。利害関係のない大学研究者が「市場はある程度効率的である」という論文を発表して、実務界が強烈に反論するというパターンだ。
　ウィーク型が成立するとテクニカル・アナリストと呼ばれる専門家の存在が否定されてしまう。テクニカル・アナリストは過去の株価・出来高・変動パターン等から将来の株価動向を予想して他の投資家よりも高い収益率の実現を目指すことを業務にしている。ウィーク型が成立しているとテクニカル・アナリストの分析・予測による他の投資家よりも高い収益率の実現は不

可能になる。

　セミ・ストロング型が成立すると証券アナリストの存在が否定されてしまう。証券アナリストは公開情報から理論株価を算定し情報提供することを業務としている。セミ・ストロング型が成立していると証券アナリストの業務は不要になる。

　自らの業務を不要と認めてしまうことはありえないから、実務界からの反論が消えることはないだろう。その一方で、本当にテクニカル・アナリストや証券アナリストが業務をやめてしまったら市場の効率性は損なわれてしまうだろう。たとえば業績不振の企業の株価が高値のままで放置されてしまうようなことが起こりうる。

　テクニカル・アナリストや証券アナリストの活動が市場の効率性を実現しているという皮肉な関係にある。

　ただ投資必勝法や好成績を実現する投資戦略への期待は消えない。筆者もそれらが存在しないことを証明することはできない。しかしそれらが書籍等で公表されることはありえないと考える。その理由をイソップ風に寓話で解説しよう。

　ある国に大変正直者で信心深い投資家の男がおりました。しかし、正直者ゆえか、投資収益をあげるどころか損をしてばっかりでした。ある日、夢に神様が現れて「お前は大変正直者で信心深い、哀れな投資家である。そこで3カ月の間だけ1週間後の株価を正確に予測する神の方程式を与えよう」と告げたのです。男は半信半疑でしたが、しばらく神の方程式で株価をみていると、さすがに神の方程式、100％的中です。喜んだ男は早速この方程式を利用して投資を行うことにしました。

　さて、第1の質問である。この男が神の方程式を世間に公表した場合、だれが得をするだろうか。

さて、あっという間に3カ月が経ちました。神のお告げどおり方程式は株価を正確に予測できなくなりましたが、男は3カ月の間に大金持ちになりました。男は正直者でありましたが、同時に目立ちたがりでした。神のお告げを受けて大儲けをしたことを、自慢したくて自慢したくてしかたがありません。そこで彼はこの3カ月間に起こったことを本にして出版することにしました。男は正直者ですから神の方程式を公表しましたし、それがすでに使い物にならないことも説明しました。

　第2の質問である。この本には買って投資技術を習得するだけの価値があるか。この男がもし正直者でなかったら、本には何と書いただろうか。

　まず、第1の質問への解答は、「公表してもだれも得をしない」だ。公表した場合、1週間後の株価が現在の株価になるだけである。

　A社の株価は現在800円で神の方程式によれば1週間後には1,200円になるとする。もちろん、神の方程式だからはずれない。この事実を物語の主人公の男しか知らなければたしかに大儲けできる。

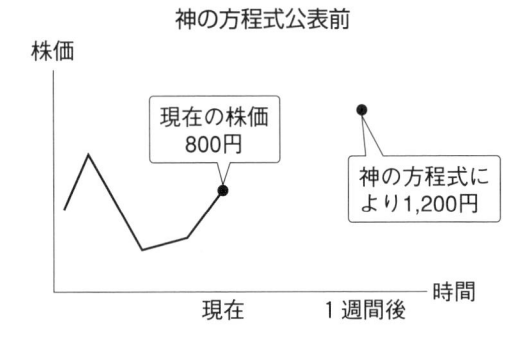

神の方程式公表前

株価／現在の株価800円／神の方程式により1,200円／現在／1週間後／時間

　しかし、この神の方程式が公表された場合、投資家全員が1週間後の株価が1,200円になることを知ってしまう。買い手からみれば800円未満で買えれば儲けが手に入るが、売り手からみれば「1週間後には1,200円になる株」を800円で手放すことはありえない。いくらだったら手放すだろうか。1,200円超なら売却してもよいと考えるだろう。よって現在の株価が1,200円になる。

神の方程式公表後

さて、この現象でだれが得をするだろうか。もともと1週間後の株価が1,200円になることは決まっていたのだ。だれもこれにより大儲けはできないのだ。すなわち、神の方程式（投資必勝法や投資戦略）は公開されていない場合のみ一部の投資家に多大な利益をもたらすのだ。

第2の質問への解答であるが、これは自明であろう。もはや機能しなくなった神の方程式を習得しても意味はない。だからこの男がもし正直者でなく本を売りたければ「神の方程式はいまも有効である」と書いたはずだ。それに本当に有効ならば1番目の質問の状況に陥ってしまう。

念のためもう一度いう。神の方程式が存在する可能性は否定できない。しかし公表されてもだれも得をしないので、公表されることはありえない。

2　アクティブ運用——投資理論との戦い

筆者は金融機関に所属して運用を担当しているわけではないので「私は市場の効率性を信じている」と気楽にいってのけられるのであるが、もしどこかの金融機関でファンド・マネジャーをしていれば死にものぐるいで市場の効率性と戦っているはずだ。市場の効率性を認めることはインデックス運用を最上とすることになり、金融機関に運用能力格差が存在しないことになるからだ。

そこで「わが社独自の投資戦略」を強調せざるをえない。ファンド・マネジャーもあらゆる手段を講じて市場平均を上回ろうとするだろう。「市場平

均を上回るのは簡単だろう。平均値にすぎないのだから」と読者は不審がるかもしれない。ここで思い出してほしい。日経平均はわずか225銘柄でTOPIXの1,700銘柄超とほとんど一致してしまうのだ。巨額の資金をアクティブに運用しようとしても組入銘柄数を分散せざるをえなくなる[※2]ので嫌でも市場平均に近づいてしまう。

(※2) 数銘柄に集中投資すると持ち株比率が上昇してしまい、自らの買い圧力により取得コストが上昇してしまうだろう。そこまで持ち株比率を高めてしまうと今度は売却しにくくなる。自らの売り圧力により売却価格が下落してしまうからだ。

それでもファンド・マネジャーはあきらめるわけにはいかない。そこでアノマリー（Anomaly）の発見に走る。アノマリーは理論ではない。「理論では説明できない」現象のことである。理由はわからないが、こういう株を買えば儲かる、もしくはこの時期に株を買えば儲かるといった経験則である。経験則というと聞こえはよいが法則でも何でもない。なぜなら効果が持続しないからだ。短期間だけある投資手法が流行する。その投資手法に根拠も理論もないが妙に投資収益が高い。しかし間もなくその効果が消失する。当然だ。その手法で注目される銘柄の株価が上昇してしまうからだ。これがアノマリーの運命だ。

アノマリーの例として米国市場における「1月には株価が上昇しやすい」という1月効果がある。日本の株式市場では4月効果があるといわれている。PERの低い銘柄に投資すると投資収益率が高いというのもアノマリーの一種である（低PER効果）。グロース（Growth）投資と称して高ROEかつ高PBR銘柄に注目したり、逆にバリュー（Value）投資と称して低PBR銘柄に注目するのもアノマリーの一種といえる。

財務指標や株価指標を根拠にするので一見理論的な投資にみえるが、アノマリーの一種なのである。なぜなら現在の株価は公表されている情報（財務指標や株価指標）を反映しており、割安でも割高でもない状況になっていると理論は考えるからだ。

3　結　び

　投資理論（パッシブ運用）とアクティブ運用の戦いについて述べてきたが実務上大差はない。アクティブ運用といえども市場平均を無関係に思えるほど大きく上回る運用成績を残すことはないからだ。運用成績の大半は市場平均に連動し、ごく一部そこから乖離するだけだからである。

アクティブ運用に対する過度な期待

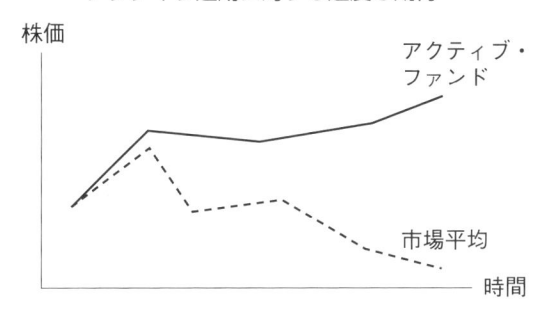

アクティブ運用の実際の目標

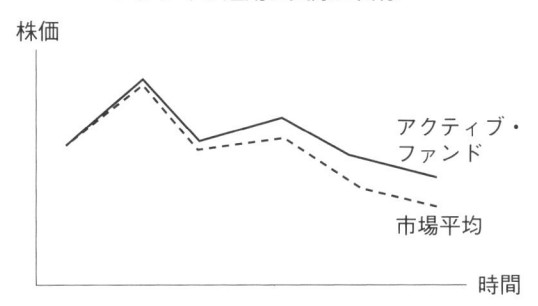

　重要なのはパッシブ（インデックス）運用かアクティブ運用かではなく、どの市場に注目するのか（株式か債券か不動産か）というアセット・アロケーションである。選択する市場およびその配分によって運用成績の大勢が決定される。
　投資家は自らの許容されたリスクのなかでリターンを追求することが重要なのであり、投資必勝法の発見、あるいはそれを理由にした投機（投資とはいえない）に走るべきではない。

事項索引

【アルファベット】

CAPM ……………………76、162
ROA（資産利益率、総資本利益率）
　……………………………………122
ROE（資本利益率）……………122
t 値 ………………………………166
β（ベータ）…81、86、90、101、106
β（ベータ）戦略 ………89、110
ρ（ロー）………………30、81

【あ】

アクティブ運用 …………………295
アノマリー ………………………296
アンダー・パー …………………193
イールド・カーブ ………………209
イミュニゼーション戦略 ………243
オーバー・パー …………………193

【か】

カーベチャー ……………………254
回帰分析……………………155、162
株主資本コスト ……………122、149
帰無仮説 …………………………169
キャッシュフロー ………………134
金額加重収益率 …………………264
組入比率……………………………57
決定係数 …………………………164
効用無差別曲線 ………………46、53
効率的市場仮説 …………………290
効率的フロンティア ………………62
コンベクシティ ……………234、241

【さ】

最終利回り …………194、197、226
最小2乗法 …………………157、159
裁定利益 …………………………175
最適資本構成 ……………………151
最適ポートフォリオ………43、52、63
サスティナブル成長率……………96
ジェンセンの α ………………112、273
時間加重収益率 …………………263
事後収益率…………………………2
資本コスト ………………115、121
シャープの測度 …………………269
重回帰モデル ……………171、179
純粋期待仮説 ……………………219
情報比 ……………………………284
所有期間利回り ……………194、197
スポット・レート ………221、226
正の相関関係 ………………………30
接点ポートフォリオ …………66、70
相関係数 ……………………32、164
増資 ………………………………118

【た】

単回帰モデル ……………154、179
ダンベル …………………………247
ダンベル＝ブレット戦略 ………250
超過リターン ……………………83
ツイスト …………………………254
定額配当モデル …………………94
定率成長モデル …………………95
デュレーション ……………200、241
投資機会集合 ……………………38
トレーナーの測度 ………………271

【は】

バーベル …………………………247
配当割引モデル ……………93、142

発行利回り	187、197	無リスク資産の導入	64
パフォーマンス評価	258	【や】	
パラレルシフト	253		
標準正規分布表	19	ユニバース比較	277
標準偏差	7	予想収益率	2
フォワード・レート	221	【ら】	
複利	198		
負の相関関係	33	ラダー	248
フリーキャッシュフロー（FCF）		リスク	5、45
モデル	144	リスク愛好型	45、49
ブレット	246	リスク回避型	45
分離定理	54	リスク中立型	45、49
平均資本コスト（WACC）		リスク調整後測度	266
	139、147	リターン	5
平均値	7	流動性プレミアム仮説	224
ベンチマーク比較	278	連続複利	17
ポートフォリオ効果	29	ローリング・イールド	212
【ま】		【わ】	
マルチファクター・モデル	171	割引率	87

事項索引　299

【筆者紹介】

根岸　康夫

公認会計士・税理士
社団法人日本証券アナリスト協会検定会員
情報処理技術者（特種）
中小企業大学講師
きんざいFP専任講師
早稲田大学講師（非常勤）

1959年　神戸に生まれる
1984年　東京大学医学部保健学科（疫学教室）卒
1984年　株式会社芙蓉情報センター総合研究所（現在のみずほ情報総研）入社
1987年　Deloitte Haskins & Sells（現在の監査法人トーマツ）入所
1993年　根岸公認会計士事務所設立
現在に至る

現代ポートフォリオ理論講義

2006年11月14日　第1刷発行
2024年1月31日　第8刷発行

著　者　根　岸　康　夫
発行者　加　藤　一　浩
印刷所　三松堂株式会社

〒160-8520　東京都新宿区南元町19
発　行　所　一般社団法人　金融財政事情研究会
　編集部　　TEL 03（3355）2251　FAX 03（3357）7416
販　　売　株式会社きんざい
　販売受付　TEL 03（3358）2891　FAX 03（3358）0037
　　　　　　URL https://www.kinzai.jp/

※2023年4月1日より販売は株式会社きんざいから一般社団法人金融財政事情研究会に移管されました。なお連絡先は上記と変わりません。

・本書の内容の一部あるいは全部を無断で複写・複製・転訳載すること、および磁気または光記録媒体、コンピュータネットワーク上等へ入力することは、法律で認められた場合を除き、著作者および出版社の権利の侵害となります。
・落丁・乱丁本はお取替えいたします。定価はカバーに表示してあります。

ISBN978-4-322-10981-8